ENTRENA TU MENTE
CAMBIA TU CEREBRO

SHARON BEGLEY

ENTRENA TU MENTE CAMBIA TU CEREBRO

Cómo una nueva ciencia revela nuestro extraordinario
potencial para transformarnos a nosotros mismos

Prólogo del Dalai Lama

Prefacio de Daniel Goleman,
autor de *Inteligencia emocional* y de *Inteligencia social*

Traducción: Santiago Ochoa

GRUPO
EDITORIAL
norma

Bogotá, Barcelona, Buenos Aires, Caracas, Guatemala,
Li
San

Begley, Sharon, 1956-
    Entrena tu mente, cambia tu cerebro: cómo una ciencia revela
nuestro extraordinario potencial para transformarnos a nosotros
mismos / Sharon Begley; traductor Santiago Ochoa. ~
Bogotá: Grupo Editorial Norma, 2008.
    344 p.; 23 cm.
    Incluye bibliografía e índice.
    Título original: Train your Mind, Change your Brain: How a
New Science Reveals our Extraordinary Potential to Transform Ourselves.
    ISBN 978-958-45-1256-7
    1. Neuroplasticidad 2. Cerebro 3. Mente y cuerpo 4. Filosofía de
la mente 5. Budismo y ciencia I. Ochoa, Santiago, tr. II. Tít.
612.8 cd 21 ed.
A1169014

    CEP-Banco de la República-Biblioteca Luis Ángel Arango

Título original en inglés:
Train Your Mind Change Your Brain
How a New Science Reveals our Extraordinary Potential to Transform Ourselves
Una publicación de Ballantine Books, sello de The Random House
Publishing Group
Copyright © 2007 de Mind and Life Institute
Copyright © 2008 América Latina y Estados Unidos en español
por Editorial Norma S. A.
Av. El Dorado No. 90-10, Bogotá, Colombia
http://www.librerianorma.com
Impreso por Cargraphics S.A.
Impreso en Colombia - Printed in Colombia
Julio de 2008

Diseño de cubierta, Wilson Giral Tibaquirá
Diagramación, Nohora E. Betancourt Vargas

Este libro se compuso en caracteres Goudy Old Style

ISBN 978-958-45-1256-7

Para Ned, Sarah y Daniel,
por acompañarme en este proceso.

Contenido

Prólogo

El Dalai Lama

Hace ya casi veinte años que se realizó la conferencia Mente y Vida en Dharamsala. Algunas personalidades que fomentaron y estimularon los diálogos iniciales entre el budismo y la ciencia moderna, como Robert Livingston y Francisco Varela, ya no están con nosotros. Sin embargo, estoy seguro de que habrían compartido el orgullo y el entusiasmo experimentado por los científicos eminentes, observadores y otros individuos que han participado posteriormente, con todo lo que hemos logrado en esta serie de diálogos.

Aunque la ciencia moderna y la tradición contemplativa budista surgieron a partir de circunstancias históricas, culturales e intelectuales muy diferentes, he descubierto que tienen muchas cosas en común. Algunas fuentes señalan que ambas tradiciones están motivadas por un deseo de mitigar las dificultades de la vida. Ambas sospechan de los principios absolutos, bien sea que estos supongan la existencia de un creador trascendente o de una entidad inmutable como el alma —por ejemplo—, y prefieren explicar la aparición de la vida en términos de las leyes naturales de causa y efecto. Estas dos tradiciones abordan el conocimiento de manera empírica. Un principio fundamental del budismo sostiene que la mente humana tiene un gran potencial de transformación. Por otra parte, y solo hasta hace poco, la ciencia se suscribía a la convención de que no solo el cerebro es el lugar y la fuente de la mente, sino que este y sus estructuras se forman durante la infancia y cambian poco a partir de entonces.

Los practicantes budistas que están familiarizados con el funcionamiento de la mente saben desde hace mucho tiempo que esta se puede transformar con entrenamiento. Lo que es emocionante y novedoso es que ahora los científicos han señalado que dicho entrenamiento mental también puede cambiar el *cerebro*. Algo que se relaciona con esto es la evidencia de que el cerebro se adapta o se expande en respuesta a patrones repetidos de actividad, de tal modo que, en un sentido real, el cerebro que nosotros desarrollamos refleja la vida que llevamos. Esto tiene implicaciones significativas para los efectos del comportamiento habitual en nuestras vidas, especialmente en el potencial positivo de la disciplina y de la práctica espiritual. La evidencia de que importantes zonas del cerebro, como la corteza visual, pueden adaptar sus funciones en respuesta a las circunstancias, revela una sorprendente maleabilidad que no habían contemplado las interpretaciones antiguas y más mecanicistas del funcionamiento del cerebro.

Los hallazgos que evidencian que las expresiones de amor y contacto físico que tiene una madre con su hijo pueden generar diversas respuestas genéticas, habla con elocuencia sobre la importancia que necesitamos darle a la crianza de nuestros hijos si queremos crear una sociedad saludable. Por otra parte, también es sumamente reconfortante saber que algunas técnicas terapéuticas pueden emplearse exitosamente para ayudarles a aquellas personas con problemas para tener sentimientos cálidos y compasivos hacia los demás, debido al abandono que sufrieron en su infancia. Los informes de casos en los que la función normal se ha restaurado a través de la terapia suponen descubrimientos emocionantes e innovadores. Finalmente, se ha dado una respuesta afirmativa a la pregunta que me he formulado durante muchos años; los investigadores han mostrado que nuestra forma de pensar realmente puede cambiar nuestros cerebros.

Además de mi interés por la ciencia, es posible que los lectores sepan que soy también un jardinero entusiasta. Sin embargo, la jardinería suele ser una actividad que deja muchas cosas al azar. Puedes dedicarle mucho tiempo a preparar la tierra, a sembrar cuidadosamente las semillas, a mantenerlas y a regar los retoños. No obstante, hay otras condiciones que están más allá de tu control —particularmente en lugares como Dharamsala, con sus regímenes ocasionales de calor excesivo, humedad y lluvia—, las cuales pueden impedir que estos esfuerzos lleguen a buen término. Por lo tanto, y tal como pueden atestiguarlo otros jardineros, se siente una alegría especial al ver cómo las semillas que has sembrado germinan y retoñan. Siento una emoción comparable a la que despiertan los descubrimientos relacionados con la neuroplasticidad (revelados y discutidos en nuestra conferencia, y narrados en este libro): que hemos llegado a una línea divisoria, a una intersección donde el budismo y la ciencia moderna se enriquecen mutuamente, con un inmenso potencial práctico para el bienestar humano.

Un gran maestro tibetano señaló que una de las cualidades más maravillosas de la mente es que esta puede transformarse. La investigación aquí presentada confirma que este entrenamiento mental deliberado puede producir cambios tangibles en el cerebro humano, y sus repercusiones no se verán confinadas simplemente a nuestro conocimiento de la mente, pues cuentan además con el potencial de tener una importancia práctica en la comprensión de la educación, la salud mental y el significado de la ética en nuestras vidas.

El Instituto para la Mente y la Vida se ha transformado en una importante cadena de científicos, eruditos e individuos comprometidos con la creación de una ciencia contemplativa, compasiva, rigurosa, experimental y experiencial de la mente. Esperamos que esto pueda informar y servir de guía a la medicina, la neurociencia, la psicología, la educación y al desarrollo humano. Personalmente, siento que dichas actividades son extremadamente valiosas y estoy muy agradecido, no solo con los muchos individuos que se han tomado el tiempo y la molestia de compartir y explicar sus investigaciones, sino también con quienes organizan y coordinan nuestros encuentros y conferencias. Adicionalmente, una de las misiones del instituto es apoyar la preparación de publicaciones asequibles sobre nuestras conferencias, para que lo que tiene lugar como conversaciones parcialmente privadas pueda darse a conocer a un público más amplio. Por esta razón, estoy agradecido con Sharon Begley, por la forma depurada, fiel y atractiva con la que presenta este material. Creo que los emocionantes descubrimientos relatados aquí tienen un gran potencial para contribuir de manera positiva al progreso de la humanidad y a la manera en que podamos desarrollar nuestro futuro.

5 de septiembre de 2006

Prefacio

Daniel Goleman

Cuando Tenzin Gyatso, el catorceavo Dalai Lama, se reunió durante una semana en Dharamsala, India —su lugar de residencia—, con un grupo de neurocientíficos en octubre del 2004, el tópico fue la neuroplasticidad, la capacidad que tiene el cerebro de cambiar. Que esta capacidad fuera objeto de una seria discusión científica habría sido impensable hace una o dos décadas; en efecto, el dogma que predominó durante un siglo en la neurociencia sostenía que el cerebro adquiere su forma durante nuestra infancia y que a partir de entonces no cambia su estructura.

Sin embargo, esa presunción se ha unido a otras incontables en el cubo de la basura de las "presuntas" verdades científicas que el derrotero de la investigación nos ha obligado a descartar. Actualmente, la neurociencia tiene una rama pródiga que explora las múltiples formas en que el cerebro se reestructura a lo largo de la vida. Este libro es una introducción excelente a esta ciencia nueva y esperanzadora.

Lo que es particularmente intrigante en la discusión aquí relatada son los interlocutores. Muchos líderes en el estudio de la neuroplasticidad a nivel mundial viajaron miles de kilómetros hasta India para ventilar las implicaciones de sus descubrimientos con el Dalai Lama, vicario de la tradición budista que él lidera. La razón es que las prácticas de meditación de esos caminos contemplativos parecen ofrecerles a los neurocientíficos un "experimento de la naturaleza", es decir, una demostración natural de los campos superiores de la neuroplasticidad. Durante miles de años, quienes practican la meditación han explorado el potencial de la plasticidad del cerebro y han sistematizado sus hallazgos, transmitiéndolos como instrucciones a futuras generaciones hasta la época actual.

Una de las preguntas formuladas por el Dalai Lama fue particularmente provocadora: ¿La mente puede cambiar el cerebro? Y casi siempre recibió una respuesta negativa. A fin de cuentas, una de las presunciones cardinales de la neurociencia es que nuestros procesos mentales nacen de la actividad cerebral: el cerebro crea y estructura la mente, y no al revés. Pero la información contenida aquí sugiere que puede existir una doble vía de la causalidad, en la que la actividad mental sistemática produce cambios en la estructura misma del cerebro.

Nadie sabe qué alcances puedan tener estos hallazgos. Pero el simple hecho de que los neurocientíficos estén aceptando esta posibilidad es una segunda revolución en el pensamiento de este campo: no solo el cerebro cambia su estructura a lo largo de la vida, sino que también podemos ser partícipes activos y conscientes de ese proceso. Esto supone otro desafío al evangelio predicado por la neurociencia: el supuesto de que los sistemas mentales como la percepción y la atención están sujetos a limitaciones fijas; el budismo nos dice que pueden ser superadas con el entrenamiento adecuado.

Richard Davidson, el neurocientífico de la Universidad de Wisconsin que convocó este diálogo, mostró qué tan profundos pueden ser estos cambios. Gracias a la cooperación del Dalai Lama, un grupo de lamas dedicados a la meditación (y que sumaban en sus prácticas de 1500 a 55 000 horas) se sometieron a diversos exámenes en su laboratorio. Davidson compartió algunos hallazgos importantes con los científicos que asistieron a esta reunión, y demostró que durante una meditación sobre la compasión, los lamas activaron zonas neurales que produjeron una sensación de bienestar y una disposición para actuar en un grado que nunca se había visto. Entonces, las antiguas suposiciones sobre los límites de nuestro aparato mental deben examinarse de nuevo.

Este es el décimo libro de una serie en curso, y cada uno de ellos expone alguno de los diálogos concertados por el Instituto para la Mente y la Vida para una audiencia cada vez más amplia (si desea mayor información puede visitar la página www.MindLife.org)*. El instituto —fundado por Francisco Varela, un neurocientífico cognitivo nacido en Chile que trabajaba en París, y Adam Engle, un hombre de negocios— trabaja de cerca con el Dalai Lama en la planeación de los programas. Originalmente, el instituto se concentró en organizar diálogos científicos como los narrados en este libro, y aunque estos continúan, hay otras actividades adicionales, como por ejemplo, un seminario anual para profesionales y estudiantes de doctorados, con el fin de investigar lo que han suscitado los diálogos, especialmente en la neurociencia cognoscitiva. El instituto también ofrece becas de investigación a jóvenes científicos que quieren trabajar en estos campos. Los premios de investigación Mente y Cuerpo Francisco J. Varela son llamados así en honor al visionario fundador del instituto.

Cada libro de la serie *Mente y Vida* tiene su propia estructura y carácter, y refleja tanto la naturaleza de la conversación como las fortalezas del autor. Sharon Begley, una de las más prestigiosas periodistas científicas del mundo, emprendió la tarea de incursionar en este campo de investigación, utilizando los diálogos como un agradable trampolín para adelantar una exploración completa y amena de la ciencia abordada en Dharamsala. El resultado va más allá de lo que sucedió en ese recinto, pues ella ha analizado en este libro el estado del campo de la neuroplasticidad, una de las más excitantes revoluciones científicas de nuestra época.

---

*   Esta información sólo se encuentra disponible en inglés.

Capítulo 1

¿Podemos cambiar?

Desafiando el dogma del cerebro inmutable

El distrito de Dharamsala en el norte de India está conformado por dos ciudades: bajo Dharamsala y alto Dharamsala. Las cumbres cubiertas de neblina de Dhauladhar ("la cordillera blanca") se yerguen sobre estas dos ciudades como una almohada sobre la cama de un gigante, mientras el valle de Kangra, al que un oficial colonial británico describió como "la imagen del encanto y el reposo rural" se extiende en la distancia. Alto Dharamsala también es conocido como McLeod Ganj. Fundada como una estación de montaña en el siglo XIX, durante la época del dominio colonial británico, este bullicioso poblado (llamado así en honor a David McLeod, que en aquella época era el lugarteniente del gobernador británico de Punjab) está localizado en un risco, donde ascender por el camino de tierra de una casa de huéspedes a otra requiere piernas tan fuertes como las de una cabra, y tener la precaución de no doblarse un tobillo en la oscuridad y rodar por un precipicio.

Las vacas deambulan por las calles donde varias personas venden vegetales y cereales sobre telas rústicas en los andenes, mientras los vehículos tratan de esquivarse mutuamente y los transeúntes evitan ser atropellados en la única avenida pública de la ciudad, por la que deambulan mendigos y hombres santos que solo llevan taparrabos y parecen no haber comido desde la semana anterior; muchos de ellos exhiben volantes profesionalmente impresos por computador, pero los transeúntes escasamente se detienen. Niños descalzos salen de todas partes cuando ven a un occidental y le suplican: "Por favor, señora, niño hambriento, niño hambriento", señalando vagamente los puestos callejeros que hay a lo largo de la vía.

Toda la ciudad de Dharamsala puede verse desde la terraza de la Casa Chonor, una casa de huéspedes. Apenas sale el sol, los monjes ataviados con túnicas de color granate se apresuran a rezar y los hombres santos cantan acurrucados en los callejones: *om mani padme hum* ("Loada sea la joya en el loto"). Ondean en las ramas las plegarias escritas en lengua tibetana, las cuales dicen: *Que todos los seres sensibles sean felices y estén libres de sufrimiento*. Las plegarias están destinadas a ser arrastradas por el viento, y cuando las ves, piensas: "Adonde sople el viento, pueda ser que quienes lo reciban logren liberarse del sufrimiento".

Aunque bajo Dharamsala está mayoritariamente poblado por hindúes, casi todos los habitantes de McLeod son tibetanos refugiados (a excepción de algunos expatriados y turistas espirituales de Occidente), que siguieron al exilio a Tenzin Gyatso, el catorceavo Dalai Lama. Muchos de quienes permanecieron en el Tíbet, al no poder escapar de allí, enviaron clandestinamente a sus pequeños hijos y a sus bebés a Dharamsala, donde los cuidan y educan en la Aldea de los Niños Tibetanos, situada a diez minutos de la ciudad, en la parte alta. Para los padres, el precio de asegurarse de que sus hijos reciban una educación en la cultura e historia tibetana (impidiendo así que la identidad y las tradiciones de su nación desaparezcan por causa de la invasión china) es el de no volver a verlos nunca.

McLeod Ganj ha sido el hogar del Dalai Lama y la sede del gobierno tibetano en el exilio desde 1959, cuando huyó de las tropas comunistas chinas que habían invadido al Tíbet ocho años atrás. El recinto, localizado a un lado de la intersección principal donde los buses se estacionan y los taxis esperan pasajeros, está fuertemente custodiado por tropas indias armadas con ametralladoras. La entrada es una pequeña cabaña cuya apariencia es tan humilde como los guardias son fastidiosos. Desde la antesala, en la que apenas cabe un pequeño sofá, publicaciones raídas en un estante de madera y una pequeña mesa, se pasa por una puerta a la sala de seguridad en la que hay que dejar todo lo que llevas (bolsas, cuadernos, cámaras, grabadoras), después de pasar por la máquina de rayos-X, para luego entrar a un cuarto con cortinas y tan pequeño como un armario en el que los guardias tibetanos te requisan.

Luego te diriges por un inclinado sendero de asfalto, a cuyos lados hay más guardias armados. El terreno está arborizado con pinos, rododendros, buganvilias púrpuras y plantas de caléndula que rodean los edificios espaciados. La primera edificación que se ve a la derecha es de una planta, donde está la sala de audiencias del Dalai Lama, custodiada por un soldado del ejército indio. Más allá están la biblioteca tibetana y los archivos, y un poco más arriba, el recinto privado del Dalai Lama, de dos plantas, donde la mayoría de las veces duerme, come y medita. El edificio grande a la izquierda es el antiguo palacio donde vivía anteriormente el Dalai Lama, antes de que se construyera su residencia actual. El salón principal, amplio y destinado principalmente a las ordenaciones, será la sede del extraordinario encuentro que se realizará durante los próximos cinco días. Fue organizado por el Instituto para la Mente y la Vida en octubre del 2004, y connotados académicos budistas y científicos occidentales abordarán una pregunta que ha ocupado a filósofos y científicos por varios siglos: ¿El cerebro tiene la capacidad de cambiar y cuál es el poder de la mente para cambiar este órgano?

El dogma inmutable

Tan solo unos años atrás, los neurocientíficos no se habrían molestado en participar en esta conversación, pues los textos académicos, los cursos y las últimas investigaciones científicas apuntaban en una misma dirección, tal como lo habían hecho desde que existía la ciencia que estudiaba el cerebro.

Fue nada menos que William James, el padre de la psicología experimental en los Estados Unidos, el primero en introducir el término *plasticidad* en la ciencia del cerebro; y en 1890, postuló que la "materia orgánica", especialmente el tejido nervioso, "parece estar dotado de un grado extraordinario de plasticidad". Pero James era tan solo un "psicólogo" y no un "neurólogo" (hace un siglo no había neurocientíficos), así que su especulación no tuvo mayor trascendencia. Mucho más influyente fue la opinión expresada de manera sucinta en 1913 por Santiago Ramón y Cajal, el gran neuroanatomista español que había recibido el Premio Nobel de Fisiología o Medicina siete años atrás. Poco antes de la conclusión de su tratado sobre el sistema nervioso, declaró que: "En los centros adultos, algunas veces los conductos nerviosos son inalterables, determinados e inmutables". Su lúgubre afirmación de que los circuitos del cerebro son invariables, y su estructura y organización casi tan estáticas como un cerebro inerte flotando en un recipiente con formaldehído, fueron el dogma predominante durante casi un siglo en la neurociencia. Su texto señalaba que el cerebro adulto es inmutable, predeterminado en su forma y funciones, de tal modo que cuando alcanzamos la edad adulta, debemos resignarnos a aceptar esa realidad.

Las normas convencionales de la neurociencia sostenían que el cerebro de los adultos mamíferos es invariable en dos aspectos: no le nacen nuevas neuronas y las funciones de las estructuras que lo conforman son inalterables, de tal modo que si los genes y el desarrollo dictaminan que *este* grupo se encargará de procesar las señales del ojo y *este* otro hará mover los dedos de la mano derecha, con toda seguridad, harán eso y nada más, independientemente de cualquier otro factor. Los libros sobre el cerebro que muestran sus funciones, tamaño y localización en ilustraciones estridentes y en tinta permanente, lo hacen por una razón muy explicable: hasta 1999, los neurólogos que escribían en la prestigiosa revista *Science*, todavía nos enseñan que "un cerebro completamente maduro carece de los mecanismos intrínsecos necesarios para restaurar las vías neuronales después de una lesión seria o en respuesta a la gran pérdida de neuronas que se presenta en las enfermedades neurodegenerativas".

Esto no quiere decir que los científicos no hayan podido reconocer que el cerebro experimenta algunos cambios en la vida. Después de todo, y puesto que el cerebro es el órgano del comportamiento y el depósito del aprendizaje y la memoria, el cerebro cambia de una manera real y física cuando adquirimos conocimientos nuevos, dominamos una nueva destreza y nos olvidamos de las cosas que han ocurrido. De hecho, durante varias décadas, los investigadores han sabido que el aprendizaje y la memoria encuentran su expresión fisiológica en la formación de nuevas sinapsis (puntos de conexión entre las neuronas) y en el fortalecimiento de las ya existentes. En el año 2000, los sabios de Estocolmo concedieron incluso el Premio Nobel de Fisiología o Medicina al descubrimiento de los soportes moleculares de la memoria.

Pero los cambios referentes al aprendizaje y la memoria son menores: se fortalecen unas sinapsis, y surgen algunas dendritas adicionales para que las neuronas puedan comunicarse más con sus vecinas, como un hogar que tuviera una línea telefónica adicional. Los verdaderos cambios, como por ejemplo, expandir la región encargada de una función mental en particular, o alterar las conexiones que unen a una región con otra, se consideraban imposibles.

Asimismo, no parecía posible que la disposición básica del cerebro se desviara en lo más mínimo de las ilustraciones inflexibles de los textos de anatomía: la corteza visual de la parte posterior estaba programada para manejar el sentido de la luz; la corteza somatosensorial de la parte superior del cerebro estaba programada para procesar las sensaciones táctiles; la corteza motora lo estaba para destinarle un espacio específico a cada músculo; y la corteza auditiva estaba programada para recibir las transmisiones que le llegan de los oídos .Tanto la práctica clínica como las monografías académicas consagraban este principio, el cual sostenía que, contrario a la posibilidad de que el cerebro se desarrolle significativamente, el cerebro adulto es inalterable e inmutable, y que pierde considerablemente la capacidad denominada como neuroplasticidad, es decir, la capacidad para cambiar sus estructuras y funciones.

Hasta cierto punto, el dogma era comprensible. Para comenzar, el cerebro humano está conformado por tantas neuronas y conexiones —se calcula que contiene 100 mil millones de neuronas que forman un total de aproximadamente 100 billones de conexiones—, que el cambio más sutil parecía ser una empresa riesgosa, comparable con abrir el disco duro de una supercomputadora y hacerle ajustes a un par de circuitos en la placa madre. Seguramente, este no era el tipo de cosas que permitiría la naturaleza, la que sin duda alguna tomaría medidas preventivas. Sin embargo, había un aspecto más sutil. El cerebro contiene la materialización de la personalidad y el conocimiento, del carácter y las emociones, de los recuerdos y las creencias. Incluso aceptando la adquisición de conocimiento y de recuerdos a lo largo de la vida, y la maduración de la personalidad y el carácter, no parecía razonable que el cerebro pudiera cambiar de una manera significativa. Fred Gage, uno de los neurocientíficos invitados por el Dalai Lama al encuentro del 2004, formuló objeciones a la idea de que el cerebro es un órgano cambiante con las siguientes palabras: "Si el cerebro puede cambiar, nosotros también. Y si el cerebro hace cambios errados, haríamos cambios incorrectos. Por lo tanto, era más fácil creer que los cambios no eran posibles. De ese modo, el individuo permanecería casi inalterable".

La doctrina de que el cerebro humano no cambia había tenido profundas ramificaciones, ninguna de las cuales era muy optimista. Por ejemplo, los neurólogos pensaron que la rehabilitación de adultos que habían sufrido daño cerebral debido a un derrame era casi una pérdida de tiempo; que tratar de alterar las conexiones patológicas cerebrales responsables de las enfermedades psiquiátricas, como el desorden obsesivo-compulsivo (DOC) y la depresión, era completamente inútil; y que otras funciones cerebrales fijas, como el "punto nodal" de bienestar al que regresa una persona luego de la tragedia más dolorosa o de la mayor alegría, era tan inalterable como la órbita terrestre.

Pero ese dogma era falso. En los últimos veinte años del siglo XX, unos pocos neurocientíficos iconoclastas desafiaron el paradigma de que el cerebro humano no puede cambiar, e hicieron un descubrimiento tras otro en sentido contrario, demostrando que este órgano posee sorprendentes poderes de neuroplasticidad. De hecho, el cerebro puede transformarse. Es capaz de expandir el área que está programada para mover los dedos, forjando nuevas conexiones en las que se origina la destreza de un pianista connotado; puede activar conexiones adormecidas desde hace mucho tiempo y generar otras, como un electricista que cambia los cables de una casa, de modo que las zonas que alguna vez vieron puedan sentir o escuchar; puede calmar los circuitos que una vez sufrieron el embate de la actividad aberrante que caracteriza a la depresión, y suprimir conexiones patológicas responsables del desorden obsesivo-compulsivo, y que producen trastornos considerables en el cerebro. En resumen, el cerebro adulto retiene gran parte de la plasticidad del cerebro en desarrollo, incluyendo el poder de reparar regiones averiadas, de desarrollar nuevas neuronas, de relocalizar regiones que cumplían una función y hacer que se encarguen de otra, de transformar circuitos, de conformar redes neurales que nos permiten recordar, sentir, sufrir, pensar, imaginar y soñar. Sí, el cerebro de un niño es notablemente maleable. Pero contrario a lo que Ramón y Cajal y la mayoría de los neurocientíficos han dicho desde entonces, el cerebro puede cambiar su estructura física y sus conexiones hasta bien entrada la edad adulta.

La revolución en nuestra comprensión de la capacidad que tiene el cerebro para cambiar hasta una edad adulta avanzada, no termina con el hecho de que el cerebro cambie y pueda hacerlo. Igualmente revolucionario es el descubrimiento de cómo cambia el cerebro. Los actos que realizamos pueden expandir o contraer diferentes regiones cerebrales, lubricar circuitos adormecidos y reducir la actividad de otros muy activos. El cerebro dedica más espacio cortical a las funciones que utiliza con mayor frecuencia, y reduce el espacio dedicado a actividades que casi nunca se realizan. Por eso, los cerebros de los violinistas dedican mayor espacio a la región que controla los dígitos de la mano que ejecuta el movimiento. En respuesta a estos actos y experiencias, un cerebro establece conexiones más fuertes en circuitos responsables por un comportamiento o pensamiento, y debilita las conexiones en otros. La mayoría de esto sucede por lo que hacemos y lo que experimentamos del mundo exterior. En este sentido, la estructura misma de nuestro cerebro —el tamaño relativo de las diferentes zonas, la fortaleza de las conexiones entre un área y otra— refleja la vida que hemos llevado. Así como la arena de la playa, el cerebro lleva las huellas de las decisiones que hemos tomado, las destrezas que hemos aprendido, y los actos que hemos realizado. Pero también hay indicios de que esculpir la mente es algo que puede ocurrir sin ninguna participación del mundo exterior. Es decir, que el cerebro puede cambiar como resultado de los pensamientos que hayamos tenido.

Unos pocos descubrimientos sugieren que los cambios cerebrales pueden generarse exclusivamente por la actividad mental: simplemente pensar en tocar el piano conduce a un cambio tangible y físico en la corteza motora del cerebro, y pensar de cierta manera puede restaurar la salud mental. Luego de tratar deliberadamente deseos y compulsiones invasivas como un trastorno neuroquímico —en lugar de hacerlo como un mensaje inequívoco de que algo anda mal—, los pacientes con DOC han alterado la actividad de la región cerebral que genera los pensamientos DOC. Al asumir de un modo diferente aquellos pensamientos que amenazan con enviarlos de nuevo al abismo del desespero, los pacientes con depresión han activado una región del cerebro y apagado otra, reduciendo así su riesgo de recaída. Algo tan aparentemente insustancial, como un pensamiento, tiene la capacidad de tener un efecto físico en el cerebro y alterar las conexiones neurales de tal modo que pueden conducir a recuperarse de enfermedades mentales, y quizá, a una mayor capacidad de empatía y compasión.

Es este aspecto de la neuroplasticidad —las investigaciones muestran que la respuesta a la pregunta de si podemos cambiar es un sí rotundo— el que llevó a los cinco científicos a Dharamsala en aquella semana de otoño. Desde 1987, el Dalai Lama ha abierto su hogar una vez al año a "diálogos" de una semana con un selecto grupo de científicos, para discutir sueños o emociones, la conciencia o la genética, o la física cuántica. El formato es simple; cada mañana, uno de los cinco científicos invitados se sienta en una silla al lado del Dalai Lama en la sala utilizada para los ordenamientos, y les describe su trabajo a él y a los invitados reunidos; en el 2004, asistieron un par de docenas de monjes y estudiantes de monasterios, así como científicos que habían participado en diálogos anteriores. Este tipo de reuniones son muy diferentes a las investigaciones formales que los científicos están acostumbrados a presentar en conferencias de investigación, en las que ellos exponen sus descubrimientos a un público que —esperan— esté interesado. En este caso, el Dalai Lama interrumpe cuando necesita alguna aclaración, bien sea referente a la traducción (los científicos hablan en inglés, que el Dalai Lama entiende bien, pero algún término científico ocasional, como *hipocampo* o *BRDU,* lo obliga a consultar con uno de sus intérpretes), o bien porque uno de los hallazgos científicos le recuerda un aspecto de la filosofía budista. La sesión matinal está interrumpida por un breve descanso para tomar el té, durante el cual el Dalai Lama permanece en el recinto para adelantar conversaciones informales con los científicos, o descansa un momento, y luego todos se dirigen al salón adyacente para beber té y comer galletas. En la tarde, el Dalai Lama y los académicos budistas invitados responden a lo que los científicos les han expuesto en la mañana, y explican lo que enseña el budismo acerca de ese tópico, o sugieren también otros experimentos en los que los budistas que se dedican a la contemplación ofrecerían sus mentes y cerebros.

Esta vez, los científicos reunidos estaban trabajando en las fronteras de la neuroplasticidad. Fred Gage, del Instituto Salk de La Jolla, California, trabaja con animales de laboratorio, y ha hecho descubrimientos seminales sobre cómo el ambiente puede cambiar sus cerebros de formas que pueden aplicarse a los seres humanos. Gage también ha conducido estudios en seres humanos, derribando el dogma de que el cerebro adulto no genera nuevas neuronas. Michael Meaney, de la Universidad de McGill de Montreal, ha demostrado la falacia del determinismo genético. Meaney, quien también ha trabajado con animales de laboratorio, mostró que la forma en que una rata cuida a los miembros de su camada determina cuáles genes se activan en el cerebro del ratón, y cuáles se desactivan, con el resultado de que los genes con los que nace de un ratón se convierten simplemente en otra opción que ofrece la naturaleza: los rasgos del animal (tímido o temeroso, neurótico o bien adaptado) surgen gracias a la conducta materna, algo que también tiene una gran importancia para las personas. Helen Neville, de la Universidad de Oregón, ha manifestado una y otra vez que las ilustraciones que muestran las funciones realizadas por cada parte del cerebro deberían aparecer con tinta borrable. Luego de trabajar con personas ciegas comunes, ella descubrió que incluso algo tan aparentemente fundamental y tan inmutable como las funciones de la corteza visual y de la corteza auditiva puede sufrir un cambio radical por la vida que alguien haya llevado. Phillip Shaver, de la Universidad de California-Davis, es uno de los líderes en la teoría del apego, un campo de la psicología. Él descubrió que el sentido de la seguridad emocional de las personas basado en las experiencias de su infancia tiene un efecto significativo no solo en sus relaciones adultas, sino también en comportamientos y actitudes que aparentemente tienen muy poca relación, como los sentimientos hacia individuos pertenecientes a diferentes grupos étnicos o su disposición de ayudar a un desconocido. Estos cuatro científicos viajaban por primera vez a Dharamsala y se encontraban por primera vez con el Dalai Lama.

Richard Davidson era el veterano de esos diálogos. Sin embargo, y más que eso, sus investigaciones en la ciencia de las emociones se habían expandido para incluir estudios de contemplativos budistas, hombres que dedican sus días a la meditación. El Dalai Lama había prestado sus oficios para que monjes budistas y yoguis viajaran hasta el laboratorio de la Universidad de Wisconsin-Madison y Davidson pudiera estudiar sus cerebros. Su trabajo estaba comenzando a mostrar el poder que tiene la mente para cambiar el cerebro. Davidson coordinó el encuentro, presentó a cada uno de los científicos durante sus exposiciones matinales, y condujo la discusión en cada una de las tardes.

"De todos los conceptos de la neurociencia moderna, la neuroplasticidad es la que tiene el mayor potencial para una interacción significativa con el budismo", señaló él.

El budismo y la ciencia

Aunque la ciencia y la religión suelen describirse como oponentes tradicionales e incluso enemigos, esto no se aplica en el caso de la ciencia y el budismo. No existe un antagonismo histórico entre los dos, tal como ha sucedido entre la ciencia y la Iglesia católica (que clasificó la obra de Copérnico en el Índice de libros prohibidos) y, recientemente, entre la ciencia y el fundamentalismo cristiano (que en los Estados Unidos ha recurrido al principio disruptivo del creacionismo para afirmar que la ciencia es "tan solo" otra forma de conocimiento). Al contrario, el budismo y la ciencia comparten el objetivo de buscar la verdad con v minúscula. Para la ciencia, la verdad es siempre incierta, siempre sujeta a ser refutada por el siguiente experimento. Para el budismo —por lo menos como el Dalai Lama lo asume—, incluso las enseñanzas fundamentales pueden y deben ser invalidadas si la ciencia demuestra que son falsas. Quizá más importante aún, las enseñanzas budistas destacan el valor de investigar la realidad y encontrar la verdad del mundo exterior, así como el contenido de la mente individual. "Hay cuatro aspectos que son comunes al budismo: racionalidad, empirismo, escepticismo y pragmatismo", señala Alan Wallace, quien durante varios años fue monje budista en Dharamsala y en otros lugares antes de renunciar a su hábito para convertirse en un académico budista, y quien es un antiguo participante de los diálogos entre los científicos y el Dalai Lama. "Su Santidad es la personificación de estos. Él suele decir complacido que si hay una evidencia empírica que contradiga algo en el budismo, ¡ello debe ir a la basura!". El Dalai Lama es categórico en afirmar que el budismo tiene que someterse a los argumentos racionales y al empirismo.

Las consonancias entre el budismo y la ciencia fueron reconocidas desde 1889, cuando Henry Steele Olcott señaló en su libro *Doctrinario Budista*, que el budismo está "reconciliado con la ciencia", y que hay "un acuerdo entre el budismo y la ciencia como una idea fundamental". Olcott se basó en el hecho de que —al igual que la ciencia—, el budismo enseña "que todos los seres están sujetos por igual a la ley universal". Según este raciocinio, dice José Ignacio Cabezón, un antiguo monje budista y que actualmente es un experto en ciencia y religión de la Universidad de California-Santa Bárbara, "el budismo y la ciencia están de acuerdo porque se suscriben a la visión de que existen leyes naturales que gobiernan el desarrollo de las personas y el mundo". En 1893, en el Parlamento Mundial de Religiones de Chicago en el marco de la Exposición Mundial, Anagarika Dharmapala, líder budista de Sri Lanka, señaló apasionadamente que el budismo, y no el cristianismo, podía reducir la brecha que durante varios siglos había dividido a la ciencia y a la religión. Él cifró su esperanza en la condición del budismo como una tradición que no es teísta, que no tiene un dios creador que "no necesita explicaciones que vayan más allá de la ciencia, pues no hay necesidad de fe ni de milagros", explica Cabezón. Tal como señala Alan Wallace, "... el budismo no es una religión; es una filosofía. No es una versión oriental del cristianismo o del judaísmo. El budismo no culmina en la fe, tal como sí lo hacen las tradiciones abrahámicas. El budismo culmina en la comprensión".

Algunos académicos han proclamado incluso que el budismo es "la religión de la ciencia". Como lo señaló el experto K. N. Jayatilleke, de Sri Lanka, en su ensayo *El budismo y la revolución científica*, a finales de los años cincuenta, el budismo "concuerda con los hallazgos de la ciencia" y "enfatiza en la importancia de una mirada científica", pues "se dice que sus dogmas específicos son susceptibles de ser verificados". Al igual que la ciencia, el budismo "está comprometido a establecer de manera crítica —y no dogmática— la existencia de leyes universales", dice José Cabezón.

Esto no implica que no debamos negar que algunos esfuerzos para encontrar consonancias entre la ciencia y el budismo rayan en la tontería. A lo largo de varias décadas, se ha señalado que el budismo es ciencia, que el Buda fue el fundador de la psicología, que el budismo descubrió el tamaño de las partículas elementales y del universo, que la física moderna simplemente confirma lo que los sabios budistas sabían desde hacía varios siglos. Pero aunque dichas afirmaciones son desmedidas, un creciente número de neurocientíficos están abiertos por lo menos al principio de que el budismo tiene algo sustantivo que decir sobre la mente. Si es así, entonces el budismo y la ciencia pueden beneficiarse de su interacción. "La ciencia tiene mucho que ganar si es obligada a considerar la mente o la conciencia de una manera que no sea mecánica, o si tiene que confrontar estados mentales extraordinarios que no estén normalmente dentro de la competencia de sus investigaciones", señala José Cabezón. "Los budistas pueden beneficiarse al tener acceso a nuevos hechos referentes al mundo material (cuerpo y cosmos), hechos que han sido trazados por fuera de la especulación tradicional budista debido a limitaciones tecnológicas".

Los descubrimientos de la neuroplasticidad, en particular, se asemejan a las enseñanzas budistas y tienen el potencial de beneficiarse de las interacciones con el budismo. La razón se remite a la principal creencia budista. "El budismo define a un individuo como un arroyo constantemente cambiante y dinámico", señala Matthieu Ricard, un monje budista originario de Francia. Este veterano de los diálogos científicos con el Dalai Lama presentó los que tuvieron lugar en el 2004. Incluso los expertos que no participaron directamente en el encuentro —pero que los han seguido de cerca— señalan las consonancias entre las enseñanzas budistas, y la idea y el potencial de la neuroplasticidad. "Hay muchos paralelos evidentes entre los hallazgos neurocientíficos y la literatura budista", sostiene Francisca Cho, una experta budista de la Universidad George Washington. "El budismo es una historia en la que sentimos dolor y sufrimiento y tenemos el poder para cambiar eso. Los hallazgos científicos sobre la neuroplasticidad suponen un paralelo con la narrativa budista de la iluminación, porque muestran que aunque tenemos formas muy arraigadas de pensar y que el cerebro está parcialmente predeterminado, también tenemos la posibilidad de cambiar. La idea de que estemos cambiando constantemente significa que no hay una naturaleza intrínseca del yo ni de la mente, que es precisamente lo que enseña el budismo. Al contrario, tanto el yo como la mente son extremadamente plásticos. Nuestras actividades nos dicen quiénes somos; y como actuamos, así seremos. Somos productos del pasado, pero debido a nuestra naturaleza inherentemente vacía, siempre tenemos la oportunidad de reestructurarnos".

El descubrimiento de que los simples pensamientos puedan alterar la materia misma del cerebro es otro punto de conexión natural entre la ciencia de la neuroplasticidad y el budismo. Durante más de 2500 años, el budismo ha enseñado que la mente es una fuerza independiente que puede moldearse con la voluntad y la atención para producir cambios físicos. "El descubrimiento de que pensar algo produce efectos, así como también sucede cuando se hace algo, es una fascinante consonancia con el budismo", dice Francisca Cho. "El budismo desafía la creencia tradicional en una realidad externa y objetiva. Al contrario, predica que nuestra realidad es creada por nuestras proyecciones mentales; y es el acto de pensar lo que crea el mundo exterior que está más allá de nosotros. Los descubrimientos de la neurociencia armonizan con esta enseñanza budista".

Las enseñanzas de las historias budistas tienen otra consonancia con los descubrimientos de la neuroplasticidad. Sostienen que al desprendernos de nuestros pensamientos, al observarlos desapasionadamente y con claridad, tenemos la capacidad de elaborar pensamientos que nos permitan superar aflicciones tales como sentir una rabia crónica. "Podemos experimentar una reeducación emocional", sostiene Cho. "Por medio del ejercicio de la meditación y de otros estados mentales, podemos cambiar de manera activa nuestros sentimientos, actitudes y mentalidad".

De hecho, el budismo cree que la mente tiene un formidable poder de autotransformación. Cuando los pensamientos llegan a una mente que no ha recibido entrenamiento, pueden desbordarse y despertar emociones destructivas, como las del ansia y el odio. Pero el entrenamiento mental, fundamento de la práctica budista, nos permite "identificar y controlar emociones y eventos mentales a medida que se presenten", dice Matthieu Ricard. La meditación, la forma más desarrollada de entrenamiento mental, "consiste en tener una nueva percepción de la realidad y de la naturaleza de la mente, y en alimentar nuevas cualidades hasta que sean partes integrales de nuestro ser. Si depositamos todas nuestras esperanzas y temores en el mundo exterior, nos enfrentaremos a un gran desafío, pues nuestro control del mundo exterior es débil, temporal e incluso ilusorio. Está más acorde con la posibilidad de nuestras facultades cambiar la forma en que traducimos el mundo exterior a la experiencia interior. Tenemos una gran dosis de libertad en la manera en que transformamos esa experiencia, y esa es la base para el entrenamiento mental y la transformación".

¿Y por qué el Dalai Lama espera contribuir a la comprensión científica, bien sea participando en estos diálogos con investigadores, o invitando a monjes budistas a que presten sus cerebros al servicio de la ciencia? "Su Santidad cree que el punto de vista predominante en la actualidad es el científico, y él quiere que el budismo siga creciendo y desarrollándose al interactuar con la ciencia", dice Thupten Jinpa, un académico budista tibetano que recibió un doctorado en estudios religiosos en la Universidad de Cambridge en 1989. Este hombre, quien es el traductor de cabecera del Dalai Lama al inglés y colaborador en varios de sus libros, es director del Instituto de Clásicos Tibetanos en Montreal, donde edita y traduce textos tibetanos. "Su Santidad", dice, "espera animar a las generaciones más jóvenes de budistas académicos a que interactúen con la ciencia. Pero adicionalmente, él tiene una personalidad curiosa".

De relojes y telescopios

Esa curiosidad data de su juventud. El niño que sería el catorceavo Dalai Lama nació el 6 de julio de 1935. Era el quinto de nueve hijos de una familia de agricultores de subsistencia que utilizaba el ganado para labrar sus cultivos de cebada en las estepas de la provincia de Amdo, al noroeste del Tíbet. A los dos años —y luego de una búsqueda realizada en todo el país—, Tenzin Gyatso fue reconocido como la reencarnación de Thubten Gyatso, el decimotercer Dalai Lama que había muerto en 1933, y fue investido formalmente como jefe de estado del Tíbet el 22 de febrero de 1940. La ciencia era desconocida en su mundo, y cuando él pensó en su época de juventud setenta años después, los únicos artefactos tecnológicos que podía recordar eran los rifles que tenían los nómadas locales.

Entre clases de lectura, escritura, aprendizaje y memoria de los rituales y escrituras budistas, el joven Dalai Lama se entretenía buscando posibles tesoros en las 1000 habitaciones del palacio de Potala en Lhasa, la capital del Tíbet. El palacio contenía lo que él denominaba una "colección de rarezas", perteneciente a sus predecesores, especialmente al decimotercer Dalai Lama. En un conmovedor presagio del angustioso escape realizado por el actual Dalai Lama luego de la invasión china, el decimotercer Dalai Lama había huido del Tíbet en

1900, cuando escuchó que los ejércitos del último emperador chino tenían intenciones de invadir su país. Pasó un corto tiempo en India que le bastó para enterarse de la forma en que el mundo extranjero se estaba adentrando en el nuevo siglo. Cuando regresó a su país, instauró varias reformas políticas y sociales, incluyendo un servicio postal, educación secular, así como otras de carácter tecnológico: un sistema de telegrafía y el primer alumbrado eléctrico, alimentado con una pequeña planta de energía. También regresó al palacio fascinado con objetos mecánicos, incluyendo los que le había regalado Sir Charles Bell, un oficial británico destacado, en la cercana ciudad de Sikkim.

Cuando el catorceavo Dalai Lama exploró las recámaras del palacio, encontró un antiguo telescopio de latón, un reloj mecánico, dos proyectores de cine, un reloj de bolsillo y tres automóviles, los cuales habían sido llevados en piezas desde India a través de las montañas, cargados por burros, mulas y personas, pues en el Himalaya no había carreteras para autos, y menos en el Tíbet, a excepción de Lhasa. El reloj le intrigó especialmente. Estaba sobre una esfera que describía una rotación completa cada 24 horas y tenía unas figuras misteriosas. Un día, mientras observaba sus libros de geografía, el Dalai Lama descubrió que los dibujos de la esfera eran un mapa del mundo, y que la rotación del globo mostraba el movimiento aparente del sol desde el este al oeste a través del firmamento. El Dalai Lama recibió otros artefactos tecnológicos a manera de regalos. En 1942, un grupo de americanos le regaló un reloj de bolsillo en oro, y unos visitantes británicos le dieron un tren de juguete y un cochecito de pedales.

"Recuerdo con mucha claridad que hubo una época en la que yo prefería jugar con esos objetos que estudiar filosofía o aprenderme un texto de memoria", escribió el Dalai Lama en su libro *El universo en un solo átomo*, publicado en el 2005. "Apuntaban hacia todo un universo de experiencia y conocimiento al que yo no tenía acceso, y cuya existencia era infinitamente tentadora".

De hecho, él disfrutaba de estos regalos no al utilizarlos de la manera convencional, sino al desbaratarlos. Desarmó su reloj y logró armarlo de nuevo y dejarlo funcionando. Desbarataba sus coches y botes de juguete, examinando los mecanismos responsables de su funcionamiento. Cuando era adolescente, observó un antiguo proyector cinematográfico que funcionaba con manivela, y se preguntó cómo podía generar electricidad el alambre que giraba. No había nadie en el palacio a quién preguntarle, así que también lo desbarató y observó las piezas hora tras hora, y descubrió finalmente que el alambre que giraba alrededor de un imán termina generando una corriente eléctrica. Así comenzó su pasión de toda una vida por desarmar y armar artefactos, y alcanzó la suficiente pericia en esto como para que sus amigos que tenían relojes acudieran a él para que los reparara (sin embargo, no pudo reparar su reloj de cucú después de que su gato atacara al pájaro). Animado por lo que consideraba como una evidencia de una habilidad mecánica, el joven Dalai Lama intentó descifrar la manera en que trabajaban los automóviles de su antecesor, aunque se limitó a aprender a conducir antes que a convertir los vehículos en pilas de piezas. Sin embargo, tampoco carecía de ingenuidad. Cuando tuvo un pequeño accidente y rompió la farola delantera del lado izquierdo, se asustó al pensar lo que diría el encargado de la flotilla del palacio y se apresuró a reemplazarla. Pero como la original estaba cubierta de un vidrio opaco, el reemplazo sería muy notorio, así que la cubrió con azúcar derretida.

Su alta investidura tenía algunas desventajas, especialmente la de permanecer recluido en el palacio de Potala. Ansioso por ver el mundo exterior, tomó el telescopio del decimotercer Dalai Lama. Durante el día, observaba la actividad y el bullicio de la ciudad que se extendía debajo del palacio. Y en las noches, observaba las estrellas y les preguntaba a sus asistentes los nombres de las constelaciones. Una noche de luna llena, miró la superficie lunar, donde el folclor tibetano dice que vive un conejo (a semejanza del "hombre en la luna" de los americanos y europeos). Al ver las sombras, llamó emocionado a sus dos tutores para que las observaran con sus propios ojos. "Miren", exclamó, "las sombras de la luna desmienten la cosmología budista del siglo IV, que sostiene que la luna es un cuerpo celestial como el sol y otras estrellas, que irradia luz de una fuerte interna". Es evidente que la luna es "una roca árida, salpicada de cráteres", observó él, y las sombras que caen sobre su superficie irregular demuestran que la luna, al igual que la Tierra, es iluminada por la luz reflejada del sol. Su observación empírica había invalidado la antigua enseñanza budista. Ese descubrimiento le dejó una impresión indeleble, pues descubrió que la observación puede desafiar las enseñanzas budistas tradicionales.

"Al pensar en mis 70 años de vida en términos retrospectivos, veo que mi encuentro personal con la ciencia comenzó en un mundo casi enteramente precientífico donde lo tecnológico parecía milagroso", escribió. "Supongo que mi fascinación por la ciencia todavía descansa en un asombro inocente ante las maravillas que puede lograr".

Para el Dalai Lama —cuyas lecciones no incluían ni una pizca de matemáticas, física, química o biología, y quien de niño no tenía la menor idea de que esas disciplinas existían—, los artefactos y las tecnologías rudimentarias que le fascinaban eran la ciencia. Pero lentamente, una vez nombrado formalmente como líder temporal del Tíbet, el 17 de noviembre de 1950, cuando visitó China e India, comprendió que la ciencia no es simplemente una base para los artefactos, sino una forma coherente de preguntar y de entender el mundo. Fue esta faceta de la ciencia —dice en la actualidad—, la que lo intrigó y en la que vio profundas semejanzas con el budismo.

Así como la ciencia examina de manera detallada a los seres y objetos que hay en el mundo, elaborando teorías y haciendo predicciones, refinando o rechazando una teoría cuando los experimentos la contradicen, así también el budismo que él aprendió durante sus prácticas contemplativas y lecciones religiosas está imbuido del mismo espíritu de preguntar con mentalidad abierta. "Estrictamente hablando", escribió el Dalai Lama, "en las escrituras budistas la autoridad no puede tener mayor importancia que un entendimiento basado en la razón y en la experiencia".

Esa tradición comenzó con el propio Buda, quien hace 2500 años, aconsejó a sus monjes no aceptar la autoridad de sus propias palabras como si estuviera inscrita en las escrituras ni la pertinencia de sus enseñanzas simplemente por un respeto hacia él. "Examinen la verdad de lo que les digo", les aconsejó, "a través del uso de su razón, y de la observación de las personas y del mundo alrededor de ustedes. "Por lo tanto, cuando se trata de validar la verdad de una afirmación, el budismo le confiere la mayor autoridad a la experiencia, un segundo lugar a la razón, y por último a las escrituras", dijo el Dalai Lama. Si la ciencia descubre que una creencia del budismo está equivocada, que viola una verdad indisputable de la ciencia, —como lo ha dicho en repetidas ocasiones—, entonces el budismo debe abandonar esa creencia o enseñanza contenida en los escritos sagrados, así hayan sido considerados como válidos durante varios milenios. "El budismo debe aceptar los hechos", afirma él. "Por ejemplo, la física budista, que sostiene que la forma, el sabor, el olor y la tactilidad son aspectos básicos de la materia, tiene que ser modificada", agrega.

El 17 de marzo de 1959, el Dalai Lama huyó del Tíbet después del fracaso de un levantamiento popular contra las tropas invasoras chinas. Aproximadamente 80 000 tibetanos lo siguieron al exilio, y muchos de ellos se establecieron en Dharamsala o cerca de allí, sitio que él convirtió en su hogar y donde estableció su gobierno tibetano en el exilio. Durante sus primeras tres décadas en esta condición, casi todo lo que el Dalai Lama sabía sobre la ciencia provenía de las noticias que llegaban a Dharamsala a través de la BBC, la revista Newsweek, o de algún texto ocasional de astronomía. Pero a finales de los años ochenta, su curiosidad se había transformado en algo más apremiante. "El dominio inevitable de la ciencia en el mundo moderno cambió radicalmente mi actitud hacia ella, la cual pasó de ser simple curiosidad a una especie de compromiso urgente", escribió. "La necesidad de comprometerme con esta fuerza poderosa de nuestro mundo se ha convertido también en una especie de mandamiento espiritual. La pregunta principal es: "cómo podemos hacer que los maravillosos desarrollos de la ciencia ofrezcan un servicio altruista y compasivo a las necesidades de la humanidad y de otros seres sensibles con los que compartimos esta tierra".

En 1983, el Dalai Lama viajó a Austria para una conferencia sobre la conciencia. Allí conoció a Francisco Varela, un neurocientífico chileno de treinta y siete años que había comenzado a practicar el budismo en 1974. El Dalai Lama nunca había conocido a un neurocientífico tan eminente que al mismo tiempo supiera tanto sobre budismo, y el joven investigador y el lama tibetano sintieron una empatía inmediata. A pesar de su agenda tan apretada, el Dalai Lama le dijo a Varela que le gustaría conversar más a menudo sobre ese tipo de temas.

El Instituto para la Mente y la Vida

Un año después de que Varela conoció al Dalai Lama, se enteró de un proyecto en el que estaba trabajando Adam Engle, un hombre de negocios de California, quien en 1983 era miembro de la junta de la Organización para la Educación Universal, fundada por el lama Thubten Yeshe. Durante una reunión de la junta, alguien mencionó que Su Santidad supuestamente tenía un gran interés en la ciencia. "Qué pareja más extraña", pensó Engle: "¿el líder espiritual del budismo y del gobierno tibetano en el exilio, y la ciencia? Me pregunto si será cierto". Cuando terminó la reunión decidió que, si era así, quería dedicar energías para que el interés que sentía el Dalai Lama por la ciencia fuera algo más que un capricho pasajero.

Engle, que era un budista practicante desde hacía ocho años, comenzó a preguntarles a sus conocidos en la comunidad budista de California por el supuesto interés del Dalai Lama en la ciencia. Todos le aseguraron que Su Santidad amaba la ciencia, y una idea comenzó a gestarse entonces en la mente de Engle. Un año después, asistió a un seminario público ofrecido por el Dalai Lama en Los Ángeles, con Michael Sautman, un amigo y colega. Mientras esperaba que abrieran las puertas, Sautman le presentó a Tendzin Choegyal (Ngari Rinpoche), el hermano menor del Dalai Lama y quien hacía parte de su comitiva. Poco más de veinte años después, Engle recordó que mientras le estrechaba la mano, "una parte de mí decía 'no te molestes con esto ahora', mientras que otra parte decía 'es ahora o nunca' ". La segunda voz ganó. Mientras le apretaba férreamente la mano, Engle se armó de valor para decirle a Rinpoche que había escuchado que Su Santidad estaba interesado en la ciencia y que le gustaría "organizar algo". Rinpoche le ofreció encontrarse con él en el hotel Century Plaza después del seminario.

A las seis de la tarde, Rinpoche entró al vestíbulo y Engle le comentó su proyecto. Le dijo que un budista le había informado que Su Santidad estaba interesado en la ciencia, y si era así, a él le gustaría hacer algo, organizar quizá un encuentro en el que el Dalai Lama pudiera conversar y escuchar a los científicos. Tuvo el cuidado de dejar en claro que no se trataba de un evento más para el que Su Santidad prestara su nombre y quizá unos pocos minutos de su tiempo para dirigirse brevemente al público. Lo haré, explicó Engle, sólo si Su Santidad quiere ser un participante de tiempo completo. Rinpoche aceptó hablar con su hermano.

Dos días después, durante otra de las enseñanzas impartidas por el Dalai Lama, Rinpoche le dijo a Engle que Su Santidad estaba realmente interesado en participar en una discusión verdaderamente seria alrededor de la ciencia. Engle pensó qué podía organizar con exactitud, y concluyó que el tema estaría relacionado con la física; *El tao de la física*, libro escrito por Fritjof Capra, había acabado de divulgarles a millones de lectores la consonancia entre la sabiduría oriental y los descubrimientos de la física cuántica. A comienzos de 1985, Engle y Sautman visitaron a Capra en Berkeley, pero al escritor no le atrajo mucho la idea de organizar un encuentro entre el Dalai Lama y algunos físicos para explorar algunas de las ideas expuestas en su libro. Parecía haber una serie interminable de encuentros con visos de la nueva era, se quejó Capra, y se estaba cansando de eso: la gente hablaba y no sucedía nada más. Engle se marchó sin saber lo que debía organizar.

Poco después, Francisco Varela, el neurocientífico que se había reunido con el Dalai Lama en Austria, llamó a Engle desde París. Se había enterado de que Engle estaba intentando organizar un encuentro entre el Dalai Lama y un grupo de científicos, y le habló del encuentro fortuito que había tenido con el Dalai Lama, quien había invitado a Varela para que continuara con los diálogos; sin embargo, Varela no sabía cómo hacerlo. Tras escuchar los incipientes planes de Engle, Varela le dijo: *"Adam, no organices un diálogo sobre física; tiene mucho más sentido hacerlo sobre ciencia cognitiva".*

Varela sabía que se presentarían obstáculos. Poco después de comenzar a practicar budismo, había recurrido a la meditación como una herramienta de investigación cognitiva. Creía que la ciencia cognitiva, una fusión de la psicología y de la neurociencia que intenta develar el funcionamiento de la mente y el cerebro, podría beneficiarse de las versiones libres de perspectivas de la actividad mental, y no de las versiones azarosas de observadores sin entrenamiento. Así como las observaciones casuales del movimiento de una pierna, por ejemplo, seguramente no permiten conclusiones confiables sobre el metabolismo muscular, del mismo modo las observaciones casuales de lo que hace la mente de un individuo también resultarían sospechosas. Pero Varela pensó que la historia sería muy diferente con un observador entrenado: esta persona podría hacer de la meditación una herramienta de investigación cognitiva. Pensó que al darles a los practicantes un mayor acceso al contenido y procesos de sus mentes, la meditación podría ampliar el estudio tradicional de la mente y el cerebro, ofreciendo un recuento confiable y en primera persona de la actividad mental.

Su propuesta no fue exactamente acogida por el mundo de la neurociencia, muchos de cuyos científicos consideraban la introspección como algo apenas mejor que las entrañas cuando se trataba de entender el funcionamiento de la mente. Así que cuando Varela se reunió con Engle, le advirtió de la importancia de invitar a científicos que estuvieran abiertos a las versiones personales de individuos dedicados a la contemplación y a lo que varios siglos de tradición budista sobre la mente podían aportar a la comprensión científica. Si los científicos atacaban al budismo, no conseguirían nada.

En marzo de 1986, luego de más de un año de intercambiar correspondencia con la oficina del Dalai Lama, Engle viajó a Nueva Delhi, y después de un viaje nocturno en tren y tres horas en auto, en donde vio más ganado que vehículos, llegó a Dharamsala. Cruzó la puerta del recinto del Dalai Lama, un poco arriba de la intersección central de la ciudad, y solicitó ver a Tenzin Geyche Tethong, el secretario de Su Santidad. El guardia llamó a la oficina, y poco después, un joven bajó corriendo por el sendero de asfalto serpenteante. Engle le mostró la correspondencia entablada con los asistentes del Dalai Lama, en la que proponían organizar un encuentro científico, esperando que esto le valiera la consideración especial de Su Santidad. El pobre quedó tan confundido con la verdadera identidad de Engle y de lo que este quería, que lo acompañó a hablar con Tenzin Geyche.

En el edificio con fachada de yeso donde el Dalai Lama tiene su oficina privada, el inglés se presentó ante Tenzin Geyche y le describió el contenido de la correspondencia que había entablado durante varios meses con los asistentes de Su Santidad. Era la primera vez que Tenzin Geyche, quien recientemente había asumido el cargo de secretario, se enteraba de una reunión entre el Dalai Lama y algunos científicos. Engle le solicitó una audiencia con el líder espiritual. Tenzin Geyche le dijo que entraría en contacto con él y le preguntó dónde estaba hospedado. "No he encontrado un lugar", respondió Engle, "pero estaré en la Cabaña de Cachemira". Tras descender por el sendero y cruzar el puesto de seguridad en la parte inferior de la montaña, Engle deambuló por las calles serpenteantes de Dharamsala hasta llegar a la Cabaña de Cachemira, un hospedaje que era propiedad y estaba administrado por Tendzin Choegyal, y que había sido el hogar de la madre del Dalai Lama hasta su muerte.

Tendzin Choegyal recordó que había conocido a Engle en el vestíbulo del hotel Century Plaza de Los Ángeles dieciocho meses atrás.

"¿Podrías hablar con Tenzin Geyche acerca del interés del Dalai Lama en reunirse con los científicos?", le preguntó Engle, quien dos días después tuvo una audiencia con el Dalai Lama. Le explicó lo que Francisco Varela y él tenían pensado, y luego de escucharlo atentamente, el Dalai Lama le dijo que estaba muy interesado. Pero Engle tenía una pregunta: "¿Por qué le interesa?"; el Dalai Lama respondió que tenía un interés personal en la ciencia y que quería seguir aprendiendo de ella. También señaló que quería introducir la ciencia en el currículo monástico, pues era perfectamente consciente de que en el mundo moderno, y especialmente en Occidente, la ciencia es el principal mecanismo para descubrir la realidad; y que los estudiantes del monasterio necesitaban saber esto, pues entender la ciencia era crucial para asegurar la vitalidad del budismo.

Las cosas sucedieron con rapidez. Varela se reunió en junio con el Dalai Lama en París; le confirmó su interés en el encuentro propuesto, y recibió la aprobación formal del secretario del Dalai Lama, por lo cual viajó a Dharamsala para coordinar las fechas. "¿Cuánto tiempo quieres?", le preguntó Tenzin Geyche. "Una semana en octubre", respondió Engle. Tenzin Geyche sonrió: "Eso es imposible", dijo; "solo estaremos dos semanas aquí en octubre, y lo único que Su Santidad ha hecho durante una semana completa es enseñar budismo". Engle regresó desanimado a la Cabaña Cachemira. Pero dos días después, recibió una carta de la oficina privada confirmando las fechas exactas que había propuesto, y toda una semana del tiempo de Su Santidad.

En octubre de 1987, el Dalai Lama fue el anfitrión de la primera conferencia de lo que Engle y Varela habían bautizado el Instituto para la Mente y la Vida, en Dharamsala. Cinco científicos y un filósofo hablaron informalmente con él sobre ciencia cognitiva y budismo. El formato seguido se convirtió en el modelo para todos los diálogos subsiguientes entre el Dalai Lama y los científicos: cada uno le presentaba su trabajo al Dalai Lama, y luego realizaban intercambios con otros expertos budistas invitados.

Pocos años antes del comienzo de los encuentros de la Mente y la Vida, el Dalai Lama recordó la conversación que había tenido con una norteamericana casada con un tibetano. La mujer sostuvo que la ciencia tenía un largo historial de "acabar" con la religión, y que podría amenazar la supervivencia del budismo, y le aconsejó al Dalai Lama no entablar amistad con estas personas. Sin embargo, él tenía otra opinión. Al recordar varios años después ese primer encuentro, Su Santidad dice que "le gustó la idea". Vio que los diálogos con connotados científicos eran una oportunidad para aprender sobre los últimos pensamientos científicos, lo que era obvio, pero también una parte de su misión para abrir la sociedad y la cultura tibetana al mundo moderno. Por lo tanto, ordenó que la ciencia fuera parte del currículo escolar de los niños y de las universidades monásticas, cuya materia principal es el pensamiento clásico budista, y cuyos estudiantes son en su totalidad monjes en entrenamiento. "Si los practicantes espirituales ignoramos los descubrimientos de la ciencia, nuestra práctica también se verá empobrecida", escribió posteriormente.

El Dalai Lama es mucho más que el líder del pueblo tibetano: es el líder espiritual del budismo tibetano, y el jefe del gobierno de su país en el exilio. Es también un ícono internacional, un símbolo del perdón, de la iluminación, de la paz y la sabiduría, que puede atraer enormes multitudes a las "enseñanzas" que ofrece en lugares que incluyen desde el Parque Central de Nueva York a los sitios budistas más sagrados de India. Para un pequeño pero creciente número de científicos, el Dalai Lama también representa un puente entre el ámbito de la espiritualidad y el de la ciencia, un individuo cuya experiencia en el entrenamiento espiritual podría ofrecerle a la ciencia occidental una perspectiva de la cual carece para adelantar investigaciones sobre la mente y el cerebro.

Por ello, el Dalai Lama recibió una invitación, para dirigirse a los asistentes, al encuentro anual de la Sociedad para la Neurociencia en el 2005, y también encontró más controversia de la que esperaba, pues alrededor de 500 afiliados firmaron una petición en la que protestaban por su asistencia, señalando que la religión no tiene lugar en una conferencia científica. (Muchos de los líderes de la protesta era científicos chinos, lo que despertó rumores de que la protesta era más política que científica). Incluso el Dalai Lama reconoció la aparente incongruencia de su asociación con la neurociencia. "¿Qué hace entonces un monje budista al interesarse tanto con la neurociencia?", preguntó en términos retóricos. En su último libro, ofreció una respuesta: "La espiritualidad y la ciencia son aproximaciones diferentes pero complementarias en términos investigativos, que tienen el mismo objetivo superior: el de buscar la verdad", escribió. Concretamente, les dijo a los neurocientíficos que aunque las prácticas contemplativas orientales y la ciencia occidental habían surgido por diferentes razones y tenían objetivos diferentes, compartían un propósito común. Tanto los budistas como los científicos investigan la realidad: "al obtener una mayor comprensión de la psique humana, podemos encontrar diversas formas de transformar nuestros pensamientos y emociones, y sus propiedades inherentes, para encontrar así un camino más completo y satisfactorio".

No es de extrañar que la neuroplasticidad, el tema del encuentro organizado en el 2004 por el Instituto para la Mente y la Vida, encontrara una receptividad total en el Dalai Lama, a quien le intriga que el entendimiento que tiene el budismo sobre la posibilidad de la transformación mental tenga paralelos con la plasticidad del cerebro. "Los términos budistas en los que está basado este concepto son radicalmente diferentes de los utilizados por la ciencia cognitiva, pero lo que es significativo es que ambos perciben la conciencia como altamente susceptible de sufrir cambios", escribió. "El concepto de la neuroplasticidad sugiere que el cerebro es altamente maleable y está sujeto al cambio continuo como resultado de la experiencia, de tal forma que pueden formarse nuevas conexiones neuronales e incluso generarse nuevas neuronas". Y como escribió en su exitoso libro de 1998, *El arte de la felicidad*: "la configuración de nuestros cerebros no es estática ni fijada de una manera irrevocable. Nuestros cerebros también son adaptables".

No son estáticos ni fijos, están sujetos al cambio continuo, y son adaptables; sí, el cerebro puede cambiar, y eso significa que nosotros podemos cambiar. Sin embargo, esto no es tan fácil. Como veremos, la neuroplasticidad es imposible sin la atención y el esfuerzo mental. Para poder cambiar, debemos querer cambiar (independientemente de cualquier factor). Pero el potencial puede ser inmenso si existe la voluntad para hacerlo. La depresión y otras enfermedades mentales pueden tratarse, ayudándole a la mente a cambiar el cerebro, en lugar de llenarlo con medicamentos nocivos. Un cerebro agobiado por la dislexia puede transformarse en uno que lea con fluidez, simplemente al cambiar constantemente la información sensorial que recibe. Un cerebro que no tenga capacidades especiales para los deportes, la música o la danza, puede sufrir una relocalización radical, habilitando un mayor espacio de la corteza a los circuitos encargados de estas destrezas.

El Dalai Lama ha destinado sus recursos personales y oficiales para apoyar la investigación sobre la neuroplasticidad, pues está en armonía con el deseo del budismo de que todos los seres sensibles estén exentos del sufrimiento. No es un objetivo descabellado: en un cerebro cuyos circuitos existentes conduzcan a la desconfianza y a la xenofobia, estos pueden modificarse —mediante el esfuerzo disciplinado y el compromiso para el automejoramiento— para que respondan con altruismo y compasión. Los límites de la neuroplasticidad aún no están delimitados con claridad, pues se trata de una ciencia muy nueva. Pero es indudable que esta ciencia naciente tiene el potencial de producir cambios radicales, tanto en los individuos como en el mundo, haciendo posible que podamos entregarnos a nosotros mismos para ser más amables y compasivos; menos defensivos, egoístas, agresivos y belicosos. Este mundo de posibilidades ofrecidas por los descubrimientos de la neuroplasticidad es la razón por la cual se reunieron los expertos budistas y los científicos ese otoño en Dharamsala.

Quisiera decir algo sobre el relato de esta historia. Los cinco investigadores que se reunieron con el Dalai Lama han realizado contribuciones fundamentales en la revolucionaria ciencia de la neuroplasticidad. Sus historias aparecen en los capítulos 3, 4, 7, 8 y 9 respectivamente. Sin embargo, es imposible entender el alcance que tiene el poder del cerebro sugerido por la neuroplasticidad, sin tener un conocimiento de otros descubrimientos, los cuales están descritos en los capítulos 2, 5 y 6.

Comencé con la afirmación de Ramón y Cajal de que "los conductos nerviosos son inalterables, determinados e inmutables". Sin embargo, Ramón y Cajal también dijo: "De ser posible, la ciencia del futuro debe cambiar este decreto severo". Y como veremos, esto fue lo que sucedió.

Capítulo 2

El mecanismo encantado

El descubrimiento de la neuroplasticidad

En lugar de equivocarse, los científicos acertaron en lo referente a la neuroplasticidad y a la pregunta de si el cerebro adulto podía sufrir cambios considerables.

La segunda mitad del siglo XIX fue testigo de una gran actividad en la conformación de un mapa cerebral que —por simple orgullo cartográfico— rivalizaba con las expediciones del siglo XV para realizar mapas terrestres. Los científicos estaban empeñados en mostrar qué regiones específicas de la corteza convoluta realizaban funciones diferentes.

Los hacedores de mapas

El primer paso importante en esa dirección sucedió en 1861, cuando el anatomista francés Pierre-Paul Broca anunció su descubrimiento de una región cerebral responsable del lenguaje. Durante la autopsia a un paciente que solo podía decir una sola sílaba —tan— (por lo cual fue conocido en el hospital donde era tratado como Monsieur Tan),

Broca descubrió una lesión en la parte posterior de los lóbulos frontales, y supuso correctamente que la zona averiada era responsable del lenguaje articulado, la cual ha sido conocida desde entonces como el área de Broca.

Su anuncio tuvo el mismo efecto de un disparo al comienzo de una competencia atlética: los anatomistas se apresuraron a asignarle funciones particulares a zonas neurales específicas. En 1876, Carl Wernicke, nacido en la actual Polonia y educado en Alemania, descubrió que una región ubicada detrás y debajo del área de Broca también jugaba un papel importante en el lenguaje, no tanto en la formación de las palabras como lo hacía el área de Broca, sino en la comprensión del habla y en la combinación de las palabras para que tengan sentido. Las personas con lesiones en esta área pueden hablar, pero lo que dicen es prácticamente ininteligible. El neurólogo alemán Korbinian Brodmann, a quien no le gustaban las soluciones a medias, analizó cerebros de cadáveres y determinó que la corteza tiene 52 regiones diferentes según sea su aspecto. Gracias a sus esfuerzos, estas regiones todavía son designadas como AB (área de Brodmann) 1, AB2, AB3... hasta AB52. Por ejemplo, AB1, 2 y 3 conforman la corteza somatosensorial, donde el cerebro recibe señales de varios puntos en la superficie del cuerpo y los interpreta como el sentido del tacto.

Estos mapas del cerebro suscitaron una pregunta obvia para los científicos de la época: ¿Los límites y funciones de las regiones especializadas estaban marcadas como en una roca? Si era así, entonces una región que recibiera la señal de que "tu dedo gordo del pie derecho ha tocado algo", siempre recibiría señales del dedo gordo del pie derecho y sólo de él, y esta región del cerebro sería la misma para todas las personas. O, ¿acaso las regiones variaban de un individuo a otro, o incluso dentro de la misma persona, de tal modo que la región del dedo gordo de mi pie derecho es diferente a la tuya, y un mes puede estar en el dedo gordo del pie, y luego pasar al dedo del medio?

A comienzos del siglo XX, estas preguntas habían ocupado un lugar importante. Los neuroanatomistas comenzaron a investigar los "mapas de movimiento" del cerebro. Esta especie de mapa cerebral es básicamente un dibujo de la corteza motora, una especie de franja que va casi de un oído al otro por la parte superior del cerebro, y en la que cada sitio controla una parte del cuerpo. Antes que recibir señales de que el dedo gordo del pie derecho ha tocado algo, como lo hace la corteza somatosensorial, la corteza motora transmite señales para decirle que se mueva. Para realizar un mapa de movimientos, los científicos colocan pequeños electrodos en varios lugares de la corteza motora de un animal de laboratorio (algo que no le produce dolor, pues el cerebro no puede sentir, así parezca sorprendente). A continuación, observan cuál parte del cuerpo se mueve. Si el punto que toca hace que se mueva el dedo meñique izquierdo, entonces sabrán que ese lugar controla ese dedo, y lo mismo sucede con todas las partes del cuerpo.

Sin embargo, había algo muy particular en estos mapas de movimientos, pues variaban de un animal a otro. La estimulación eléctrica de un punto particular en la corteza motora de un mono hacía que la criatura moviera el dedo índice, pero la estimulación del mismo lugar en otro mono le hacía mover toda la mano, de tal modo que no existía un solo mapa de movimientos, y cada mono resultaba ser bastante único.

¿Por qué? Una posibilidad era que los neuroanatomistas fueran descuidados. Después de todo, la distancia que hay entre el lugar de la corteza motora que mueve el pie derecho al lugar que mueve el talón derecho es minúscula. En 1912, dos neurocientíficos británicos, T. Graham Brown y Charles Sherrington, decidieron observar si los mapas de los movimientos variaban de un mono a otro debido a que los anatomistas se habían equivocado o a que estos mapas reflejaban algo único acerca de cada individuo. En unos experimentos históricos aunque olvidados desde hace mucho, tomaron pequeños electrodos y los conectaron a la corteza motora de unos animales de laboratorio. Observaron cuidadosamente cuáles músculos se contraían; luego los conectaron a otra región, y así sucesivamente hasta elaborar un mapa de los movimientos de toda la corteza motora del animal, y luego hicieron lo mismo con otro.

Era cierto: los mapas de los movimientos eran tan individuales como las huellas digitales; estimular un punto determinado de la corteza motora en un animal le hacía contraer el músculo de una mejilla, y estimular a otro animal exactamente en el mismo sitio de la corteza le hacía mover el labio. Al especular sobre la forma en que se puede presentar esta variabilidad, Sherrington sugirió que dicho mapa refleja la historia de los movimientos del animal, como si se tratara de huellas.

No es que el movimiento en el transcurso de la vida de un animal deje una huella física en la corteza motora, algo que sí hacen los movimientos repetidos y habituales. Digamos que un mono tiene el hábito de agarrar las frutas con su pulgar y su dedo meñique. En ese caso, los dos dedos se flexionarán de manera repetida, frecuente y simultánea para que el mono pueda agarrarlas. Sherrington sugirió que los grupos de neuronas en la corteza motora que mueven esos dos dedos deberían estar juntos, y que si otro mono con hábitos diferentes para comer toma la fruta con el dedo pulgar y el índice, tendría un mapa de movimientos diferente, y las neuronas que muevan el dedo pulgar estarían cerca de las que mueven el índice. Los mapas de los movimientos reflejan no solo los dedos u otras partes del cuerpo que tienden a moverse al unísono, sino también la frecuencia con la que un animal utiliza esa parte del cuerpo. No es para preocuparnos (no significa que sean necesariamente más inteligentes que nosotros) pero los músicos que utilizan con frecuencia ciertos dedos, se supone que deben tener grupos de neuronas más grandes en la corteza motora dedicados a moverlos que las personas que no son músicas; los bailarines y bailarinas que practican repetidamente ciertos estiramientos con los pies deberían tener grupos de neuronas más grandes responsables de mover esos músculos que quienes básicamente ponen un pie adelante del otro. Los experimentos de Sherrington y de Brown ofrecieron la primera evidencia empírica de un principio que había estado rondando a la psicología un siglo atrás: que los hábitos producen y son reflejo de cambios en el cerebro.

Los estudios también impulsaron las primeras investigaciones sobre la neuroplasticidad. En 1915, un neurólogo llamado S. Ivory Franz comparó los mapas de los movimientos en las cortezas motoras de los macacos, y también descubrió que el mapa de un macaco difería de otro y especuló que las diferencias probablemente reflejaban los hábitos y destrezas motoras exclusivas de estos animales. En 1917, Sherrington ofreció una descripción memorable del cerebro como "un telar encantado, donde millones de enlaces centelleantes tejen un patrón que se desvanece; un patrón importante sin duda, aunque no perdurable".

Sin embargo, todo eso tenía una falla obvia. Ninguno de los estudios que analizaba los mapas de los movimientos idiosincráticos de los animales experimentales realmente habían descartado una explicación plausible: que las diferencias entre los mapas de los movimientos de un animal y el de otro eran innatas, y no un reflejo de las diferentes experiencias de vida de los animales.

En 1923, Karl Lashley, un antiguo colega de Franz, comenzó una serie de experimentos con el propósito de descartar esa posibilidad de una vez por todas, y descubrió que no era una idea muy acertada comparar a un animal con otro, como lo habían hecho Sherrington y Franz, pues las diferencias en los mapas de los movimientos de los animales podían atribuirse a diferencias innatas en el cerebro, así como a distintas experiencias que habían tenido. En lugar de eso, determinó con laboriosidad los mapas de los movimientos de cuatro macacos adultos durante el transcurso de un mes. Si las diferencias en los mapas de los movimientos estaban presentes en el momento del nacimiento, entonces el mapa actual de la corteza motora de un macaco sería igual al de la semana pasada y al de la antepasada. Pero si las diferencias reflejaban los movimientos habituales de los animales, y un mono adquiría un nuevo hábito durante el último mes, entonces su mapa de la corteza motora del mono debería cambiar.

Así fue; cada vez que Lashley observaba un mapa de movimientos, descubría que era ligeramente diferente al anterior, y aún más diferente que los precedentes. Esto le permitió deducir lo que denominó la "plasticidad de la función neural", que permite que el mapa de movimientos de la corteza motora se remodele continuamente a sí mismo para reflejar los patrones recientes de movimiento de su propietario. Presagiando los descubrimientos fundamentales de la neuroplasticidad un siglo después, Lashley concluyó que los músculos que se mueven más tienen grupos más grandes de neuronas en la corteza motora dedicados a ellos, que los músculos que se mueven menos. Eso tiene sentido, y es un concepto que se ha retomado una y otra vez en las investigaciones sobre la neuroplasticidad: mientras más frecuentemente realices un movimiento particular, más campo destinará el cerebro para dicho movimiento.

Así, a mediados del siglo XX, los logros científicos habían acumulado una gran cantidad de evidencias de que el cerebro es dinámico y que se remodela a sí mismo continuamente en respuesta a la experiencia. En 1949, el psicólogo canadiense Donald Hebb hizo una propuesta que terminaría explicando cómo sucedía esto. Hebb no pretendía explicar el tipo de neuroplasticidad que permite que las regiones del cerebro cambien en respuesta a las experiencias de un animal, sino que quería explicar el aprendizaje y la memoria, y propuso que ambos están basados en el fortalecimiento de la sinapsis. De alguna manera, la neurona que se activa inicialmente en la cadena (la presináptica) o la que se activa después (la postsináptica) o ambas, cambian de tal modo que la activación de la primera hace más probable que se active la segunda.

Tuvieron que transcurrir varios años para que la plasticidad sináptica entendiera este proceso. Debido parcialmente a que Herb era "apenas" un psicólogo y no un neurocientífico, los investigadores del cerebro tardaron en prestarle atención. Sin embargo, eventualmente y a medida que examinaban su hipótesis, la información fue irrefutable: cuando las neuronas se activan simultáneamente, sus conexiones sinápticas se hacen más fuertes, aumentando la posibilidad de que la activación de una estimule la activación de la otra. Casi del mismo modo en que caminar una y otra vez por un sendero de tierra deja marcas que lo delimitan, estimular la misma cadena de neuronas una y otra vez —como cuando un niño memoriza una canción—, aumenta la posibilidad de que el circuito se active por completo hasta terminar el proceso, y el niño pueda cantar toda la canción. Los científicos han estudiado detalladamente la neuroquímica natural en la plasticidad Hebbiana, pero basta con saber que es un proceso complicado que comienza con la liberación de un neurotransmisor proveniente de una neurona presináptica y termina con un aumento en la fuerza sináptica. Las dos neuronas que se encuentran en las sinapsis quedan atrapadas en una especie de abrazo fisiológico. Esta es la base física de la formación de circuitos funcionales durante el desarrollo del cerebro, del aprendizaje y la memoria, y —tal como los logros científicos están comenzando a entenderlo— de los cambios producidos por el tipo de entrenamiento mental en los sitios que los budistas ejercitan durante sus prácticas contemplativas. Incluso en los años cincuenta, ya era claro que este tipo de plasticidad debía ser una respuesta a la experiencia.

Y entonces Sherrington y Franz, Lashley y Hebb, verdaderos protagonistas de la historia de la neurociencia, debatieron esto, aunque hicieron algo adicional: suministraron evidencias sólidas en el sentido de que el cerebro es hijo de la experiencia, y en cuanto tal, sufre cambios físicos en respuesta a la vida que lleva su propietario. Pero eso no importó. Durante la mayor parte del siglo XX, el paradigma de la neurociencia sostenía que, con la excepción del fortalecimiento sináptico, el cerebro es fijo, predeterminado e incapaz de cambiar. De todos los científicos que abanderaron esta posición, ninguno tuvo más influencia que Ramón y Cajal, el gran neuroanatomista español mencionado en el capítulo anterior, que en 1913 señaló que las vías del cerebro adulto son "fijas, determinadas e inmutables". Es obvio que el cerebro adulto puede aprender informaciones y destrezas, pero solo hasta cierto punto. Según el dogma que se había arraigado en los años cincuenta, el cerebro establece prácticamente todas sus conexiones en los sistemas fundamentales —como la corteza visual, la auditiva y la somatosensorial— en los primeros años de vida; que una región responsable de una función no puede asumir otra diferente, y que por lo tanto, era una pérdida de tiempo tratar de entrenar a las neuronas para que reemplazaran aquellas que habían sido destruidas por un derrame cerebral. Por ejemplo, si la parte del cerebro encargada de mover el brazo izquierdo sufría lesiones por medio de un derrame o un trauma, no había otra región que la reemplazara, y la función de la parte afectada desaparecería para siempre.

Tan convencidos estaban los científicos de que el cerebro adulto es esencialmente fijo, que ignoraron en gran parte el puñado de estudios (decididamente oscuros) que sugerían que el cerebro realmente es maleable y está formado por la experiencia. La "verdad" aparece en colores brillantes en cualquier libro donde aparezcan ilustraciones del cerebro, y determinan y etiquetan con mucha seguridad las diferentes estructuras del mismo: aquí está la región que controla el lenguaje, allá la que mueve el pulgar izquierdo, y más allá está la que procesa la sensibilidad de la lengua. A cada espacio neuronal se le asigna una función fija. Una zona demarcada, por ejemplo, para procesar las sensaciones de la palma de la mano derecha, es tan incapaz de procesar sensaciones de la mejilla izquierda como la letra "B" del teclado de un computador puede escribir una "M". El descubrimiento de vínculos entre la estructura y la función hizo suponer que diversas partes del cerebro están predeterminadas para ciertas funciones. El paradigma sostenía que las diferentes regiones del cerebro determinaban desde muy temprano lo que iban a hacer, y se limitaban a eso por el resto de la vida. El trabajo de Sherrington Franz, y de Lashley fue ampliamente olvidado.

No está predeterminado

Sin embargo, no todos lo hicieron. Uno de ellos fue Michael Merzenich. Un experimento rudimentario que realizó cuando hacía estudios de especialización en la Universidad de Wisconsin-Madison, le hizo pensar que el cerebro de un mono podía reorganizarse como resultado de la experiencia. Y en 1971, cuando trabajaba en la Universidad de California-San Francisco, decidió ver qué tan masiva podía ser esa reorganización. Se contactó de nuevo con Jon Kaas, un compañero de especialización. Kaas, quien estaba trabajando en la Universidad de Vanderbilt en Nashville, estaba experimentando con unos pequeños primates americanos, llamados monos búhos. Cuando Merzenich le comentó que quería ver si los cerebros de los monos podían reorganizarse gracias a la experiencia, Kaas le dijo que los monos búhos eran perfectos, pues esa especie tiene una corteza somatosensorial plana fácil de mapear, y sin las fisuras y protuberancias que hacen que trabajar con las cortezas somatosensoriales de otras especies sea como jugar rayuela en una calle empedrada. Así como uno puede elaborar un mapa de los movimientos de la corteza motora, también puede construir un mapa sensorial de la corteza somatosensorial. En el primer caso, se estimula un punto en la corteza motora y se observa cuál parte del cuerpo se mueve. En la segunda, se toca ligeramente un punto de la piel y se determina qué punto de la corteza somatosensorial lo registra. En los monos búhos, la mano tiene un espacio considerable en la corteza somatosensorial; por lo tanto, sería relativamente fácil ver cómo puede cambiar si se altera lo que sienten los monos.

Kaas y Merzenich realizaron un procedimiento muy rudo, pues cortaron el nervio mediano de la mano del mono, y este quedó sin sensibilidad entre un lado del dedo pulgar y debajo de los dedos adyacentes. En términos anatómicos, ninguna señal de esta parte de la mano del mono llegó a la corteza somatosensorial. Varios meses después de la cirugía, cuando pasó tiempo suficiente para que el cerebro del mono comprendiera que no había recibido mensajes de la mano durante un buen tiempo, observaron las cortezas somatosensoriales de los animales. ¿Cómo había afectado al cerebro la ausencia de una señal proveniente de la mano del mono? "La típica opinión era que cuando privas al cerebro de esta señal, debe haber una especie de hueco negro en la corteza donde antes se recibía esa señal", dijo Mriganka Sur, quien en esa época era alumno de Kaas.

A fin de descubrir por qué el cerebro de los monos se había afectado por la ausencia de señales sensoriales, los científicos registraron la actividad eléctrica en cientos de puntos de las cortezas somatosensoriales. Este registro tarda muchas horas, así que comenzaron una mañana y terminaron dos días después, aunque no completaron el mapa, y estaban demasiado agotados para seguir trabajando. Sin embargo, nadie quería perderse un solo registro. "Tenías la sensación de no saber lo que iba a suceder después, y de que no lo creerías si no hubieras estado allí", dijo Kaas.

Su incredulidad era comprensible. La región de la corteza somatosensorial que originalmente había recibido señales del nervio cercenado respondió a estímulos de otras partes de la mano, aunque debería estar tan inerte como el nervio. En lugar de recibir señales del lado del pulgar en los dedos y en la palma (las cuales no llegaban porque el nervio había sido cortado), esta región procesó señales de la palma de la mano a la altura del dedo meñique y de la parte posterior de los dedos. "Estos resultados", escribieron los científicos en 1983, "son totalmente contrarios a la percepción que se tiene de que los sistemas sensoriales están conformados como una serie de máquinas predeterminadas".

Los descubrimientos que desafían los paradigmas predominantes casi nunca son aceptados por los ortodoxos, y esta no fue una excepción. "Estábamos trabajando en un ambiente donde se consideraba que el cerebro tenía plasticidad en las primeras épocas de la vida, tal como se había demostrado con gatos pequeños", dice Sur. "Pero el cerebro no podía cambiar en los gatos adultos, lo que parecía descartar la posibilidad de la plasticidad en el cerebro adulto. Fue un momento muy difícil". La creencia generalizada de que el cerebro adulto es fijo e inalterable estaba tan arraigada, que el estudio fue descalificado como un capricho o un experimento errado. El informe estuvo a punto de no ser publicado debido a la hostilidad de los reseñadores a quienes los editores de la publicación les habían pedido que lo evaluaran. Eventualmente, los tres primeros informes de Kaas y Merzenich, en los que anunciaban los cambios en el cerebro de un mono adulto gracias al cambio en el estímulo sensorial, terminaron en publicaciones relativamente oscuras. "Los estamentos eran muy críticos", recordó Merzenich varios años después. Los estudios que les habrían de valer el premio Nobel a Torsten Wiesel y a David Hubel "habían mostrado justamente lo opuesto: que después de un período importante en las épocas tempranas de su formación, el cerebro no cambia debido a cambios en las señales sensoriales".

Merzenich y Kaas no claudicaron y siguieron buscando evidencias de la plasticidad en el cerebro adulto. El experimento con el que descubrieron que una zona del cerebro que inicialmente procesaba la información de una parte de la mano puede relocalizarse para procesar el sentido de otra parte de la mano fue realmente crudo: la relocalización había ocurrido en respuesta a un evento muy radical, el corte de un nervio importante. Pero, ¿la vida cotidiana podía hacer que el cerebro se relocalizara? Merzenich creía que sí. "Nosotros proponemos que las diferencias en los detalles de la estructura del mapa de la corteza son consecuencia de diferencias individuales en el uso de las manos a lo largo de la vida", escribieron él y sus colegas. Quince años después, Merzenich recordó haber pensado que "la corteza no es estática sino dinámica. Nos preguntamos qué ocasionaba este dinamismo, y concluimos que solo podía ser la conducta".

Pero la reorganización del cerebro que él y Kaas habían descubierto no impresionó mucho a la mayoría de los científicos. Esto se debió a que la reorganización había sucedido en respuesta a cambios extremos, como cortarle los nervios a un mono, o bien porque los cambios no fueron tan radicales. Los escépticos podían argüir —y así lo hicieron— que aunque los eventos extremos e inusuales podían contribuir a la reorganización del cerebro, esto no demostraba que el cerebro adulto cambiara en respuesta a experiencias normales y cotidianas. Merzenich se tomó esta crítica a pecho y comprendió que lo que debía hacer era investigar si el cerebro podría remodelarse a sí mismo en respuesta a una conducta normal.

William Jenkins, quien trabajaba con Merzenich, se dedicó a observar si enseñarles nuevos procedimientos a monos viejos produciría cambios en su corteza somatosensorial. Necesitaba una tarea que los monos pudieran aprender relativamente fácil, y que les ofreciera una experiencia sensorial diferente a las que habían experimentado anteriormente, pensando que esto podría producir cambios en sus cerebros del mismo modo en que había sucedido cuando les cortaron un nervio. Puesto que los dedos de los monos son tan sensibles como los de las personas, Jenkins decidió ver si al cambiar lo que los monos sentían habitualmente con sus dedos, haría que la parte del cerebro que procesa la información de los dedos cambiara también.

Jenkins colocó un disco de diez centímetros de diámetro con ranuras dentadas afuera de una jaula en la que estaba un mono búho. Jenkins entrenó al mono para que extendiera la mano y tocara el disco con suavidad, rozándolo con dos dedos pero sin retirarlos. Esto resultaba más difícil de lo que se supone. Si un mono no presionaba lo suficiente, la fuerza centrífuga hacía que los dedos perdieran el contacto con el disco; y si presionaba con fuerza, sus dedos girarían con el disco. Pero si el animal mantenía sus dedos asentados suavemente sobre la superficie sin dejar perder el contacto con el disco ni girar con él, Jenkins lo recompensaba con una bola con sabor a banana. (El experimento tampoco fue fácil para el científico; Jenkins tuvo que entrenar a monos hambrientos hora tras hora hasta que entendieran lo que él quería). Los monos lo ensayaron cientos de veces, durante varias semanas, y luego llegó la hora de ver qué había pasado en sus cerebros.

Los científicos abrieron el cerebro de un mono. Luego pasaron un cepillo por la yema de uno de sus dedos, y con la ayuda de electrodos, localizaron el lugar de la corteza somatosensorial que recibía la señal. Después, hicieron lo mismo con otro dedo, observando en qué parte del cerebro se registraba la señal, y continuaron hasta determinar el lugar de la corteza que recibía las señales de cada dedo. Ellos habían hecho la misma especie de cartografía antes de entrenar a los monos con un disco giratorio y elaborado un mapa inicial. Cuando los monos desarrollaron su agudo sentido del tacto, los científicos notaron que el mapa había cambiado: el área de la corteza somatosensorial que respondía a las señales de los dedos había cuadruplicado su tamaño.

Esto no ocurrió en respuesta a algo tan radical como el corte de un nervio. Lo único que había cambiado en las vidas de los monos era su comportamiento, pues simplemente habían dominado un ejercicio que requería que las yemas de sus dedos fueran extremadamente sensibles. El experimento demostró que las neuronas que conectaban los dedos con el cerebro no eran inmutables.

Jenkins creía que los monos podían lograr una mayor destreza. En compañía de Greg Recanzone, un estudiante licenciado que había comenzado a trabajar en 1984 en el laboratorio de Merzenich, les enseñaron a siete monos búhos adultos a determinar si una vibración suave en un punto específico de un dedo se hacía más rápida o más lenta. Inicialmente, los monos pudieron determinar cuándo cambiaba la frecuencia, aunque la diferencia era de tan solo 20 movimientos por segundo. Pero luego de recibir entrenamiento durante siete días a la semana por más de 200 días, seis de los siete monos fueron capaces de distinguir vibraciones que diferían en solo dos o tres movimientos por segundo; algo realmente sorprendente.

¿Qué sucedió con el cerebro de los monos cuyos dedos se habían vuelto tan sensibles que eran el equivalente digital de la princesa que podía sentir un grano de arveja debajo de doce colchones? Al elaborar un mapa detallado de la corteza somatosensorial de cada uno de los monos, los científicos observaron que el lugar que recibía los mensajes del fragmento de piel que se había vuelto sensible a las vibraciones, era tres veces más grande que los lugares que recibían los mensajes del mismo tamaño de piel de la otra mano, la cual no había sido entrenada para detectar los cambios sutiles.

Estos dos descubrimientos del disco giratorio y de las vibraciones mostraron que la disposición física del cerebro (la cantidad de espacio destinada a diferentes labores, y la intensidad con que una activación neural se conecta con otra) está determinada por las experiencias y por la vida que llevamos. "Esta máquina que denominamos el cerebro es modificada a lo largo de la vida", dijo Merzenich. "El potencial para hacer un buen uso de esto ha existido desde hace mucho tiempo, pero requería una mentalidad diferente que no considerara al cerebro como una máquina con partes inamovibles y capacidades definidas, sino más bien como un órgano con la capacidad de cambiar a lo largo de la vida. Hice todo lo posible para explicar la forma en que esto se relacionaba con conductas normales y anormales, pero pocos lo creyeron. Pocas personas percibieron las implicaciones".

Había un lugar más lógico para buscar la neuroplasticidad como respuesta a la experiencia: la corteza motora. Este grupo de neuronas envía señales a músculos específicos con la orden "¡Muévanse!"; pero había un problema: se suponía que la corteza motora era inmodificable, y que las neuronas que habían nacido para mover por ejemplo el dedo índice derecho siempre movían solo ese dedo y nada más. A comienzos de los años ochenta, el equipo de la Universidad de California-San Francisco tenía varios estudios que mostraban que cuando los dedos de un mono *sentían* algo de manera repetitiva, como por ejemplo, una vibración del disco giratorio, la parte del dedo de la corteza somatosensorial se expandía. Cuando Randolph Nudo se integró al equipo de Merzenich en 1985, decidió observar qué sucedía cuando un mono *movía* un músculo de manera repetida. Trazó un mapa de la corteza motora del mono antes de aprender una nueva destreza, y luego trazó otro cuando el mono ya la había dominado. Solo esto mostraría si la experiencia y el uso intensivo, repetido y frecuente, hacían que la corteza motora se remodelara a sí misma.

Nudo hizo esto en un experimento con cuatro monos ardillas. Primero, determinó el mapa de los movimientos de la corteza motora de cada uno de ellos, recurriendo al método usual de estimular cada lugar con un pequeño electrodo y observando qué parte del cuerpo se movía. Se concentró en las neuronas que movían el antebrazo, la muñeca y los dedos, puesto que eran las partes que los monos moverían durante la destreza que les iba a enseñar. Cuando elaboró los mapas de los movimientos —una tarea dispendiosa que le tomó de diez a quince horas— comenzó a entrenarlos.

Nudo dispuso cuatro tazas poco profundas afuera de la jaula de cada mono. La más grande tenía 25 centímetros de diámetro, y la más pequeña 10. Dejó una bola pequeña con sabor a banana en cada una de las tazas. Lo único que tenía que hacer un mono para comer bolas de las tres tazas más grandes era estirar el brazo, agarrar la bola con dos dedos y llevársela a la boca. Pero la taza más pequeña suponía un desafío mayor, pues los dos dedos del mono no cabían allí. Inicialmente, los monos casi nunca pudieron tomar la bola, pero luego de intentarlo cientos de veces durante varias semanas, lo hicieron con mucha destreza. El mono introducía un dedo en la taza, presionaba la bola hasta que se adhería al dedo, la sacaba, se ayudaba con otro dedo y la llevaba a su boca. Todos los monos dominaron este procedimiento hasta el punto de recibir unas 600 bolas diarias.

Pudieron hacerlo gracias a sus nuevos cerebros, pues cuando Nudo repitió el arduo proceso de examinar la corteza motora, descubrió que los mapas habían aumentado tal como él y sus colegas lo habían informado en 1996. El área que movía los dedos, la muñeca y el antebrazo —que se estaban ejercitando bastante— se había doblado en tamaño, invadiendo el espacio de la corteza motora que anteriormente había controlado otras partes del cuerpo (aunque sin llegar a afectarlas). Ellos concluyeron que la corteza motora "es alterable por el uso a lo largo de la vida de un animal".

Los científicos de la USCF habían invalidado el paradigma de que el cerebro adulto no puede cambiar, pues demostraron lo contrario.

La corteza somatosensorial, que siente el tacto en la piel, y la corteza motora, que mueve los músculos, cambian como resultado de la experiencia. El cerebro es moldeado por la vida y conserva las huellas de las experiencias que un animal ha vivido y los comportamientos que ha tenido. "Estas características idiosincráticas de la representación de la corteza han sido ampliamente ignoradas por los electrofisiólogos que estudian esta parte del cerebro", dijo Merzenich.

Esta declaración podría ser el eufemismo del año, ya que es muy difícil derribar los paradigmas. El descubrimiento de que una conducta normal, como palpar bolas de alimentos puede cambiar el cerebro, no tuvo una recepción más cálida que el trabajo anterior que mostraba que cambios drásticos como cortar un nervio podían modificar el cerebro. Uno de los problemas era que los cambios en la corteza que habían observado Merzenich y sus colegas eran de tan solo unos pocos milímetros del cerebro. Para los escépticos, dicha cantidad parecía insignificante, quizá incluso un error en la medición. Pero los dos científicos obtuvieron permiso para experimentar con los cuatro animales experimentales que obtuvieron mucha fama. Sus nombres eran Billy, Domiciano, Augusto y Big Boy; fueron los últimos monos de Silver Spring en ser sacrificados en aras de la ciencia.

Los monos de Silver Spring

Estos monos fueron llamados así por la ciudad donde experimentaron con ellos, donde murieron algunos, y donde sucedió la incursión que inició el movimiento por los derechos de los animales en Estados Unidos.

En el verano de 1981, Alex Pacheco merodeaba silenciosamente por los cuartos oscuros del Instituto para la Investigación de la Conducta (IBR, por su siglas en inglés) en Silver Spring, Maryland. Ingrid Newkirk, su cómplice, amiga cercana y compañera de vivienda, permaneció vigilando afuera mientras Pacheco tomaba fotografías de los monos enjaulados. Envalentonado luego de hacer esto varias veces, Pacheco comenzó a llevar a finales de agosto a varios veterinarios y primatólogos que apoyaban los derechos de los animales. *Miren*, les dijo, asegurándose de que vieran las jaulas oxidadas y llenas de excrementos. Les *mostró* los alambres reventados de las jaulas, las cuales parecían instrumentos de tortura medievales, donde permanecían dieciséis macacos, también conocidos como monos cynomolgus, y una hembra. En total, los diecisiete monos se habían roído treinta y nueve dedos de las extremidades superiores e inferiores, y sus brazos estaban cubiertos de lesiones en carne viva que no habían sido tratadas. Pacheco le preguntó a cada uno de los expertos si esas eran las condiciones adecuadas para mantener a los animales de laboratorio, o si por el contrario, la situación era anormal.

Ese mes de mayo, Pacheco, de veintidós años, y estudiante de ciencias políticas en la Universidad George Washington en el Distrito de Columbia, había comenzado a trabajar como voluntario en aquel laboratorio privado. Aunque le dijo a Edward Taub, el psicólogo conductista que dirigía el laboratorio, que estaba pensando en dedicarse a la investigación, Pacheco realmente estaba cumpliendo una misión. Desde su época de estudiante en la Universidad estatal de Ohio, Pacheco había sido un activista entusiasta de los derechos de los animales y había organizado protestas contra los granjeros locales por castrar a los cerdos y al ganado sin anestesia (lo mismo que algunos estudiantes de agricultura amenazaron con hacerle a Pacheco en retaliación por sus protestas). Conoció a Ingrid Newkirk —una experimentada activista por los derechos de los animales— cuando ingresó a la Universidad George Washington, y juntos fundaron un grupo al que llamaron Personas por el Tratamiento Ético a los Animales (PETA, por sus siglas en inglés). Newkirk, quien había develado las lamentables condiciones de un refugio para animales en Maryland, convenció a Pacheco para que se infiltrara en un laboratorio médico donde experimentaban con animales vivos, y él eligió el IBR porque le quedaba cerca de su casa.

Edward Taub era un desconocido para la élite de la neurociencia, un psicólogo que había aprendido esta disciplina por sus propios medios. Al igual que muchos otros científicos, Edward no estaba precisamente enamorado de los postulados convencionales de la neurociencia. Particularmente, albergaba dudas sobre un "hecho" que databa de 1895, y que fue suministrado por Charles Sherrington, uno de los padres de la neurociencia experimental de quien hablamos al comienzo del capítulo. Ese año, Sherrington y F. W. Mott —un colega— revelaron los resultados de un experimento actualmente considerado un clásico. Ellos "desaferentaron" la parte superior de un brazo y la inferior de una pierna en macacos de India. La desaferentación es un proceso en el que se extirpa un nervio sensorial, y el animal es incapaz de sentir. Misteriosamente, aunque los nervios motores del animal estaban intactos, los monos dejaron de mover la extremidad que les habían insensibilizado, incluso para tomar una porción de alimento cuando tenían hambre.

Esto parecía extraño; no había una razón obvia que explicara por qué un animal no agarrara, apoyara su peso, o caminara con la extremidad desaferentada, pues uno imagina que estos movimientos solo requieren de la participación de los nervios motores y la capacidad de moverse, y no de los nervios sensoriales y la capacidad de sentir. A fin de cuentas, si se entumece un dedo a causa del frío, uno puede moverlo aunque no pueda sentirlo. Sin embargo, Sherrington descubrió que cuando le aplicaba una estimulación eléctrica a la corteza motora del cerebro del mono, la extremidad desaferentada que no se movía voluntariamente lo hacía por acto reflejo.

Taub no se sorprendió. Aunque a mediados de los años cincuenta los investigadores aún seguían afirmando que la desaferentación de los nervios sensoriales hacía que los animales no pudieran mover el brazo o la pata afectada (pues la reflexología era el modelo naciente y sostenía que todos los movimientos voluntarios requieren una retroalimentación sensorial). Sin embargo, Taub tenía sus dudas. "La reflexología era el modelo predominante en la neurociencia, incluso más que la idea de que el cerebro adulto no tiene plasticidad", me dijo cuando visité su laboratorio. "En este punto, es difícil entender por qué las opiniones de Sherrington tuvieron tanta influencia en la psicología, y por supuesto, en la neurociencia. Pero como éramos psicólogos, decidimos examinar de nuevo los postulados de Sherrington".

Taub recordaba un experimento realizado en 1909 y largamente olvidado que había leído en un antiguo libro. En él, H. Munk, un científico alemán, reveló unos resultados completamente diferentes a los de Sherrington. Los monos a los que les había practicado una desaferentación movían su brazo insensibilizado para llevarse alimentos a la boca, siempre y cuando el brazo que estaba intacto estuviera amarrado, y si los primeros intentos torpes para utilizar el brazo desaferentado eran recompensados de inmediato. Taub se preguntó si los animales necesitaban sentir un miembro para moverlo o no.

Fue por esta razón que Taub les practicó una desaferentación a los monos cuando Pacheco comenzó a trabajar en su laboratorio. Le cortó los nervios sensoriales de ambos brazos a Billy, y cortó el nervio sensorial de un solo brazo a ocho macacos. A otros siete macacos y a Sara, la única mona rhesus, los dejó como referentes y no les practicó ninguna cirugía. Como era de esperarse, los animales perdieron toda la sensación en la parte del cuerpo donde les habían cortado el nervio sensorial, y dejaron de sentir la pierna o el brazo, razón por la cual se arrancaron la piel de los dedos y se los mordieron. Parecían completamente imperturbables ante sus heridas porque no podían sentir nada. Billy se había mordido ocho dedos, y Paul se había mordido todos los dedos de una mano. "Los monos desaferentados tienen una tendencia a infligir daños serios a sus extremidades afectadas, frecuentemente como resultado de la automutilación", escribió Taub en un informe científico en 1977. Los veterinarios y primatólogos que Pacheco había llevado al laboratorio (Taub no lo había pensado dos veces para darle las llaves, para que el joven pudiera trabajar durante las noches y los fines de semana) realizaron una declaratoria juramentada para testificar las horribles lesiones que habían sufrido los animales. Newkirk y

Pacheco llevaron las declaratorias y las fotos a la policía del condado de Montgomery.

Los oficiales entraron al laboratorio de Taub el viernes 11 de septiembre de 1981, y se llevaron a Adidas, Allen, Augusto, Big Boy, Billy Brooks, Charlie, Chester, Domiciano, Tiempos Difíciles, Hayden, Montaigne, Nerón, Paul, Sara, Sísifo y Tito. Un asistente lo llamó para informarle, y Taub se apresuró incrédulo al laboratorio, pues eso no les sucedía a los científicos que trabajaban con fondos federales, y menos si las instalaciones para animales habían pasado recientemente la inspección federal, como sucedió con su laboratorio. Taub le dijo a un reportero: "Estoy sorprendido, afligido e impactado por esto. Los animales no sienten dolor en estos experimentos, porque lo extirpamos por vía quirúrgica".

El 28 de septiembre, el juez acusó a Taub de diecisiete cargos por crueldad con los animales. Taub tuvo el honor de ser el único científico que ha sido acusado de cargos criminales por la forma en que trató a sus animales de laboratorio. En noviembre, después de que la corte del distrito lo encontró culpable de siete cargos de crueldad, le impuso una multa de 3000 dólares. Taub perdió la beca que le habían otorgado los Institutos Nacionales de Salud y su trabajo en el laboratorio, razón por la cual no pudo seguir investigando. Sin embargo, apeló y fue exonerado de todos los cargos, excepto de uno menor, y su multa fue reducida a 500 dólares. Y el 10 de agosto de 1983, la Corte de Apelaciones de Maryland anuló el pequeño cargo por unanimidad, sentenciando que un investigador que recibía fondos federales no estaba sujeto a las leyes estatales sobre la crueldad con los animales.

Aunque la saga personal de Taub terminó, el caso de los monos de Silver Spring estuvo diez años en los estrados judiciales, e hizo más que cualquier otro incidente para lanzar el movimiento por los derechos de los animales en Norteamérica. Pero para nuestros propósitos, el verdadero hito se presentó una década después de la confiscación.

Los diecisiete monos fueron llevados de inmediato al sótano de la casa de un miembro del PETA en Rockville, y eventualmente fueron enviados a una instalación dirigida por los Institutos Nacionales de Salud (INS), la principal agencia de investigación biomédica del país, en Poolesville, una población cercana. PETA demandó en la corte del distrito de los Estados Unidos para que los monos fueran transferidos a "Primariamente Primates", un santuario en San Antonio, Texas. Aunque la corte decretó que PETA no tenía fundamentos legales, el caso se hizo tan célebre que el INS presintió un desastre político y prometió que los monos no volverían a ser sometidos a procedimientos invasivos para propósitos investigativos, y en 1986, llevó a los quince monos sobrevivientes al Centro Delta Regional de Primates, localizado en Nueva Orleáns. Brooks murió poco después. Chester, Sísifo, Adidas, Hayden y Montaigne fueron enviados al zoológico de San Diego en el verano de 1987.

Pero la ciencia no había terminado sus experimentos con los monos de Silver Spring. En los *Procedimientos de la Academia Nacional de Ciencias*, un informe publicado en 1988, los científicos del Instituto Nacional para la Salud Mental Mortimer Mishkin, Tim Pons y Preston Garraghty, de la Universidad Vanderbilt, habían informado los resultados de un experimento inusual. Habían dañado quirúrgicamente la corteza somatosensorial de siete macacos. En términos concretos, habían obliterado la región que registra las señales de la mano. Aunque los nervios de las manos de los monos estaban intactos, estos no sentían ninguna sensación cuando tocaban algo con sus extremidades o cuando se las tocaban. Era como tener líneas telefónicas perfectamente funcionales pero un aparato averiado, por lo que no se registra ninguna señal.

Sin embargo, el daño infligido por los científicos no fue el único cambio en los cerebros de los monos. La corteza somatosensorial secundaria recibe las señales de la corteza somatosensorial primaria para su procesamiento. Pero estas señales no estaban llegando de la parte de la corteza somatosensorial encargada de la mano, pues los científicos la habían destruido. Aunque no estaba dañada, la corteza secundaria se relocalizó sola. Seis a ocho semanas después de la cirugía cerebral a la que fueron sometidos los monos, la región de la corteza somatosensorial secundaria que originalmente registraba las sensaciones de la mano comenzó a responder a los estímulos de las extremidades superiores de los animales. La zona que sentía los pies, y que originalmente ocupaba del 5% al 12% de la corteza somatosensorial secundaria, se expandió y ocupó del 55% al 75%, un área igual a la del pie y la mano en la zona intacta del cerebro. La zona del cerebro que ya no era utilizada por la mano había sido tomada por la del pie, en un proceso denominado "remapeo" de la corteza, donde una zona que originalmente desempeñaba una función pasa a realizar otra.

Basados en estos hallazgos, Mishkin y Pons propusieron que los monos de Silver Springs les prestaran un último servicio a la ciencia. Uno de ellos estaba tan enfermo que tenían que aplicarle la eutanasia, y acordaron que observarían de nuevo el cerebro en busca de evidencias de que la corteza se había reorganizado luego de pasar doce años privada de señales sensoriales de un brazo (pues el equipo de Taub le había cortado los nervios). Los monos, que fueron desaferentados a los tres o cuatro años de edad, fueron una fuente irremplazable, señalaron los científicos, pues una zona muy grande del cerebro —la somatosensorial, que registra las sensaciones de todo un brazo— no había recibido señales sensoriales en más de una década. El equipo del INS estuvo de acuerdo.

Billy, el único mono al que le desaferentaron los dos brazos, estaba al borde de la muerte a finales de 1989, y el 14 de enero de 1990 se convirtió en el primero de los monos de Silver Springs en ser sometido a una neurocirugía antes de recibir la eutanasia. Luego de anestesiarlo, los neurocientíficos liderados por Pons y Mishkin le tocaron varias partes del cuerpo con un pincel con cerdas de pelo de camello y con un copo de algodón, y unos pequeños microelectrodos de tungsteno registraban la actividad eléctrica que sucedía en su corteza somatosensorial. El objetivo era determinar qué lugar de la corteza procesaba cada toque, y particularmente, descubrir qué estaba haciendo el lugar que originalmente había registrado las sensaciones de los

brazos. Como esta "zona de desaferentación" no había recibido señales sensoriales en doce años porque los nervios habían sido cortados,
era razonable suponer que estarían completamente inactivos.

Sin embargo, no fue así. Cuando los científicos le tocaron la cara
con el pincel, la zona de desaferentación presentó un hormigueo. Incluso la zona aparentemente inactiva registró una vigorosa respuesta
neuronal cuando le rozaron suavemente el vello facial. Aparentemente, esta región se había cansado de esperar al dejar de recibir señales
del brazo y de la mano durante tanto tiempo, y comenzó a registrar
señales de la cara. De hecho, los científicos encontraron que la "zona
facial" de la corteza somatosensorial había tomado el lugar de la "zona
de la mano y el brazo". Todos los 124 puntos de registro en la zona de
desaferentación recibieron señales de la cara. El 6 de julio de 1990,
Augusto, Domiciano y Big Boy también fueron anestesiados, se expe-
rimentó con ellos del mismo modo en que lo habían hecho con Billy,
y luego les aplicaron la eutanasia.

Los investigadores publicaron sus hallazgos en el periódico *Science*,
en junio de 1991. Habían esperado que toda la zona de desaferentación, que anteriormente había registrado las sensaciones de los dedos,
palma y brazo del mono, y que todos los libros que trataban sobre el
cerebro aseguraban que estaba programada para hacer eso y nada más,
se hiciera completamente inactiva pues, a fin de cuentas, no estaba
recibiendo las señales de los brazos. Se pensaría que si no hay señales
para procesar, la zona receptora estaría silenciosa, como un radio sintonizado en una emisora que ya ha salido del aire. Sin embargo, esto
no fue lo que encontraron los neurocientíficos. Al contrario, toda la
región de la corteza somatosensorial correspondiente a la mano presentó actividades eléctricas cuando los investigadores pasaron el pincel
por la cara del animal. El área total del cerebro destinada a registrar las
sensaciones desde el mentón y la mandíbula inferior incluían no solo
el área de la corteza somatosensorial cuya labor siempre había sido
hacer eso, sino también el área que originalmente había registrado las
sensaciones del brazo. Como toda la región de la mano (la original)

había sido invadida por neuronas del área de la cara, el área encargada de recibir las sensaciones faciales había crecido de diez a catorce milímetros. Los científicos escribieron que esto era una "reorganización masiva de la corteza", "un orden de magnitud más grande que los descritos anteriormente".

Pons explicó qué fue lo que hizo posible esto. "Fue gracias en parte al prolongado litigio entablado por los activistas defensores de los animales, que las circunstancias fueran extremadamente ventajosas para estudiar a los monos de Silver Spring", le dijo al periódico *Washington Post*. Los monos fueron dejados en paz mientras el caso se resolvía en las Cortes, y sus cerebros se reorganizaron solos para reflejar las señales que recibieran o dejaran de recibir de sus cuerpos.

Escuchando el rayo y viendo el trueno

Los científicos escépticos al poder de la neuroplasticidad, al potencial de la vida que llevamos y de las experiencias que tenemos para cambiar la estructura misma y la función del cerebro, tuvieron una duda final. La reorganización masiva de la corteza somatosensorial en los monos de Silver Springs y la duplicación del tamaño de la corteza motora que controla un dedo en los monos que lograron aprender una compleja destreza manual fueron considerados como paños de agua tibia. La corteza somatosensorial también seguía funcionando igual, y registraba con fidelidad las señales de una parte u otra de la piel para producir la sensación de sentir. La corteza motora seguía siendo igual, y movía con eficacia un músculo determinado. A mediados de los años noventa, los límites de la neuroplasticidad seguían siendo confusos. A Edward Taub le gustaba decir: "Es sólo corteza", refiriéndose a un cerebro lleno de partes tan intercambiables como ladrillos. Pero el mapa zonal en el que creían tantos neurocientíficos —la corteza motora aquí, la somatosensorial allá, la corteza visual atrás, la corteza auditiva aquí— no desaparecería tan fácilmente.

Mriganka Sur no había tomado un curso de biología en su vida cuando se graduó como ingeniero eléctrico en el Instituto Indio de Ciencia y Tecnología, pero siempre le habían interesado las ciencias de la vida, especialmente las que se ocupan del cerebro. Eso no era suficiente para que lo admitieran en un posgrado en neurociencias ofrecido por una universidad norteamericana. Sin embargo, su facilidad para la electrónica le valió ser aceptado para estudiar ingeniería eléctrica en la Universidad de Vanderbilt, donde tomó todas las asignaturas y se dedicó a investigar sobre la neurociencia. Tenía muchos conocimientos de circuitos, algo que lo convertía en una elección perfecta para los neurocientíficos que estaban trabajando con electroencefalogramas para medir la actividad cerebral.

Las ciencias también tienen familias y genealogías, y a veces es posible establecer el desarrollo de una nueva idea a partir de un investigador, pasando por sus estudiantes, hasta la generación más reciente. Sur era uno de los estudiantes que tenía Jon Kaas en 1976, cuando —como describí arriba— él y Mike Merzenich sentaron las bases para los descubrimientos revolucionarios en la neuroplasticidad. Sur eligió para sus estudios de doctorado la forma y el lugar del cerebro donde se localiza el sentido del tacto.

"Lo que yo quería estudiar era el cambio", recuerda Sur, quien actualmente trabaja en el Instituto Tecnológico de Massachusetts. "Existen representaciones del cuerpo en la corteza somatosensorial, como el mapa de las sensaciones". Él era parte del equipo que realizó los experimentos en los cuales le cortaron a un mono el nervio medio de la mano, logrando que, varios meses después, la corteza somatosensorial del animal se reorganizara, y la información sensorial de las áreas circundantes de la mano colonizara la zona que dejó de recibir las señales usuales. "Decidí utilizar los límites de la plasticidad del desarrollo", dijo. "Quería saber qué tan 'nativa' era realmente la corteza, si las funciones están asignadas a las diferentes zonas y estructuras de un modo irrevocable, o si puede cambiar como resultado de una señal que recibe el cerebro".

Para la forma de pensar de Sur, los estudios más importantes serían los llamados experimentos con ganancia de funciones, en los que una estructura recibe una señal diferente a la que hace normalmente, y el científico demuestra si eso coacciona una función diferente por parte de la estructura. "Queríamos ver si podíamos causar nuevas funciones", dice. "Eso supondría el más claro ejemplo de cómo las fuerzas externas pueden dirigir a un cerebro en desarrollo".

Para los experimentos, Sur y sus colegas se olvidaron de los típicos animales de laboratorio y recurrieron a unos que abundan en las tiendas de mascotas exóticas: los hurones. Durante el desarrollo cerebral de estos animales, los nervios ópticos crecen desde el ojo, y los auditivos desde el oído, tal como sucede con los humanos. Pero estos dos tipos de nervios pasan por el tronco del encéfalo y el tálamo antes de llegar a su destino final en la corteza visual, localizada en la parte posterior del cerebro, o a la corteza auditiva que está detrás de cada oído. El nervio óptico del ojo izquierdo cruza y se conecta con la corteza visual en la corteza cerebral derecha, mientras que el nervio óptico del ojo derecho se conecta con la corteza cerebral izquierda. En cambio, los nervios auditivos toman una ruta directa, el oído izquierdo está conectado a la corteza auditiva izquierda, y el derecho a la corteza auditiva derecha. En este sentido, los seres humanos y los hurones son idénticos, pero difieren en términos de tiempo. En los humanos, esta disposición está presente desde el nacimiento, mientras que en los hurones, las neuronas auditivas solo llegan a su destino un tiempo después del nacimiento.

Este retraso originó los ingeniosos experimentos de Sur. Poco después del nacimiento de algunos hurones, los científicos les practicaron una cirugía muy sofisticada en el cerebro, en la que impidieron que el nervio auditivo del oído derecho llegara al tálamo. No intervinieron el nervio óptico, pero la naturaleza lo hizo por ellos. Cuando la punta del nervio óptico del ojo izquierdo en crecimiento llegó al tálamo pocos días después, encontró un camino despejado, pues el nervio auditivo no pasaba por allí. Esto hizo que una ramificación del nervio óptico creciera en la corteza visual, tal como lo hace normalmente, pero una parte de este se ramificó y creció en dirección a la corteza auditiva, de tal manera que tanto la corteza visual como la auditiva recibieron únicamente señales del ojo izquierdo. Los científicos dejaron intactos los nervios auditivos del oído izquierdo, dejando que se desarrollaran normalmente y llegaran a la corteza auditiva. El resultado fue que el nervio óptico del ojo derecho creció hasta la corteza visual, pero no hasta la auditiva.

¿Cómo percibirían entonces el mundo estos hurones? Cuando alcanzaron la edad adulta, los científicos de MIT entrenaron a cuatro de ellos para responder a sonidos y luces. Los hurones aprendieron a dirigirse a un canalete a la izquierda si escuchaban un sonido, y a un canalete a la derecha si veían un destello de luz. La respuesta correcta les valía un sorbo de agua o de jugo. Cuando los hurones se acostumbraron, los científicos prepararon la prueba mayor. Alumbraron con la linterna en el ojo izquierdo de los hurones. Hay que recordar que los nervios de este ojo habían crecido hasta la corteza auditiva. ¿Los hurones actuarían como si hubieran escuchado algo, pues su corteza auditiva había sido estimulada? O por el contrario, ¿actuarían como si hubieran visto algo, porque el estímulo llegó a sus ojos y no a sus oídos? ¿Actuarían como si "escucharan" la luz, o como si la vieran?

Los científicos recibieron la respuesta en el otoño de 1999. Cuando los hurones sintieron un destello de luz en el ojo izquierdo (es decir, cuando los fotones llegaron a sus retinas y detonaron señales eléctricas que viajaron por el nervio óptico), su corteza auditiva la procesó: los animales *escucharon* la luz. Se comportaron literalmente como si hubieran escuchado algo con su oído intacto. Si los científicos hubieran dejado a los hurones como habían nacido, entonces la zona de la corteza que actúa como la corteza auditiva primaria habría procesado los sonidos. Pero como esta zona estaba recibiendo señales de la retina, las procesó como luces, de tal suerte que se convirtió en una corteza visual de facto para los hurones. Una corteza visual que se desarrolla con información visual ve en lugar de escuchar", dice

Sur. "Una de las mayores preguntas que se plantea actualmente la neurociencia es saber si la función está localizada en el cerebro. Ahora estamos observando que la localización no es tan fundamental como habíamos creído anteriormente. El mundo exterior tiene el potencial de cambiar el cerebro, y así lo hace. El cerebro es dinámico, y la estasis ilusoria".

Al enterarse de los hallazgos de su antiguo colega, Mike Merzenich recordó un comentario realizado por William James, un psicólogo del siglo XIX, quien se preguntó si, de poder alterar los científicos las vías neuronales para activar la corteza visual con el estímulo del oído y la auditiva con el del ojo, no podríamos "escuchar los rayos y ver los truenos".

El notable dinamismo que Sur descubrió en los hurones, en los que la corteza auditiva puede aprender a ver, no es exclusivo de esta especie. En una serie de experimentos, él y sus colegas hicieron lo mismo con unos ratones, para que las neuronas del ojo se conectaran al tálamo auditivo antes que a la corteza visual. Los ratones son buenos para aprender si los entrenan con sonidos. Si se hace sonar un pito justo antes de darles una pequeña descarga eléctrica en los pies, después de algunas repeticiones el sonido los hará paralizarse instantáneamente, pues han aprendido que anuncia una descarga. (La razón por la cual los sonidos son tan efectivos para inducir ese tipo de aprendizaje podría ser la de que el camino auditivo pasa por una estructura llamada la amígdala, donde se procesa y se recuerda el miedo). Sin embargo, si se alumbra con una linterna antes de la descarga, el ratón necesitará un número mucho mayor de lecciones antes de entender, pues las señales visuales no pasan a través de la amígdala. Al parecer, hay algo en el sentido auditivo y en su trayectoria por el cerebro que conduce a un aprendizaje rápido, lo que no sucede con el sentido de la vista y su respectiva trayectoria. Pero lo que Sur quería saber era si los ratones aprenderían más rápidamente la lección con la luz, o con el sonido, después de conectarles las señales visuales a la parte auditiva del cerebro.

Los ratones operados eran unos genios cuando se trataba de aprender el significado de la luz. Solo se necesitó una lección, pues la siguiente vez que vieron el destello de luz quedaron paralizados como estatuas. Esto sugiere que la vía auditiva normal que permite el aprendizaje es activada por la visión. Entonces, las vías existentes pueden trasmitir nueva información. Así como en el caso de los hurones operados, las señales visuales que van a la corteza auditiva transmiten información que el cerebro de los hurones interpretan como visión, y en los ratones operados, las señales del ojo a las partes auditivas del cerebro producen miedo y parálisis en respuesta a una señal visual, básicamente como la que generan los sonidos en los ratones normales. Como estos eran adultos, retuvieron la plasticidad después de la infancia.

Dichos descubrimientos, actualmente denominados reorganización de la corteza según el uso, suponen los primeros pasos de una revolución en nuestra comprensión del cerebro y de su capacidad esencial de transformarse, es decir, de su neuroplasticidad. Incrementar la actividad de una parte de la corteza motora luego de aprender la técnica depurada que exige el tomar una bola de un plato pequeño, hace que la corteza se expanda. Y privar a una parte de la corteza somatosensorial de señales, como sucedió con los monos de Silver Spring, hace que otras partes tomen su lugar, de tal modo que una zona que anteriormente "sentía" un brazo, ahora siente la mejilla. Lo opuesto también es cierto: incrementar las señales de una región de la corteza somatosensorial hace que se expanda y se haga más sensible, como fue el caso de los monos que tocaban el disco giratorio. Claramente, la composición del cerebro no se establece en el nacimiento. Y no solo los pequeños detalles están sujetos a la mano escultora de la experiencia, sino también importantes tareas funcionales, de modo que el espacio neural que supuestamente debe procesar la visión puede relocalizarse gracias a la experiencia, y procesar un sentido diferente: puede escuchar los rayos y ver los truenos.

Por lo menos en los animales.

Probablemente los seres humanos seamos diferentes. Tal vez cuando apareció el cerebro humano —considerado como la entidad más compleja del universo—, la naturaleza decidió no permitirle cambiar como consecuencia de algo tan aparentemente insignificante como lo que hiciera su dueño.

Capítulo 3

Nuevas neuronas para cerebros viejos

La neurogénesis

Las sillas plásticas suenan contra el piso de madera mientras los 119 invitados se sientan. Entre ellos se cuentan algunos de los mayores expertos budistas del mundo, quienes han estado al lado del Dalai Lama casi desde su exilio, así como monjes y ex monjes tan familiarizados con las ciencias occidentales como con el budismo tibetano. Se sientan en sillas con brazos apoltronados y en sofás a cuyo lado hay una mesa de madera baja con un mantel de tela verde. Frente a ellos están cinco de los científicos cognitivos y neurocientíficos más prestigiosos del mundo, quienes fueron invitados a pasar cinco mañanas y cinco tardes para describirle al Dalai Lama algunos de sus descubrimientos seminales en neuroplasticidad. Entre los asistentes también hay aproximadamente dos docenas de estudiantes de un monasterio budista tibetano, quienes fueron invitados por el Dalai Lama como parte de su esfuerzo por implantar cursos de ciencia en la educación monástica; biólogos y físicos que han trabajado en el Instituto para la Mente y la Vida, filántropos que financiaron los diálogos; un puñado de periodistas, viejos amigos del líder, e incluso el actor Richard Gere, quien se ha hecho muy cercano al Dalai Lama gracias a su defensa de un Tíbet libre.

El sol se filtra por las puertas francesas y las ventanas dobles, iluminando las *thangkas* de colores vibrantes (las pinturas tradicionales tibetanas en pergaminos en las que aparecen deidades), y que cuelgan del techo que tiene cuatro metros de altura. Un tapiz de más de tres metros con la imagen del Buda cuelga de la pared que hay detrás de una tarima de madera. El Dalai Lama, con su túnica color vino y sus lentes de tonalidad ambarina, se dirige desde una pequeña antesala a la derecha al estrado donde está la imagen del Buda; todos se ponen de pie, algunos inclinan sus cabezas y unen sus manos, mientras otros permanecen completamente derechos y miran con curiosidad. El Dalai Lama camina un poco encorvado, tal como lo hacen muchos monjes tibetanos, avanzando con los hombros hacia delante, en una postura de humildad que con el paso de los años se ha convertido en su sello característico. Un asistente extiende un tapete ante la imagen del Buda; el Dalai Lama se arrodilla durante varios segundos, inclina su cabeza, se levanta, y se dirige completamente sonriente a la silla con brazos que está en la cabecera del salón.

"Este ha sido mi segundo hogar por más de cuarenta y cinco años", dice en su inglés peculiar. "En estas pocas décadas, las noticias de nuestra tierra siempre han sido tristes, a excepción de unas cuantas ocasiones. Mientras tanto, esta serie de reuniones formales e informales con científicos lleva más de cuatro décadas, y me ofrecen nuevas oportunidades, no solo a mí sino a un gran número de tibetanos. En un comienzo, respondieron a mi curiosidad personal, y a mi interés por aprender de las explicaciones científicas. Pero actualmente, un creciente número de estudiantes budistas de nuestras instituciones monásticas se dedican al estudio sistemático de la ciencia... Así que ahora podemos hablar, y pensar".

Está sentado sobre sus piernas y mira con interés al primer orador científico del encuentro: es Fred Gage, uno de los neurocientíficos más prestigiosos del mundo.

Un legado familiar

Fred Gage estaba terminando su segundo año de estudios en la Universidad de Florida y comenzó a buscar un trabajo de verano. Un amigo le mencionó la posibilidad de trabajar en uno de los laboratorios de electrofisiología de la universidad. ¿Realmente estaba interesado? En ese momento de su vida, Gage no había decidido ser un científico, aunque su hermana le enviaba libros científicos con frecuencia. Sin embargo, un trabajo de verano es un trabajo de verano; él dijo que sí, y no miró hacia atrás.

Si Gage necesitaba una motivación adicional para adelantar una carrera en la neurociencia, la obtuvo de una fuente inesperada. Su abuelo paterno era un genealogista aficionado, y mientras Gage cursaba estudios universitarios, el anciano realizó progresos considerables con el árbol familiar, y rastreó su apellido hasta la Batalla de Hastings. Sin embargo, pensó que a su nieto le interesaría un antepasado en particular. Uno de ellos parecía ser Phineas Gage, quien ocupa un lugar tan destacado en los anales de la neurociencia, como Fred Gage habría de hacerlo poco después.

Phineas trabajaba como capataz de ferrocarril. En 1848, su cuadrilla estaba tendiendo una línea en Cavendish, Vermont, cuando ocurrió una explosión accidental. Una varilla de hierro de trece libras de peso y de casi un metro de largo voló por el aire... Y se incrustó en el cerebro de Phineas, quien sobrevivió al accidente sin pérdida de memoria ni daños cognitivos; parecía un milagro. Pero pocos días después, sus amigos y familiares notaron un cambio dramático. Phineas, que era modesto, confiable y trabajador, se tornó errático, emotivo, voluble, susceptible a furias irracionales y a las vanidades, "expresando poca

deferencia por sus compañeros, reticencia a las restricciones o consejos cuando entraban en conflicto con sus deseos, a veces asombrosa-
mente testarudo, y caprichoso y vacilante", como aparece consignado
en un testimonio de la época. Posteriormente, los científicos dedujeron que la región del cerebro en la que había penetrado la varilla era
la responsable del control emocional, de la razón y de la planeación.
Era una de las primeras evidencias de que hay estructuras particulares
del cerebro que controlan funciones mentales específicas. Este legado
familiar no motivó a Fred a incursionar en la neurociencia, pero "perpetuó mi interés prematuro", dijo.

Actualmente, Fred es un empresario de la neurociencia. Su laboratorio en el Instituto Salk, en La Jolla, California, alberga a docenas de
científicos: estudiantes graduados, que hacen estudios de doctorado,
personal de la facultad y profesores de otras instituciones que pasan
un año sabático allí. Gage viajó a Dharamsala para contarle al Dalai
Lama acerca de uno de sus descubrimientos científicos más importantes, que sugería que, en materia de cambios, el cerebro no está
limitado a las neuronas con las que alcanza la edad adulta: incluso el
cerebro adulto puede generar nuevas neuronas.

Los cerebros de los pájaros

Un corolario fundamental de la convicción de que el cerebro está predeterminado, es que las personas nacen con todas las células cerebrales que tendrán en su vida, comenzó a decir Gage. A fin de cuentas,
las neuronas no son como las demás células. El hígado, para alivio de
los alcohólicos, se regenera. Afortunadamente, si alguien se corta, la
piel se regenera. Los huesos se remodelan constantemente, pues nacen células nuevas y las viejas son reabsorbidas, al menos hasta la edad
madura. Pero las neuronas no se dividen; una no se convierte en dos,
y tampoco se reproducen. Gage explicó que como las neuronas no se
dividen, "era inconcebible que una neurona pudiera ejecutar a otra".

En lo que parece una gran falta de imaginación, los científicos concluyeron que la incapacidad de las neuronas para reproducirse desechaba todas las posibilidades de que nacieran neuronas en el cerebro adulto. El neuroanatomista Santiago Ramón y Cajal, quien obtuvo el Premio Nobel de Medicina, escribió en 1913: "Todo es susceptible de morir, nada es susceptible de regenerarse", refiriéndose al sistema nervioso adulto.

Hubo otra razón para que la *neurogénesis*, el término científico para el nacimiento de nuevas neuronas, fuera considerada como algo intrascendente. "La idea del cerebro como un computador sofisticado y programado hizo difícil que se aceptara la idea de que nuevas células pudieran incorporarse a un circuito complejo y ser parte de él de una forma que no fuera perjudicial, sino benéfica", le dijo Gage al Dalai Lama. "Los científicos tenían dificultades para creer que sea posible incorporar una neurona con 10 000 conexiones nuevas y miles de nuevas terminales". Pensar que nuevas neuronas llegaran quién sabe de dónde para prestarle un servicio a un circuito específico de un cerebro maduro tenía tan poco sentido como esperar que una caja de cables mejorara a una súper computadora que ya estaba funcionando.

La evidencia empírica no bastó siquiera para poner en duda el paradigma. A comienzos de los años sesenta, los científicos comenzaron a utilizar uno de los nuevos equipos que hicieron que los experimentos soñados se convirtieran en realidad, e hicieron una copia del ADN de las células antes de dividirlas. Sobra decir que las células no pueden hacer aparecer la doble hélice como por arte de magia. Al contrario, las sustancias bioquímicas extraen los ingredientes requeridos del interior de la célula y los ensamblan. Resulta que la timidina, uno de los ingredientes del ADN, permite que la molécula de hidrógeno radiactivo se adhiera a ella. Cuando la timidita se incorpora al nuevo ADN, esta muestra un punto de radiactividad que puede ser detectado en los experimentos por su aspecto luminoso. Y el ADN original no tiene esta característica.

En 1962, cuando la técnica de marcar las células con timidina radiactiva era completamente nueva, Joseph Altman —un científico del Instituto Tecnológico de Massachusetts— decidió emplearla en el cerebro. Pensó que si escaneaba las neuronas para ver si tenían ese resplandor, podría detectar ADN nuevo y, por lo tanto, células nuevas. Claro que esto sucedió en una época en la que el paradigma que sostenía que la neurogénesis no era posible; era incuestionable. Sin embargo, Altman lo intentó. Para su sorpresa, encontró que las neuronas de los cerebros de ratas, gatos y conejillos de Indias adultos resplandecían con la timidina, indicando que habían nacido después de que él les hubiera inyectado el trazador. Los informes de Altman fueron aceptados y publicados por las más prestigiosas publicaciones científicas. En 1965, escribió sobre la "evidencia de neurogénesis postnatal del hipocampo en ratas", en el *Journal of Comparative Neurology*. En 1967, publicó un artículo sobre "neurogénesis postnatal en los conejillos de Indias", en la prestigiosa publicación *Nature*. En 1970, describió la "neurogénesis postnatal en el núcleo caudado y en el núcleo accumbens septal de las ratas".

Sería poco decir que el mundo de la neurociencia no recibió a Altman con aleluyas. Sus postulados fueron ignorados al comienzo, y luego descartados como el engaño ingenuo de un científico de segunda categoría, algo que no le ayudó precisamente en su carrera. Luego de que el MIT le negara una plaza como profesor, se vinculó a la facultad de la Universidad Purdue, siguió investigando, y se convirtió en uno de los mayores expertos en el desarrollo del cerebro de las ratas.

Michael Kaplan, un asistente graduado en anatomía de la Universidad de Boston, tampoco corrió con mucha suerte. Utilizó una técnica llamada tinturación inmunofluorescente, la cual le adhiere una placa luminosa a la timidina, que puede ser detectada en un microscopio especial. Kaplan utilizó un microscopio de electrones para observar cómo nacían las neuronas en los cerebros de las ratas adultas. Su trabajo también fue publicado en las más prestigiosas publicaciones, entre ellas la revista *Science*, en 1977, pero fue descartado del mismo modo que los informes de Altman.

Sin embargo, un científico se apartó de esa tendencia. Fernando Nottebohm estaba muy familiarizado con cerebros que podían regenerarse a sí mismos. Él estudia pájaros, y más concretamente, el canto de los pájaros, así como el cerebro que lo produce, algo que lo ha obsesionado y fascinado durante más de tres décadas. Muchas especies tienen el equivalente biológico de un disco rayado: toda la vida cantan la misma canción, gorjeando la misma melodía para atraer compañeros, ahuyentar rivales, y para reclamar territorios hasta el día en que mueren. Los cantos de pájaros que le interesaban a Nottebohm tenían características muy diferentes. Los canarios, los herrerillos de plumas negras, y los pinzones cebra, adoptan y cantan nuevas tonadas con el mismo capricho de un adolescente que modifica el archivo de su iPod, borrando todo el repertorio del verano pasado, y cantando literalmente una nueva canción con la llegada de cada nueva primavera. ¿Cómo lo hacen?

Poco después de llegar a la Universidad Rockefeller en la ciudad de Nueva York, en 1967, Nottebohm comenzó a descubrir las maravillas del cerebro de los pájaros que hacen que dicho movimiento musical sea posible. Identificó el grupo de neuronas en los canarios que crean, almacenan y generan canciones, y en 1981, tuvo uno de esos momentos "eureka" que, a excepción de Arquímedes, raramente suceden en la ciencia: se le ocurrió que las células del cerebro que codifican el éxito de la última temporada pueden morir en los pájaros que cambian de canción, y que las que codifican la de la temporada actual puedan nacer. En un informe que publicó ese año, titulado "Un cerebro para todas las estaciones", señaló dos hechos que seguramente no eran coincidenciales. Primero, que los canarios machos eran capaces de aprender nuevas canciones primavera tras primavera. Segundo, que en esa época del año, las regiones del cerebro que generan melodías son 99% más grandes que en otoño.

La idea misma de que las neuronas del cerebro vayan y vengan, nazcan y mueran como si se tratara de flores, era por supuesto un anatema para los mandarines de la neurociencia y contradecía por completo el paradigma de que el cerebro adulto no puede producir nuevas neuronas.

Al igual que Joseph Altman y Michael Kaplan, Nottebohm decidió usar timidina radiactiva para marcar las células que habían nacido. Día tras día, un estudiante y él les inyectaban timidina radiactiva a los canarios. Transcurrido un mes, los sacrificaron y examinaron sus cerebros, los cuales parecían la versión neuronal de una gran avenida en un sector nocturno: había miles y miles de células marcadas con la sustancia radiactiva y luminosa. Los canarios habían producido nuevas neuronas. En 1983, él anunció el descubrimiento de la neurogénesis en los canarios adultos: la técnica de la marca con timidina mostraba que los precursores neuronales nacían en la zona ventricular del cerebro como una especie de reserva, y luego se dividían y emigraban a las regiones que controlaban las canciones, diferenciándose y desarrollándose hasta convertirse en neuronas hechas y derechas. Como señaló Nottebohm, la neurogénesis que él había "observado en el cerebro adulto es fascinante y confirma la plasticidad que puede residir en los sistemas nerviosos adultos". Al año siguiente, descubrió que las nuevas neuronas no eran el equivalente neural de maleza inútil que brota sin cumplir ninguna función. Al contrario: las nuevas neuronas se integran a circuitos funcionales. Nottebohm utilizó timidina de nuevo y mostró que las nuevas neuronas responden a estímulos auditivos y "se incorporan a circuitos neurales que son funcionales". La neurogénesis se presentaba en el cerebro adulto y cambiaba el comportamiento del cerebro.

A Nottebohm le fue apenas un poco mejor que a Altman y a Kaplan frente a la opinión científica. Aunque había acertado al decir que a sus pájaros les habían nacido neuronas (y los escépticos abundaban en este campo; pues era probable que las nuevas células que él veía fueran apenas glías, que son células de soporte y no neuronas), ¿qué importancia tenía esto para los seres humanos? Quizá se tratara apenas de un capricho de los canarios. Era un experimento curioso, aunque irrelevante. Y si alguien pensaba que lo que era cierto para los canarios también podría serlo para los primates (y para los humanos), cuatro años después del descubrimiento de Nottebohm sobre la neurogénesis en el cerebro de los canarios, Pasko Rakic, vinculado a la Universidad de Yale y uno de los neurocientíficos más prestigiosos de Norteamérica, publicó un estudio que parecía derribar toda posibilidad de que la neurogénesis pudiera darse en los primates.

Rakic utilizó la marca con timidina en monos rhesus, que de cualquier manera tienen más semejanzas con los seres humanos que los canarios, y a ninguno de los doce monos le nació una sola neurona durante todo el tiempo que los marcaron con timidina, el cual osciló entre tres días y seis años. En 1985, Rakic publicó sus hallazgos en un informe titulado "Límites de la neurogénesis en primates". "No se observó en el cerebro de un animal adulto ni una sola célula (marcada con timidina) que tuviera las características morfológicas de una neurona", escribió. El cerebro de los simios y de los humanos, sugirió, "puede caracterizarse por no tener la capacidad de producir neuronas cuando alcance la edad adulta".

Sin embargo, el campo de la neurogénesis tuvo su segunda oportunidad en los años noventa, cuando Elizabeth Gould, de la Universidad de Rockefeller, mostró indicios de que las neuronas nacen en el hipocampo de ratas adultas, así como en el de los primates del nuevo mundo. El hipocampo es la región del cerebro con forma de caballo de mar encargada de los recuerdos. Para los científicos, la palabra "encargada" quería decir que el hipocampo almacena los recuerdos. En ese caso, la germinación de nuevas neuronas en esa zona suponía un trastorno para el sistema de almacenamiento, pero resulta que el hipocampo realmente recibe los recuerdos en lugar de almacenarlos, y procesa la información proveniente de los sentidos y la reparte a otras regiones de la corteza para que las guarde durante un tiempo considerable. Gracias a la nueva comprensión del papel del hipocampo, la neurogénesis no parecía estar exagerando.

En los años noventa, ya era evidente que las objeciones a la neurogénesis basadas en el principio de que el cerebro era inmodificable, no tenían fundamentos por tres razones. La primera era que Nottebohm había mostrado lo que sucedía en los pájaros, y Gould había hecho lo propio con las ratas y los primates. Segundo, el hecho de que las neuronas no se dividieran como lo hacen otras células no resultó ser un obstáculo: los cerebros tienen una reserva de lo que actualmente se denomina como las células madres, unas células precursoras con la capacidad de crecer y de constituirse en neuronas y otras células del sistema nervioso. Y aunque las células existentes no pueden generar dos a partir de una, el cerebro tiene las simientes para producir neuronas nuevas. Y finalmente, la objeción de insinuar que las nuevas neuronas en la maquinaria intrincada de un cerebro inmutable sería como dar al traste con todo, fue descartada por apelar a premisas falsas. Los estudios animales —descritos en el capítulo anterior— mostraban que el cerebro es tan poco inmodificable como la apariencia de Madonna. Las objeciones fueron anuladas, y la búsqueda de causas y alcances de la neurogénesis en animales continuó aparte de los pájaros de Nottebohm, y de las ratas de Gould.

Ambientes enriquecidos

Desde los años cuarenta, el psicólogo canadiense Donald Hebb observó algo simpático en las ratas que no conducía a la típica existencia aburrida en los laboratorios. De tanto en tanto, sacaba un par de ratas que mantenía en su laboratorio de la Universidad McGill en Montreal, y se las llevaba a casa en calidad de mascotas. Mientras sus compañeros de camada permanecían en las jaulas espartanas del laboratorio de la Universidad, Hebb observó que las ratas que había llevado a casa se comportaban de un modo diferente a las del laboratorio. Exhibían una mayor curiosidad, menos temor, y una conducta más exploratoria.

Hebb no investigó sistemáticamente su observación, y pasó más de una década antes de que otros científicos lo hicieran. Pero en los años sesenta, científicos de la Universidad de California-Berkeley, liderados por Mark Rosenzweig, retomaron las observaciones casuales de Hebb y condujeron un experimento riguroso que examinaba los efectos de lo que ellos llamaron un "ambiente enriquecido", mientras realizaban análisis tan básicos como el peso total del cerebro. Esta posibilidad era tan revolucionaria como las protestas que pronto se desatarían en las plazas y calles del campus de Berkeley: que la experiencia puede cambiar la estructura del cerebro. Si era así, entonces la suposición de que las conexiones del cerebro están determinadas por nuestro ADN se derrumbarían como castillos de naipes. En Harvard, David Hubel y Torsten Wiesel estaban demostrando que las experiencias negativas —y particularmente la privación visual— pueden impedir que el cerebro de los gatos que estudiaban se desarrollara adecuadamente. ¿Las experiencias positivas podían alterar el cerebro?

Utilizando una cepa de ratas llamada Berkeley S1, bastante diestra para descifrar laberintos, los científicos de Berkeley criaron a algunas de las ratas en jaulas —doce en cada una— con juegos, laberintos y contacto frecuente con los científicos, mientras que otras estuvieron aisladas en una habitación oscura y muy silenciosa, y otras más en jaulas espartanas con dos de sus hermanos. Las ratas del ambiente enriquecido social y cognitivamente desarrollaron cerebros más grandes, con una corteza que era aproximadamente un cinco por ciento más pesada que la de sus compañeros de camada del ambiente aislado. Medir el tamaño del cerebro es un proceso muy básico, y no se sabía si las ratas se beneficiarían de sus estimulantes condiciones de vida ni cómo hacerlo. Pero el equipo de Berkeley mostró en estudios de seguimiento que las ratas descifraban mejor los laberintos en los ambientes enriquecidos que las ratas aisladas.

William Greenough, quien trabajaba en la Universidad de Illinois-Urbana-Champaign, mostró por qué. Las ratas que vivían en un ambiente enriquecido con ruedas para girar y escaleras para subir, así como con la presencia de otras ratas para interactuar, tenían cortezas más gruesas que las ratas criadas sin compañeros ni juguetes. Las primeras desarrollaron sinapsis (conexiones entre neuronas) más densas, y sus neuronas generaron más dendritas, esas pequeñas ramificaciones que reciben señales de las neuronas cercanas. Las sinapsis más densas y el mayor número de dendritas hacen que los circuitos cerebrales sean más ricos y complejos. Esta diferencia estructural produjo diferencias en el comportamiento: las que crecieron en un ambiente enriquecido encontraron alimentos escondidos con mayor rapidez que las ratas que crecieron con menos estímulos.

Es aquí donde entra Rusty Gage. Era comprensible que un ambiente enriquecido hiciera que la corteza floreciera literalmente con nuevas conexiones responsables del aprendizaje y del pensamiento complejo (para una rata). Pero en 1997, Gage y sus colegas del Instituto Salk descubrieron que un ambiente enriquecido que se asemeje a los parajes naturales, más de lo que lo hacen las jaulas prácticamente vacías de los ambientes que no ha sido enriquecidos, produce algo más significativo aún que un mayor número de conexiones entre las neuronas: aumenta la neurogénesis en ratones jóvenes. Después de pasar 45 días en jaulas con otros ratones, ruedas, juguetes y túneles (que realmente eran pequeños pedazos de tubería y que les llamaban mucho la atención), los científicos encontraron que los animales experimentaron un brote significativo de neurogénesis. La formación y supervivencia de nuevas neuronas se incrementó en un 15% en la circunvolución dentada, una parte del hipocampo que participa en el proceso del aprendizaje y la memoria. Las 270 000 neuronas que generalmente contiene el hipocampo, aumentaron a 317 000 aproximadamente.

"No es un porcentaje pequeño; el 15% del volumen total puede cambiar con otras experiencias", le dijo Gage al Dalai Lama. No es una coincidencia que los ratones que experimentaron una mayor neurogénesis también aprendieron a descifrar mejor los laberintos. Era uno de los descubrimientos más sorprendentes de la neuroplasticidad: que la exposición a un ambiente enriquecido conduce a un aumento marcado de nuevas neuronas, así como a un mejoramiento sustancial en el comportamiento.

Un año después de su descubrimiento, Gage y sus colegas informaron lo que habían observado en ratones viejos. Los ratones con edad promedio de dieciocho meses (equivalente a 65 años en los humanos) que vivían en un ambiente enriquecido y estimulante presentaron un número de nuevas células en la circunvolución dentada del hipocampo tres veces mayor a otros ratones que estaban en jaulas vacías. "No importa la edad que tengan cuando comiencen a vivir en ambientes enriquecidos", dijo Gage. "Los ratones viejos tuvieron incluso una mayor estimulación de su ambiente enriquecido que los ratones jóvenes".

"Cuando publicamos este resultado, la gente me preguntó si eso significaba que ellos podían aumentar su capacidad cerebral al tener experiencias nuevas, como viajar o asumir nuevos desafíos", dijo Gage. "Les respondí que no lo sabía, pues aún no hemos visto que la neurogénesis ocurra en los humanos, y todavía existen objeciones conceptuales a su existencia".

Hay un problema considerable cuando se trabaja con un ambiente enriquecido. Hay muchos elementos: ruedas, juguetes, túneles y otros ratones. Si se descubre un efecto en un ambiente enriquecido tal como lo hicieron Gage y sus colegas, hay que descubrir cuál elemento o elementos, combinados o separados, son los responsables de las nuevas neuronas. "¿Qué es lo importante en un ambiente complejo?", preguntó Gage; "¿El aprendizaje, el ejercicio o la conducta social?".

Un interludio: los derechos de los animales

Los experimentos con animales son problemáticos para una tradición que le da primacía a la compasión. El budismo predica que la aspiración final es que "todos los seres sensibles estén exentos de sufrimiento". Sin embargo, la biología tiene un largo historial de violaciones en este sentido. ¿Podían los budistas perdonar el uso de animales en investigaciones, cuando finalmente eran asesinados para que los científicos pudieran examinar sus cerebros? Tras preguntarle al Dalai Lama cómo podían justificar esto los científicos, él miró fijamente por varios segundos, como siempre lo hace antes de expresar sus pensamientos en inglés. "Deben tratarlos respetuosamente y no explotarlos", dijo. "En términos inmediatos, es probable que se pierda algo, pero a largo plazo, se obtienen muchos beneficios".

"Desde la perspectiva budista, la pregunta moral por el sacrificio de animales para el beneficio humano es muy complicada. Si los seres humanos para cuyo bienestar se sacrifica a los animales llevan una vida más constructiva gracias al beneficio resultante, tal vez entonces haya alguna justificación. Pero si los seres humanos que se benefician de dichos resultados no llevan una vida que sea constructiva, sino destructiva, entonces surge otra dificultad. Creo que puedo darles un ejemplo. Un budista corre peligro de morir de hambre y hay peces cerca de él. ¿Mato al pez y sobrevivo?, piensa. Si lo hago, tengo que dedicar el resto de mi vida a algún tipo de labor que sea benéfica para los demás, a fin de pagar por el pez. En ese caso, el sacrificio del pez contribuyó a que sobreviviera un ser humano, y esa vida humana ahora es realmente útil y benéfica para un grupo más amplio de seres sensibles. Creo que en ese caso hay cierta justificación moral. Pero si se lleva una vida en un sentido más negativo, es mejor morir antes que quitarle la vida al pez.

"En el caso de los científicos, y debido a los experimentos que han realizado y a los conocimientos que han adquirido, se beneficiará a un número mucho mayor de seres humanos, en cuyo caso hay un aspecto benéfico en su trabajo. Realizar experimentos con animales con una motivación sincera, un sentido de la compasión, y un cuidado adecuado, tiene una justificación moral".

Ahora que muchos de los resultados de las investigaciones biológicas han demostrado que son aplicables a las personas, el Dalai Lama sugirió: "Ha llegado la hora de agradecer a los animales pequeños y demostrarles gratitud. No hay que perturbarse mucho. Hay que darles un descanso. Por supuesto que son útiles para nosotros, pero es muy triste que suceda esto. No tenemos derechos especiales para experimentar con ellos. Si no nos sentimos culpables, podemos pensar entonces: vale la pena manipular a seres humanos irredimibles. Pero en última instancia, terminaríamos experimentando también con seres humanos inteligentes".

"Lo que quiere decir Su Santidad es que siempre necesitamos mantener nuestra sensibilidad, y preocuparnos incluso por los animales más pequeños, porque si nos insensibilizamos, este proceso de insensibilidad puede extenderse a mamíferos más grandes", dijo Thupten Jinpa. "Y la pregunta es: ¿Dónde se traza una línea? En ese caso, algunos podrían recurrir a seres humanos que la sociedad considera indignos o despreciables, así que necesitamos estar alertas y mantener siempre un sentido de sensibilidad hacia otras especies. Si no le conferimos valores éticos a la ciencia, entonces será perfectamente normal experimentar con seres humanos. Necesitamos imponer límites éticos".

"La humanidad es una especie más compasiva y, particularmente, tiene un tipo único de inteligencia, con el potencial para un trabajo constructivo e ilimitado", continuó diciendo el Dalai Lama. "Así que desde ese punto de vista, hay alguna justificación para utilizar la vida de otro animal, pero si lo estamos explotando, debemos hacerlo con cuidado y sensibilidad".

La neurogénesis humana

Irónicamente, el experimento que probablemente contribuyó más a derribar el paradigma planteado por Gage no utilizó "los pequeños animales" que le preocupaban al Dalai Lama. Casi al mismo tiempo, cuando estaba surgiendo una controversia creciente sobre si la neurogénesis ocurre en la corteza frontal de los primates (como resultado del trabajo de Pasko Rakic), muchos de nosotros estábamos en el laboratorio", recuerda Gage, "y básicamente coincidimos en que la única forma de resolver la pregunta era buscar la neurogénesis en los humanos".

Era más fácil decir esto que hacerlo. Ningún procedimiento médico no invasivo que examine el cerebro con imágenes puede detectar el nacimiento de neuronas en un cerebro vivo sin causarle daño, tal como lo hacen las PET (tomografías con emisión de positrones) y las fMRI (imágenes por resonancia magnética funcional). En ese caso, hay que quitarle la vida al propietario del cerebro, retirar el tejido, y estudiarlo con un microscopio sofisticado y con técnicas de tinturación, como lo hizo Gage con los cerebros de los ratones en ambientes enriquecidos, o Nottebohm con los cerebros de canarios. La marca era un problema en sí. Para marcar las nuevas neuronas, Gage quería utilizar una técnica llamada BrdU, que utiliza la bromodeoxiuridina, una "prima" molecular de la timidina. Cuando la BrdU está presente, las células que se están dividiendo la absorben como lo hace un deportista con las bebidas que contienen electrolitos, incorporando esta sustancia al ADN que están formando. Pero ningún panel bioético que sea digno del juramento hipocrático aprobaría un experimento en el que voluntarios humanos saludables recibieran una inyección con una sustancia que no les produzca ningún beneficio y que, por el contrario, les cause un perjuicio. Los estudios para demostrar la neurogénesis en seres humanos parecían estar bloqueados incluso antes de realizarse.

Aun si los investigadores pudieran encontrar la manera de observar la neurogénesis en los humanos, no estaba completamente asegurado que la encontraran. Es cierto que a comienzos de los años noventa Fernando Nottebohm había mostrado que los pájaros cantores generan con frecuencia nuevas neuronas en sus cerebros. El mismo Gage había descubierto que los ratones que ejercitan sus pequeños corazones mientras juegan con las ruedas producen nuevas células cerebrales de manera tan natural como sudaría un deportista. Y Elizabeth Gould había observado que nuevas células nacen en los cerebros de algunos monos, lo que suponía un acercamiento cada vez mayor al árbol evolutivo. Sin embargo, los científicos conservadores no estaban convencidos. Los cerebros humanos son diferentes a los de los monos, por lo menos en lo que se refiere a la neurogénesis, insistían, y era obvio que tampoco son iguales a los cerebros de los ratones ni de los pájaros. Todo aquello que sabemos y recordamos, en realidad, todo lo que somos, nuestras creencias, valores, personalidades y carácter, está codificado en las conexiones que establecen las neuronas en nuestros cerebros. Pero era obvio que si las neuronas trataban de abrirse paso por un órgano tan complejo, sería un proceso sumamente perturbador.

Mientras tanto, Peter Eriksson, un neurólogo sueco que estaba haciendo una pasantía en el laboratorio de Gage, observó algo. Había realizado el experimento soñado por todos, por lo menos hasta cierto punto. En esa época, a muchos pacientes de cáncer se les inyectaba BrdU para marcar cada célula que nacía. Los oncólogos utilizaban esta sustancia para registrar la forma en que nacía el sinnúmero de células, la rapidez con la que las células malignas se dividían y, por lo tanto, qué tan agresivo era el tumor. Eriksson concluyó que la BrdU debería ser tan efectiva para rastrear el nacimiento de las nuevas neuronas como lo era para rastrear la proliferación de células cancerígenas. Estos dos tipos de células necesitan ADN, y las moléculas verdes luminosas que atacan a la BrdU marcan con mucha precisión las células que nacen.

Gage comenzó a llamar a sus amigos que trabajaban en hospitales especializados en cáncer. "¿Tienes cerebros? ¿Me podrías regalar algunos?". "Me regalaron tejidos en un par de lugares", recuerda él. "Un colega solidario le envió algunos fragmentos de hipocampos extraídos durante una autopsia para determinar si el cáncer del paciente había atacado el cerebro, y como le habían suministrado BrdU para detectar las células malignas, había poca posibilidad de detectar nuevas neuronas en los fragmentos del hipocampo. Aunque las muestras "se encontraban en un estado lamentable", dijo Gage. "Creímos que había alguna señal de BrdU incorporada a las neuronas del cerebro, aunque no podíamos demostrarlo". A medida que sus diferentes colaboradores viajaban a distintos lugares del mundo, regresando a las instituciones en las que laboraban, o trabajando como especialistas en otro laboratorio, les pidió que hicieran lo posible por participar en un estudio donde tuvieran acceso al tejido cerebral tras la muerte de pacientes con cáncer.

A su regreso a Suecia después de su año sabático en el Instituto Salk entre 1994 y 1995, Peter Eriksson logró hacer esto. "Yo compartía un espacio en el laboratorio con personas que trabajaban en la neurogénesis en los ratones, pero yo era realmente escéptico. No creía en todas las cosas maravillosas que hablaban durante todo el día, pero comprendí que era algo fascinante, y finalmente también sentí deseos de estudiarlo. Me tracé la misión de saber si la neurogénesis se estaba presentando en humanos", dijo, recordando el tiempo que pasó con Gage. Así como anteriormente lo había hecho este último científico, Eriksson empezó a contactar "a casi todas las personas que yo podía pensar que tuvieran material de autopsia en un cerebro tratado con BrdU", dice. Y una noche cuando estaba trabajando en la sala de emergencias del hospital de la Universidad de Salhgrenska, en Göteborg, tomó un descanso a las dos de la mañana para ir a la cafetería en compañía de un colega que quería abandonar la medicina interna para especializarse en oncología. "Esta es una posibilidad", pensó Eriksson.

"Por supuesto que tengo pacientes que han sido tratados con BrdU", le dijo Tomas Bjork Eriksson (que no era familiar suyo). "Hay seis que todavía están vivos". Todos los pacientes tenían carcinomas en la base de la lengua, la laringe, o la faringe, y se encontraban en estado terminal. Les suministraron versiones de BrdU para ver cómo estaban respondiendo a la terapia y si se estaban formando nuevos tumores. A los oncólogos les preocupaba especialmente el hecho de que las células malignas se estuvieran propagando y proliferando, tal como lo mostraría la BrdU. Aunque los médicos le practicaban la biopsia a un solo tipo de célula, la BrdU marca todas las nuevas células que se han formado, no solo las cancerígenas que se derivan de la división de una célula cancerosa existente, sino también, —en caso de que existan—, las neuronas producidas por las células madres del cerebro.

Gracias a esto, Eriksson comprendió que la búsqueda de la neurogénesis en el cerebro humano podría ser posible y se lo comunicó a

Gage. Entonces, los científicos se encontraron en la incómoda posición de esperar a que murieran los pacientes.

Un día de 1996, sonó el teléfono en la oficina de Eriksson en el hospital de la Universidad. Pronto tendría una muestra, le dijo Tomas Eriksson, quien había acabado de hablar con una enfermera. Le recomendó que se asegurara de que el neuropatólogo que removería el hipocampo del paciente durante la autopsia estuviera presente. "Por supuesto", respondió Peter. Colgó el teléfono y no dejó de pensar en todos los preparativos que habían hecho durante dos largos años hasta este momento. Convencer a los oncólogos sería algo que no implicaría ningún cambio en el tratamiento de los pacientes. Debía obtener un permiso de los familiares para sacar una muestra del hipocampo. Aunque los pacientes habrían recibido el mismo tratamiento mientras estaban vivos si estos científicos no hubieran dado con ellos, lo que les sucedió luego de morir fue bastante inusual.

Cuando el primer paciente falleció, Peter Eriksson llamó al neuropatólogo de su equipo y le dijo que se encontraran en el hospital. Hizo los preparativos con la enfermera encargada para recoger el cadáver en una ambulancia. Poco después, todos se reunieron y miraron el cadáver frío. El neuropatólogo trepanó rápidamente el cráneo y levantó la parte superior, dejando al descubierto el cerebro aún brillante. Practicó una incisión en el centro para remover una parte del hipocampo y de la zona ventricular, que en los ratones parecía ser la reserva donde nacen las células madres, y de donde se dirigen al hipocampo, fusionándose con las neuronas en su recorrido de ida y vuelta.

El neuropatólogo colocó el tejido en un plato esterilizado y se lo entregó a Eriksson, quien rápidamente se dirigió al laboratorio de patología. Retiró el pedazo del cerebro del plato, lo sumergió veinticuatro horas en formaldehído para que no se descompusiera, y luego lo pasó a una solución con azúcar para preservarlo. Cortó tiras extremadamente delgadas del hipocampo, de apenas cuarenta micrómetros de grosor, y las guardó en una solución de etilenglicol —un anticongelante— a 20° centígrados bajo cero, y pocas horas después mandó estas muestras a La Jolla, California. En total, cinco de los pacientes terminales de edades entre los 57 y los 72 años participaron en el experimento. En realidad, "participar" es un eufemismo, pues lo único que hicieron fue permitir que sus cerebros fueran examinados después de morir. Todos fallecieron entre 1996 y 1998. Las muestras del hipocampo de cada uno de los cinco pacientes llegaron al laboratorio de Gage.

Allí, los científicos las examinaron del mismo modo como lo hicieron con los cerebros de los ratones que habían presentado una neurogénesis considerable luego de vivir en un ambiente enriquecido. En las primeras dos muestras, encontraron células marcadas con BrdU en la circunvolución dentada del hipocampo. La presencia de esta sustancia significaba que esas células habían nacido después de que los pacientes —todos ellos ancianos— recibieran la inyección con la molécula marcadora. Después de debatir cuántos cerebros necesitaban para que la neurogénesis fuera una evidencia convincente, concluyeron que bastaba con los cinco que tenían.

"Recuerdo que hablé con personas que ni siquiera estaban trabajando en esto; les pedí que observaran esas partes del cerebro y me dijeran lo que veían", recuerda Gage. Sabía que los críticos estaban listos para atacarlo, señalando que cualquier muestra de BrdU en el cerebro no indicaba la presencia de neuronas nuevas y saludables, sino un tumor cerebral metastásico, o algún error cometido durante el procedimiento. "Enviamos las imágenes microscópicas a Suecia, y eso que era una época en la que aún no había Internet. Queríamos estar seguros y teníamos que llegar a un punto en donde nosotros creyéramos que efectivamente lo estábamos".

Finalmente lo hicieron. "Todos los cerebros mostraron evidencias de células nuevas exactamente en el área donde encontramos neurogénesis en otras especies", le dijo Gage al Dalai Lama. "Y por medio de análisis químicos, pudimos demostrar que eran neuronas maduras, las cuales se desarrollaron cuando los pacientes tenían entre 50 y 70 años". Adicionalmente, nacieron a una tasa increíble: las células madres neurales, las progenitoras que son capaces de transformarse en cualquier clase de células en el cerebro, habían creado entre quinientas y mil neuronas diarias, en personas varias décadas mayores de las que se suponía que la neurogénesis fuera posible. "Y estas nuevas neuronas permanecieron vivas hasta que las personas murieron", dijo Gage. "Esa fue la primera evidencia de la neurogénesis en el cerebro humano adulto. El proceso físico de las células que nacían y se desarrollaban es algo que sucede en el cerebro humano, y ahora sabemos que constantemente están naciendo neuronas en algunas partes de él. Es sorprendente, porque se creía que era un órgano estancado, y resulta que en esa región del hipocampo hay unas pequeñas células que se dividen, y con el paso del tiempo maduran y migran a los diferentes circuitos hasta ser neuronas completamente desarrolladas y con nuevas conexiones. Y esto sucede a lo largo de la vida. Este importante hallazgo nos acercó un paso más a la posibilidad de tener un control sobre nuestra capacidad cerebral mucho mayor de lo que habíamos pensado".

El descubrimiento derribó las creencias tradicionales arraigadas durante varias generaciones en la neurociencia. El cerebro humano no está limitado a las neuronas con las que nace, y ni siquiera a las neuronas que lo pueblan después del gran desarrollo que ocurre en la primera infancia; estas nacen incluso después de los 80 años, se dirigen a diversas estructuras y se incorporan a los circuitos del cerebro, y tal vez forman la base de otros circuitos nuevos. Este descubrimiento fue posible gracias a los pacientes suecos que murieron de cáncer.

¡A correr!

El nuevo rumbo trazado por Gage era un viaje único en la neurogénesis cuando él se encontró con el Dalai Lama. Irónicamente, justo cuando los pacientes suecos vivían sus últimos días con la BrdU incorporada a las nuevas neuronas de sus cerebros, los médicos estaban preocupados por la toxicidad de la molécula, incluso en pacientes con cáncer, y decidieron suprimirla. Eso significaba que no había una manera efectiva de repetir el estudio que descubrió la neurogénesis en el cerebro humano adulto. Pero como le dijo Gage al Dalai Lama, los misterios por resolver eran muchos. Uno de los más intrigantes era el de los ambientes enriquecidos. Como se mencionó anteriormente, la palabra "enriquecidos" podría aplicarse a muchos aspectos diferentes. Gage sabía que debía señalar cuál de ellos había estimulado la producción de neuronas en el cerebro.

Aunque el uso de la BrdU se estaba prohibiendo en los humanos, aún se utilizaba con los ratones. Gage y su equipo inyectaron la molécula a un grupo de estos para marcar la neurogénesis, y los separaron en dos grupos. Uno de ellos permaneció en jaulas vacías, y el otro en jaulas equipadas con una rueda giratoria que podían utilizar libremente. (A los ratones les encanta correr, como bien lo sabe cualquiera que haya visto alguno en la cocina de su casa; cada noche corren aproximadamente 5 kilómetros en las jaulas). "Al permitirles el acceso voluntario a la rueda giratoria, permanecen cuatro o cinco horas en ella, y esto es suficiente para duplicar casi el número de las células en su cerebro", le dijo Gage al Dalai Lama; los ratones "deportistas" produjeron el doble de células nuevas en el hipocampo que los sedentarios. La interacción social y la estimulación mental no importaban: el hecho de que corrieran voluntariamente produjo el mismo número de células cerebrales nuevas que el ambiente enriquecido, sugiriendo que la simple actividad física puede generar nuevas células en el cerebro.

La conexión entre el ejercicio físico y el ambiente enriquecido se estaba haciendo más clara. "Creemos que el ejercicio voluntario aumenta el número de células madres que se dividen y producen nuevas neuronas en el hipocampo", le explicó Gage al Dalai Lama. "Pero creemos que el enriquecimiento del ambiente es lo que permite que estas células sobrevivan. Generalmente, la mitad de las células nuevas que llegan a la circunvolución dentada del hipocampo mueren. Pero si el animal vive en un ambiente enriquecido, el número de células que mueren es mucho menor. El ambiente enriquecido no parece afectar la proliferación de células y la generación de nuevas neuronas, pero puede afectar el nivel y el número de células que sobreviven y se integran a los circuitos".

De hecho, en el lapso de un mes, los nuevos circuitos se integran funcionalmente a los circuitos neuronales existentes en el hipocampo del ratón, formando sinapsis con las neuronas existentes, y generando espinas dendríticas con las que se conectan a otras células. De este modo, le suministran al hipocampo una provisión continua de neuronas robustas y listas para actuar, que pueden reemplazar a las más viejas, o aumentar su número. Las nuevas neuronas que nacen en los ventrículos del cerebro y llegan hasta el hipocampo son más excitables que las neuronas que llegaron anteriormente y formaron nuevas sinapsis. Las neuronas nuevas se conectan con las existentes, y se convierten en la base de los nuevos circuitos. "Mostramos por primera vez que las nuevas células que nacen en los cerebros adultos son funcionales", dice Gage.

Pero, ¿de cuál función se trata? Una clave de la función que cumplen las nuevas neuronas proviene del lugar en el que se instalan. En los experimentos con los ratones en los que se encontró un mayor nivel de neurogénesis, el número real de neuronas adicionales fue del orden de 30 000, que no es nada en la corteza de un ratón, la cual tiene miles de millones de células. Pero todas las neuronas nuevas van a un lugar en la circunvolución dentada, donde incrementan el número de células aproximadamente en un 10%. En consecuencia, "la adición de incluso un pequeño número de neuronas puede marcar una diferencia relativamente grande", explicó Gage. Infortunadamente, la función exacta de la circunvolución dentada es un misterio. La suposición más aceptada es que, de alguna manera, codifica la información proveniente de los sentidos, y decide qué hacer con ella. Es como el asistente que revisa los correos electrónicos y los guarda en la carpeta adecuada. Cuando la nueva información ha sido clasificada de este modo, el hipocampo la procesa de tal forma que puede ser enviada a la corteza para su almacenamiento. Es probable que las nuevas neuronas sirvan de reemplazo a las células en mal estado o que están envejeciendo. Debido a la gran actividad que realiza la circunvolución cerebral (pues las percepciones sensoriales llegan como los trenes del metro durante la hora pico), sus células probablemente sufren un deterioro considerable, y las neuronas que llegan pueden reemplazarlas. Esto parece tener consecuencias en la vida real. Gage y sus colegas compararon los ratones cuyos cerebros habían desarrollado neuronas nuevas con ratones idénticos en términos genéticos que habían estado en las jaulas vacías. Cuando ellos arrojaron a ambos ratones en un tanque de agua en la que estaba escondida una plataforma justo debajo de la superficie blanca, todos los animales nadaron frenéticamente hasta encontrar el fondo sólido. El tiempo que tardaron en hacerlo solo demostraba la suerte de cada ratón, pues como ellos no sabían que había una plataforma, se limitaron a nadar hasta hallarla por azar. Sin embargo, el tiempo que tardaron en encontrarla cuando los sumergieron de nuevo reflejó mucho más que eso, pues indicó lo bien que habían aprendido la ubicación de la plataforma, al recordar supuestamente diversos puntos de referencia localizados en diferentes sitios del laboratorio. La plataforma estaba entre el objeto redondo de la pared, y el rectangular por el que pasaban estas criaturas. Gracias a su nueva aptitud, los ratones que habían saltado a la rueda giratoria lograron hallar la plataforma antes que los ratones recluidos en las jaulas comunes, informaron los científicos de 1999. "Esto sugiere que los ratones que corrían en la rueda aprendieron más y adquirieron una mayor inteligencia", dijo Gage.

Curiosamente, los ratones más adelantados también produjeron una mayor cantidad de neuronas que los ratones que fueron arrojados al tanque de agua, y como debían nadar para no ahogarse, lo hicieron con todas sus fuerzas. Esto despertó la pregunta, de gran interés para los budistas que escuchaban a Gage, de si el ejercicio voluntario era lo que marcaba la diferencia. "En la rueda giratoria, los ratones tenían libertad para subir o bajar de ella cuando quisieran, pero en el tanque de agua, no tenían otra opción que nadar", explicó Gage. A fin de probar si la naturaleza voluntaria del ejercicio cumplía un papel, los científicos subieron a unos ratones a una banda caminadora y les impidieron bajar, de tal suerte que tenían que correr o quedar rezagados. Después de varios días de hacer esto, el hipocampo de los animales contenía menos neuronas recién nacidas, y aprendieron con menor rapidez que los ratones que habían corrido voluntariamente la misma distancia y durante el mismo tiempo. Parece que el ejercicio obligatorio no promueve la neurogénesis, un hecho en el que deberían pensar las personas sedentarias.

"Correr voluntariamente aumenta la neurogénesis y el aprendizaje, incluso en animales que ya están muy viejos", le explicó Gage al Dalai Lama. "Si se les practica una prueba de aprendizaje, obtendrán mejores resultados. Parece que los efectos que tiene el ejercicio en la neurogénesis y en el aprendizaje dependen de la voluntad. Tiene que ser un acto voluntario y no se trata apenas de la actividad física en sí misma".

El budismo no tiene mucho que decir sobre el valor del ejercicio o de mantenerse en forma, como lo percibieron con cierta timidez algunos monjes que se acomodaban sus túnicas en sus cinturas prominentes. Sin embargo, les intrigó el hallazgo de que solo el ejercicio voluntario estimulara la neurogénesis en los ratones; mientras que obligarlos a nadar o subirlos a una banda caminadora no tuvo el mismo efecto. Esto puede reflejar el hecho de que el prospecto de ahogarse o de quedarse rezagado en la banda caminadora puede ser un poco estresante; e inundar el cerebro con hormonas de estrés es una manera segura de matar neuronas y de destruir sinapsis. Pero el ejercicio voluntario no solo se distingue por la ausencia de estrés, sino que está caracterizado igualmente por la presencia de ritmos cerebrales llamados ondas Theta, que tienen una frecuencia de seis a doce ciclos por segundo y están presentes cuando prestamos atención, pero no cuando comemos, bebemos algo o estamos en piloto automático. "Debido a que la actividad Theta puede presentarse sin actividad física", les dijo Gage a los monjes, "el componente voluntario sería la clave en la promoción de la neurogénesis".

En estudios anunciados semanas antes de la reunión entre los científicos y el Dalai Lama, en el marco del encuentro anual de la Sociedad para la Neurociencia realizado en el 2004, Brian Christie, de la Universidad de British Columbia, encontró que las neuronas individuales de los ratones que corrieron en la rueda "son significativamente diferentes" a las de los ratones sedentarios en dos aspectos importantes. En primer lugar, tienen más dendritas (las terminales con las que una neurona recibe señales de otras). Las dendritas son las partes de las neuronas que más tienden a deteriorarse con la edad. Es una obviedad que mientras más conectado esté un cerebro, mejor funciona, permitiéndole a la mente relacionar hechos recientes con los más remotos, extraer recuerdos, e incluso establecer relaciones entre hechos aparentemente inconexos, que es la base de la creatividad. Christie descubrió que no solo los ratones que corrieron en la rueda tenían más dendritas en las neuronas, sino que cada una de ellas tiene un número mucho mayor de espinas. "Cada una de estas espinas representa un sitio donde puede presentarse comunicación neuronal", explicó Christie durante el encuentro. "En efecto, estamos mostrando que hay razones estructurales para un mayor aprendizaje y capacidad de memoria, que nosotros y otros científicos hemos observado en animales que hacen ejercicio". Los experimentos, dijo, "suponen las bases para establecer cambios inducidos por el ejercicio en la estructura cerebral como una forma viable de combatir los efectos nocivos del envejecimiento", y podían explicar los efectos benéficos en el cerebro cuando se lleva una vida activa.

Neurogénesis y depresión

Cuando Gage se sentó a conversar con el Dalai Lama, era claro que las nuevas neuronas del cerebro adulto humano nacen de las células madres que respaldan la neurogénesis que se presenta. El descubrimiento sugiere que las posibilidades de la neuroplasticidad son mayores de lo que se había sospechado inicialmente: es probable que el cerebro no esté limitado a funcionar con las neuronas existentes y a organizarlas en nuevos grupos. Adicionalmente, podría agregarle neuronas frescas a las existentes. Ya sabemos que el sistema neural no trabaja únicamente con las vías existentes, sino que puede crear otras en el cerebro.

En los ratones, las nuevas neuronas parecían contribuir al aprendizaje, pero en los humanos, estas podían tener otra función. El descubrimiento de Gage de la neurogénesis en el hipocampo del cerebro humano adulto sucedió justo cuando los neurocientíficos estaban descubriendo que el hipocampo cumple otra función: nada menos que en la depresión. Resulta que en muchas personas que sufren de depresión, la circunvolución dentada del hipocampo se había reducido a una fracción de lo que era anteriormente. No está claro si eso era una causa o un efecto; es decir, si otro factor hizo que el hipocampo se redujera, conduciendo a la depresión, o si fue esta la que causó la reducción. Pero en la primera década del nuevo milenio, los científicos también dieron indicios de que antidepresivos populares como Prozac, Zoloft y Paxil tienen su efecto terapéutico a través de la neurogénesis: en los animales de laboratorio a los que se les suministraron dichos medicamentos, estos no produjeron un efecto en su conducta cuando la neurogénesis estaba bloqueada.

Esto le intrigó a Gage, quien vio relaciones entre el descubrimiento de la neurogénesis-depresión y su propio trabajo sobre el nacimiento de nuevas neuronas en el hipocampo adulto. Una creciente evidencia sugiere que las personas que sufren de depresión son incapaces de reconocer la novedad. "Esto se escucha mucho en personas deprimidas. 'Las cosas me parecen iguales. La vida no tiene nada de emocionante'", como le recordó Gage al Dalai Lama. Resulta que estos individuos tienen un hipocampo reducido. Es probable que la depresión sea la incapacidad para reconocer la novedad, y que esa incapacidad para ver las cosas como algo nuevo, fresco y diferente es lo que produce la sensación de depresión. Tal vez por eso sea útil la existencia de esta reserva, de este conjunto de células jóvenes en el hipocampo, que pueden reconocer la novedad y las nuevas experiencias. Sin eso, las conexiones serán incapaces de reconocer y adquirir nueva información". También hay evidencia, dijo él, de que "si alguien con depresión hace ejercicio, esta cede". La neurogénesis puede ser el antidepresivo por excelencia; cuando está bloqueada por alguna razón, desaparece la alegría de ver la vida con ojos nuevos y de encontrar sorpresa y novedad en el mundo. Pero cuando es restaurada, vemos el mundo bajo una nueva óptica.

También es claro que el estrés crónico afecta la neurogénesis, por lo menos en los ratones. Peter Eriksson, el colega de Gage en el estudio que condujo al descubrimiento de la neurogénesis en las personas, sospecha que esto contiene lecciones sobre la forma en que vivimos nuestras vidas. "En los animales de laboratorio, el estrés crónico reduce significativamente la neurogénesis y la memoria espacial", señala. "Cuando las personas estresadas experimentan problemas severos de memoria —olvidando su camino al trabajo, yendo a la cocina y no recordando a qué fueron— es probable que lo que estén padeciendo sea el efecto negativo del estrés en la función del hipocampo debido a una neurogénesis reducida".

El yo cambiante

Para el Dalai Lama y los demás budistas que estaban escuchando a Gage ese día, la idea de que una parte del cerebro florezca con nuevas neuronas les tocó sus fibras sensibles. Tal como les dijo Gage: "El ambiente y nuestras experiencias cambian nuestro cerebro; así que lo que eres como persona, cambia, dependiendo del ambiente en el que vives y de las experiencias que tienes". Richie Davidson llamó a ese descubrimiento "un punto de intersección con el budismo".

Para la ciencia, así como para las personas comunes que sigan las tradiciones religiosas occidentales y los principios de un alma y de un yo, la existencia de la neurogénesis —y la implicación de que el cerebro es modificable y se renueva constantemente— supone un de-safío. "¿Cómo podemos reconciliar el sentido de la continuidad o de la inmutabilidad con una noción relativamente fija del yo; con la no-ción de que el cerebro está cambiando continuamente, que las células nacen y mueren?", preguntó Davidson. El budismo no tiene ese tipo de problemas. "La pregunta de cómo el yo puede permanecer intacto a pesar de la neuroplasticidad y de la neurogénesis no es un proble-ma para el budismo, debido al principio de que el yo no existe", dijo Thupten Jinpa.

El concepto budista del yo es complejo. Para algunos académicos, el yo es simplemente la continuidad de la conciencia mental. "Pero incluso si uno toma esto como la base de la designación del yo, el flujo de la conciencia mental también está en un estado constante de flujo" dijo Alan Wallace. "Así que no hay nada estable. En otra escuela de filosofía budista, se habla del *Alyah Vijana*, el sustrato o conciencia fundacional. Pero incluso si se toma esto como la base del yo, resulta que eso también está en un estado constante de flujo. Independien-temente del concepto que se tenga del yo, cualquiera de ellos está en estado de flujo. Simplemente no hay bases que permitan afirmar que sea estático y, por lo tanto, no hay posibilidad de que el yo sea estático e inmutable".

En contraste marcado con la tradición judeocristiana, el budismo niega, por lo tanto, la existencia de un yo personal o un alma fija e inmutable que imbuya a un ser vivo durante la vida y más allá. Al rechazar el concepto de *ātman*, como se denominaba al yo en las tradi-ciones hindúes de hace más de 2000 años, el Buda sostenía que todos los seres eran susceptibles de cambiar, y la imposibilidad de definir —y mucho menos de encontrar— un yo eterno e inmutable. Un texto bu-dista titulado *Preguntas del rey Milinda*, escrito alrededor del segundo o primer siglo a. C., ofrece una analogía admirable. En este texto, un monje llamado Nagasena compara a los humanos con los carruajes, que están hechos de muchos elementos —ruedas, chasís, ejes, sillas y paredes—, pero no puede decirse que ninguno de estos elementos represente la esencia del carruaje. Igualmente, una persona puede considerarse como una amalgama de cinco elementos: el cuerpo físico, las sensaciones, la actividad mental, las formaciones o percepciones mentales y la conciencia.

Los cinco componentes "están en un estado constante de flujo: nunca jamás son estáticos, ni siquiera por un momento, y la idea del yo es simplemente imputada sobre la base de estos componentes psicológicos", señaló Wallace. "No existe ninguna posibilidad entonces de que el yo se encuentre en un estado de flujo menor que aquel que se le atribuye. La noción de que de alguna manera el yo será menos mutable es apenas una ilusión".

Aunque la conciencia es lo más cercano a la idea de un yo o alma, realmente sufre cambios sutiles a medida que recibe cada sensación y que cada nuevo pensamiento que surge hace parte de esa conciencia. El Buda creía que renunciar a la noción del yo liberaría a las personas de las ataduras que conducen a la ansiedad y al sufrimiento, y les impide trascender la causa de este. En contraste, el reconocimiento del no-yo era un paso para poner fin al sufrimiento personal.

Gage había demolido el paradigma de que el cerebro humano sale del útero con todas las neuronas que tendrá en la vida, y que la neurogénesis es un don que dejamos muy atrás en el pasado evolutivo. El cerebro adulto puede agregarle neuronas a una estructura crucial para la memoria al conservar el sentido de la maravilla, que el mundo está lleno de novedades y sorpresas. Se dice que la mitad de lo que enseñan los textos médicos es errado, pero lo más difícil es determinar cuál es esa mitad. Con el descubrimiento de la neurogénesis humana, la afirmación de que nacemos con todas las neuronas que tendremos en la vida, y que de ahí en adelante la pendiente se inclina hacia abajo, fue eliminada finalmente como una suposición tan pesimista como errada. Pero el nacimiento de nuevas neuronas es solo una base para la neuroplasticidad.

Capítulo 4

Un niño habrá de guiarlos

La neuroplasticidad de los cerebros jóvenes

Esref Armagan nunca ha visto un rayo de luz, una sombra ni una montaña. Para él, el color es una propiedad que, según le han dicho las personas, tienen los objetos, y la perspectiva es algo que ha aprendido en conversaciones casuales con sus amigos. Cuando nació en un sector pobre de Estambul en 1951, uno de sus ojos no se desarrolló y el otro presentaba daños, por lo que siempre ha sido funcionalmente ciego. Armagan no recibió educación formal, y aunque intentó jugar con otros niños, su ceguera lo mantuvo aislado y tuvo que encontrar la forma de divertirse solo. Estaba muy pequeño cuando comenzó a trazar líneas en la tierra, y a los seis años lo hacía con lápiz y papel. De joven, pintó con óleos y se convirtió en un artista profesional. Sus cuadros no son trazos de formas abstractas, geométricas ni primitivas. Él pinta molinos de viento y dragones voladores, paisajes vibrantes con sombras y una perspectiva tridimensional. Se pensaría que estas imágenes solo son posibles gracias a la visión.

Pero Armagan ha desarrollado una compensación particular para su limitación. Utiliza un estilete o punzón de caucho para trazar líneas, y puede sentir las protuberancias y los pliegues, así que mientras dibuja una escena con una mano, con la otra siente las líneas y "ve" el dibujo a medida que progresa. Para representar objetos lejanos, apela a un sentido de la perspectiva aparentemente innato. Cuando está satisfecho con un bosquejo, lo pasa al lienzo y le aplica el óleo con sus dedos, de a un color a la vez para que los matices no se ensucien, por lo cual espera dos o tres días para que seque el azul antes de aplicar el amarillo, y el rojo antes de aplicar el negro. Armagan ha alcanzado cierto éxito en el mundo artístico, pero es una verdadera estrella de rock en el campo de la neurociencia. Su corteza visual, la estructura de la parte posterior del cerebro que normalmente procesa las señales de los ojos, nunca ha recibido un mensaje de ellos. Según el paradigma del cerebro inmutable, allí deberían terminar las cosas; una estructura destinada por la genética a manejar señales visuales, debería, en su ausencia, pasar toda una vida sin hacer nada. Sin embargo, los científicos que estaban explorando la neuroplasticidad tenían otras ideas.

El cerebro con el que naces

El papel de la experiencia en el desarrollo de la visión y de otros órganos ha intrigado a los científicos durante varios siglos. En 1688, un filósofo irlandés llamado William Molyneux le escribió una carta a John Locke, en la que le planteó esta hipótesis: si un hombre nace ciego, y aprende a distinguir un cubo de una esfera al tocarlos; si recobra la visión y ve un cubo y un globo en una mesa frente a él, ¿podría decir cuál es el globo y cuál es el cubo? Molyneux pensaba que no. Locke tenía la misma opinión, y concluyó que "inicialmente, el hombre ciego no sería capaz de decir con seguridad cuál es el globo y cuál es el cubo".

Desde sus primeros años como neurocientífica, a Helen Neville le interesó la versión moderna de la pregunta de Molyneux, la cual ha ocupado la mente de padres y educadores, y la de filósofos y científicos por igual: ¿Cómo y hasta qué grado las experiencias que tiene un niño interactúan con el cerebro con el que ha nacido? En el encuentro del 2004, ella le dijo al Dalai Lama que el cerebro parece estar predeterminado. En prácticamente casi todas las personas, la parte posterior del cerebro recibe y procesa señales del ojo en el sentido de la visión como una franja que está debajo del cuero cabelludo, recibe y procesa señales desde los dedos de los pies hasta la cabeza por medio del sentido del tacto, y como una región que está un poco más arriba de las sienes, recibe y procesa señales de los oídos en el sentido auditivo. En otras palabras, las estructuras parecen determinar la función.

Pero cuando pensamos en esto, no existe una razón de peso para esa especialización. Sin importar en qué parte del cerebro viva una neurona, desde la corteza visual hasta la somatosensorial, será básicamente idéntica a las neuronas de otras regiones. ¿Por qué entonces existe un grupo de neuronas visuales y otro de táctiles o auditivas? Como le dijo Neville al Dalai Lama: "La pregunta es: ¿La experiencia visual surge a partir de propiedades intrínsecas de este tejido, o está estructurada y educada por los ojos para que sea visual? Esta es una pregunta muy antigua". ¿Y qué pasa si la clase de señales que recibe el cerebro cumple un papel tan importante como las instrucciones que recibe de los genes?, preguntó Neville. ¿Qué pasa si las funciones especializadas de las diferentes regiones del cerebro —que son la base de los mapas cerebrales en los que la "corteza visual" y la "corteza auditiva" están definidas con tanta seguridad— no están programadas por el ADN ni por nada más? ¿Qué pasa, si al contrario, la información ambiental y, por lo tanto, las experiencias que tiene una persona moldean el desarrollo y especialización de las regiones y circuitos del cerebro?

Como le dijo Neville al Dalai Lama: "El lema de mi Universidad —la de Oregón— es: *Mens Agitat Molen*. Las mentes mueven montañas. Y este es el centro de mis investigaciones. Prácticamente todos los sistemas cerebrales que conocemos —los visuales, auditivos, de atención y del lenguaje— están significativamente moldeados por la experiencia, y eso es lo que yo denomino neuroplasticidad. Pero esta capacidad del cerebro de cambiar con la experiencia no es monolítica, pues algunos sistemas cerebrales son mucho más plásticos que otros. Algunos lo son durante períodos limitados, y otros son capaces de cambiar a lo largo de la vida. Nuestra misión es descubrir qué sucede en cada caso".

Desde que se graduó en psicología en la Universidad de British Columbia y obtuvo su Ph. D. en neuropsicología de la Universidad de Cornell, Neville ha estado convencida de que si los científicos descubren cuáles sistemas cerebrales pueden ser moldeados por la experiencia y cuándo, podrán decirles a los padres, a los profesores y a otras autoridades cuál es la mejor manera de estimular el desarrollo cerebral de los jóvenes. "Queremos saber quiénes somos y de dónde venimos", le dijo al Dalai Lama. "Y cómo funcionamos. Pero también estudiamos el desarrollo cerebral porque queremos optimizar el desarrollo humano. En un nivel práctico, lo que aprendemos sobre la forma en que se desarrolla un cerebro joven y la influencia que tiene la experiencia en él, puede darnos claves para saber cómo diseñar nuestro sistema educativo. Si sabemos cuáles sistemas cerebrales son los más sensibles al ambiente y a las experiencias de una persona, así como las ocasiones en las que esos sistemas son más susceptibles de modificarse, entonces, podremos prestar un gran servicio. Solo se trata de una investigación, pero puede marcar una gran diferencia en el mundo. Creo que si las personas supieran más sobre el cerebro, el mundo sería un lugar mejor. Hemos realizado algunos descubrimientos que nos motivan a pedirles a quienes elaboran las leyes que destinen más recursos a la educación de los niños. Las personas que detentan el poder pueden decir que la genética dictamina las características del cerebro y la forma en que se desarrolla, pero estamos mostrando que no es así".

Desde hace algún tiempo, ha sido evidente que el cerebro de un niño es notablemente plástico. Esto fue reconocido incluso por los científicos que insistían que el cerebro adulto era tan inamovible como el cemento. Veamos el caso de niños que fueron sometidos a operaciones para removerles todo un hemisferio cerebral, un procedimiento llamado hemisferectomía. A mediados de los años ochenta, esta operación radical se había convertido en el tratamiento habitual para los niños que sufrían convulsiones incontrolables y que en muchas ocasiones podían ser fatales, debido a derrames y trastornos en el desarrollo. Los neurocirujanos describen la recuperación como algo completamente sorprendente. Por ejemplo, si le remueven el hemisferio izquierdo y, por lo tanto (supuestamente), todas las zonas del lenguaje, el niño aprenderá a hablar, a leer y a escribir, siempre y cuando tenga menos de cuatro años. Las peores secuelas de esta operación son algún tipo de impedimento en la visión periférica y en las destrezas motoras más refinadas en la parte del cuerpo contraria al hemisferio que fue extirpado.

Una posible razón para la elasticidad es que en cerebros tan jóvenes, la estructura no está inextricablemente ligada a la función. Por lo tanto, el tejido que ha quedado intacto después de una hemisferectomía puede realizar labores que originalmente estaban asignadas a la mitad del cerebro extirpada. Por ejemplo, después de una hemisferectomía izquierda, el cerebro le asigna la función del lenguaje al hemisferio derecho. Sin embargo, una plasticidad de esta magnitud desaparece prácticamente con el paso del tiempo. Después de los seis o siete años, la pérdida de las regiones del lenguaje debido a una cirugía o lesión pueden producir trastornos severos y permanentes en el lenguaje.

Los científicos saben que la base para la plasticidad de un cerebro joven es su redundancia extremada: un niño de un año tiene el doble de las conexiones neurales de su madre. Así como un escultor comienza con una cantidad de mármol mucho mayor que la que tendrá su escultura, así también el cerebro humano comienza con una miríada de conexiones. Cada una de las casi 100 mil millones de neuronas se conecta aproximadamente a otras 2500 neuronas en promedio, aunque el número de conexiones puede ser de unos pocos de millares para las neuronas menos sociables, o de 100 000 para las otras. Sin embargo, no todo termina aquí para los cerebros jóvenes. En los dos o tres años siguientes, la mayoría de las neuronas siguen conectándose a un ritmo febril, hasta que cada una forma un promedio de 15 000 sinapsis a la edad de dos o tres años. Estas son todas las conexiones que obtiene el cerebro a pesar de lo mucho que aprenda, de las experiencias enriquecedoras que haya tenido, del número de idiomas que hable, o de los algoritmos matemáticos que memorice.

Después de los dos o tres años, el cerebro comienza a perder sinapsis en un proceso llamado poda sináptica. "Perdemos casi la mitad de las conexiones que establecemos en la primera infancia", le dijo Neville al Dalai Lama. Desaparecen como la grasa infantil, y las neuronas que una vez se encontraban en las sinapsis ya no se comunican entre sí. En la corteza visual, la pérdida de las sinapsis sucede aún más temprano, justo antes del nacimiento de un niño. Se calcula que cada día se podan 20 mil millones de sinapsis desde la infancia hasta el comienzo de la adolescencia. Si establecemos un cálculo conservador y decimos que cada neurona realiza 1000 conexiones, entonces el cerebro adulto termina con unos 100 billones de sinapsis, es decir, con menos de la mitad de lo que tuvo alguna vez.

Las sinapsis que sobreviven son las que permanecen activas, mientras que las que no lo están desaparecen. La gran transformación del cerebro de un recién nacido que está dotado con todo un mundo de posibilidades a un cerebro adulto cuyos circuitos son menos maleables sugiere algo que es al mismo tiempo significativo y sutil. Si un bebé nace con cataratas, puede desarrollar una visión normal —aunque sus ojos estén nublados— hasta los cinco meses de edad. Si las cataratas son removidas a esta edad, el cerebro puede reagruparse, recibiendo las claras señales visuales y ordenándole a la corteza visual que las procese. De manera semejante, si los ojos de un bebé no están alineados, el cerebro no recibe las señales necesarias para desarrollar la capacidad de percibir la profundidad y la distancia (si nos tapamos un ojo, veremos que el mundo parece plano). Si la cirugía restaura las señales convergentes de los ojos a los once meses de edad, esta "estereopsis" se desarrolla como si no se hubiera presentado ningún retraso, pues el cerebro todavía es lo suficientemente maleable a esa edad y puede hacer que los circuitos elaboren una visión tridimensional de las señales que reciben los ojos. Pero si estos continúan desalineados más adelante en la infancia, el cerebro ya no tendrá la plasticidad necesaria para desarrollar una visión estereóptica.

Hay otros sistemas que retienen su plasticidad por más tiempo, aunque con una salvedad importante. Los bebés pueden escuchar cualquier sonido en cualquiera de los miles de idiomas que existen, desde la *u* en la sílaba francesa *du* o la *ñ* de *niño*, al fonema inglés *th* en la palabra *thin*. Es decir, que pueden diferenciar entre el fonema *th* y el *t*. Cada fonema que el cerebro del bebé escucha con frecuencia —como los de su lengua nativa— es representado en la corteza auditiva por un pequeño grupo de neuronas que presentan actividad eléctrica solo cuando el sonido de ese fonema entra al oído del niño y pasa al cerebro. Este mapa auditivo es como el mapa somatosensorial que describí en relación con los estudios animales que demostraron la neuroplasticidad del cerebro adulto. Así como hay un grupo de neuronas en la corteza somatosensorial que representa el dedo índice derecho, y otro que representa la rodilla izquierda, y lo mismo sucede con todas las partes de la piel, así también hay un grupo en la corteza auditiva que representa el fonema *gr* y otro que representa el *sh*, pasando por todos los sonidos de un idioma nativo.

Sin embargo, la corteza auditiva tiene un espacio limitado de almacenamiento, y sufre un cambio al cabo de pocos años. El espacio se llena, y no hay neuronas que puedan representar nuevos fonemas, o bien el proceso de representación de los sonidos se atrofia. Sin importar cuál sea la razón, lo cierto es que el cerebro pierde su capacidad de escuchar cada nuevo fonema que recibe. En un experimento clásico, unos bebés japoneses de siete meses de edad no tuvieron problemas para distinguir el sonido del fonema inglés *r* del *l*. Sin embargo, otros bebés que tenían diez meses de edad no pudieron detectar la diferencia. Tal parece que la corteza auditiva pierde la capacidad de codificar nuevos fonemas, especialmente si tienen un sonido diferente a los que ya han ocupado un espacio en la corteza auditiva. "Si no escuchamos los sonidos de una segunda lengua antes de los diez meses, nunca podremos tener un acento nativo", le dijo Neville al Dalai Lama, quien sonrió.

Así, el paradigma de que el cerebro humano no puede cambiar fue puesto en duda. Es probable que los cerebros adultos ya estén determinados, pero los jóvenes conservan su maleabilidad. Si el cerebro humano tiene la capacidad de cambiar su estructura y funciones, Neville quiso observar si sucede lo mismo con el cerebro de los niños.

Escuchar visiones y ver sonidos

Ella había escuchado todo lo que suele decirse de las personas que están ciegas o sordas desde muy pequeñas. Los mitos acerca de los ciegos y los sordos han existido desde siempre, así como los rumores sobre sus capacidades sobrenaturales en otros aspectos. Tanto los estamentos científicos como los populares creían desde hace mucho tiempo que en las personas ciegas de nacimiento, los otros sentidos supuestamente se desarrollan mucho más que en las personas que tienen visión normal, y que el sentido del tacto de los ciegos se vuelve muy afinado, y que el sentido auditivo se aguza tanto que son capaces de distinguir la presencia de obstáculos simplemente al escuchar los ecos. Esta creencia popular consideraba que esto era una compensación de los dioses.

Los estudios con animales de laboratorio sugirieron que estas leyendas tienen algo de cierto. Por ejemplo, las ratas que nacen ciegas descifran los laberintos con más eficacia que las que tienen visión. Esto parece paradójico, pero las ratas no miran mientras corren por los laberintos. Al contrario, lo hacen tocando las paredes con los bigotes. Las ratas ciegas tienen bigotes más sensibles que aquellas con visión. Más intrigante aún, la región del cerebro que recibe las señales de los bigotes es más grande y tiene mejor resolución angular —la capacidad de detectar de dónde vino la experiencia táctil—, que la de las ratas con visión. La ceguera ha cambiado realmente el cerebro de las ratas, y al hacerlo, ha agudizado su sentido de supervivencia.

El problema es que la historia parecía ser diferente en los seres humanos. La mayoría de los estudios habían mostrado que las personas ciegas no escuchan mejor, y que las personas sordas no ven mejor que las que pueden hablar, si se evalúa por su capacidad para detectar contrastes mínimos, percibir la dirección del movimiento de un objeto que escasamente se mueve, o ver en situaciones donde hay poca luz. Mientras Neville pensaba en la incapacidad para detectar de manera experimental lo observado en personas ciegas y sordas, y lo que podían sugerir en ese sentido los estudios realizados con animales, comprendió que uno de los problemas podría ser que los científicos estaban midiendo mal las cosas. Pensó que tal vez la mejoría compensatoria en la capacidad sensorial de los ciegos o sordos se manifiesta en aspectos más sutiles de la percepción.

Su primer indicio de la forma tan dramática en el que la sordera puede alterar el cerebro se dio cuando ella realizaba un pequeño estudio con personas que habían nacido sordas. Debido a una falla genética, la cóclea no se desarrolló normalmente, y las señales electroquímicas provenientes de los oídos nunca llegaron a la corteza auditiva primaria, que generalmente recibe y procesa las señales auditivas. La corteza se quedó esperando algo que nunca llegó, y Neville se preguntó si el cerebro estaba tan predeterminado que esta región permanecería tal cual, o si haría algo al respecto.

Era el año de 1983, y las herramientas para analizar el cerebro eran muy limitadas; aún no habían aparecido técnicas sofisticadas como la PET y la fMRI. Sin embargo, Neville logró medir la intensidad de la respuesta del cerebro a un estímulo al conectar electrodos al cuero cabelludo de varios voluntarios. El estímulo que utilizó fue un simple destello de luz a un lado, para que estos —algunos de los cuales eran sordos desde el nacimiento o la infancia, y otros tenían un sentido auditivo normal— pudieran ver solo con su visión periférica. Miren hacia el frente. Luz, luz, luz.

Luego comparó la respuesta de los cerebros de los sordos con la de aquellos que podían escuchar. El potencial evocado —es decir, el número aproximado de neuronas que se activaban en respuesta a la luz— en los cerebros de los sordos fue dos o tres veces más grande que en las personas con un sentido auditivo normal. Esto sugeriría que los sordos veían de una manera diferente, y que lo mismo sucedía con su visión periférica. Sin embargo, la fuerza de la respuesta evocada no fue sorprendente. Los electrodos que registraron la respuesta de las personas que no tenían problemas auditivos estaban localizados encima de la corteza visual, que es donde normalmente el cerebro registra los destellos de luz. Sin embargo, los electrodos que captaron la respuesta en los cerebros de los sordos estaban encima de la corteza auditiva. Era una respuesta preliminar pero alentadora a la difícil pregunta que se había hecho Neville. Parecía como si las regiones auditivas no esperaran con paciencia las señales que nunca llegaban. Cuando los oídos solo transmiten silencio, las regiones auditivas del cerebro comienzan a recibir señales de las retinas.

Parecía una broma cruel: ¿Qué hace la corteza auditiva en el cerebro para que las personas sean completamente sordas? Era como preguntar qué puede hacer un eunuco en una orgía. Pero Neville comenzó a observar que "nada" no era precisamente la respuesta. Y luego de saber esto, se presentó una de las mayores evidencias de que las funciones de las principales estructuras del cerebro, incluso aquellas que supuestamente están tan predeterminadas que prácticamente tienen zonas como "la corteza visual" o la "auditiva", se remodelan a sí mismas en respuesta a la experiencia.

Esto sucedió años antes de que la neuroplasticidad lograra llamar la atención de los neurocientíficos, pero Neville descubriría la neuroplasticidad de algunas de las cortezas sensoriales básicas del cerebro. En una serie de estudios que luego le explicó al Dalai Lama, ella trató de señalar las funciones visuales que realiza la corteza auditiva de las personas sordas. En un experimento, los voluntarios miraban atentamente un cuadrado blanco en una pantalla de video para detectar en qué dirección se movía. Algunas veces el cuadrado estaba en el centro del campo visual, y otras en la periferia. Mientras los voluntarios seguían el cuadrado, los electrodos conectados a sus cueros cabelludos medían milisegundo a milisegundo los cambios en las señales eléctricas que indicaban que las neuronas habían registrado el movimiento. Cuando el cuadrado ocupaba el centro del campo visual, la fuerza de la señal en el cerebro era la misma en las personas que escuchaban como en las sordas. Pero cuando el cuadrado merodeaba por su visión periférica, las señales eran mucho más fuertes en los sordos. Y la fortaleza de estas señales tenía consecuencias en la vida real: al momento de detectar en qué dirección se movía el cuadrado en su visión periférica, las personas sordas eran mucho más rápidas y precisas que las personas con un sentido auditivo normal.

El cerebro registra las señales del centro del campo visual y de la periferia por medio de las diferentes vías neuronales. Neville explicó que cuando la luz golpea el extremo de la retina, la señal viaja a la corteza visual primaria en la parte posterior del cerebro, luego a la corteza parietal encima de los oídos, y que juega un papel importante en el procesamiento de la información proveniente de varios sentidos. Esta especie de autopista de la visión periférica también transmite información sobre el movimiento y la localización, y se le denomina el camino "dónde". Pero cuando la luz golpea el centro de la retina, viaja desde la corteza visual primaria tomando otro camino, y se dirige a un grupo de neuronas que está en la parte frontal del cerebro, llamada la corteza temporal antero-inferior (algunas de cuyas neuronas son tan especializadas que solo responden a los rostros). Esta "autopista" de la visión central transmite información sobre el color y la forma, y recibe el nombre de camino "qué". Como los sordos tienen mejor visión periférica, Neville comprendió que el camino "dónde" podría beneficiarse de la sordera. Es decir, que podría ser elástico y maleable en respuesta a la experiencia.

Así, Neville decidió investigar en qué forma la sordera altera los conductos visuales del cerebro, y se preguntó si el camino "dónde", que transmite la información sobre el movimiento y la visión periférica, es más moldeado por la sordera que el camino "qué", el cual transmite información sobre el color, las formas y el campo visual central. Ella y sus colegas hicieron que un grupo de voluntarios sordos y otro sin problemas auditivos observaran una pantalla en la que los patrones de puntos cambiaban de color. El cerebro de los voluntarios de ambos grupos respondió básicamente del mismo modo, lo cual respaldaba la creencia de Neville de que la sordera no afecta el camino visual encargado del color. Pero cuando los voluntarios de los dos grupos observaron varios puntos que se movían, sus cerebros se comportaron de una manera diferente. En los sordos, la señal más fuerte se presentó en la región especializada en detectar el movimiento, la cual está localizada a lo largo del camino "dónde". Parece que al perder el sentido auditivo, se produce una compensación muy específica en el cerebro, agudizando la capacidad de ver cambios en el movimiento.

"Todas las funciones del camino 'dónde' mejoraron", le dijo Neville al Dalai Lama. "Los sordos detectan mejor el movimiento y tienen una mejor visión periférica. Pero ninguna de las funciones del camino "qué" —la visión central y de los colores— cambió". Las personas que escuchan normalmente pero que aprendieron lenguaje de señas para comunicarse con sus padres sordos o hijos no presentan esta mejoría, lo cual sugiere que "este efecto se debe a la privación auditiva, y no al aprendizaje del lenguaje de señas", agregó ella.

No solo la fuerza de la señal del camino "dónde" difería entre los sordos y los que escuchaban, sino que su localización también era diferente, y había un poco de actividad en la corteza auditiva. Aunque las limitaciones genéticas impiden que la corteza auditiva escuche, si esta estructura tiene experiencias sensoriales diferentes a lo que esperaba la naturaleza —es decir, silencio en lugar de sonidos—, tal parece que puede asumir una labor completamente diferente y procesar información sobre el movimiento. A la llegada del nuevo milenio, Neville ya tenía evidencias claras de que los sordos tienen una mejor visión periférica y detectan mejor el movimiento que las personas que escuchan, gracias a la plasticidad de las vías neuronales del cerebro.

Ella realizó una parte considerable de su estudio con electrodos que detectaban la actividad eléctrica de las neuronas debajo del cuero cabelludo, aunque esta es una forma algo imprecisa de localizar una señal cerebral. Por lo tanto, Neville recurrió al fMRI, la técnica de imagen que puede mostrar una región activa del cerebro con apenas un milímetro más o menos de imprecisión, y señalar el punto exacto en el que procesaban lo que las personas veían.

Para estos estudios, ella y su equipo reclutaron a once personas adultas con sordera congénita que habían aprendido lenguaje de señas de sus padres durante la infancia; cinco adultos que no tenían problemas auditivos, y que también habían aprendido lenguaje de señas de sus padres sordos durante la infancia (quienes hacían de intérpretes de los sordos), y once personas que no sabían el lenguaje de señas. Cada voluntario miró el centro de un monitor de video. Vieron 280 puntos desperdigados en la pantalla durante una prueba; algunas veces eran estáticos, y otras veces se movían como una estrella en explosión. Debían oprimir un botón cuando percibieran que cualquiera de los puntos se hacía más oscuro. Los oscurecimientos se presentaban con poca frecuencia, a razón de tres en cada proyección de 20 segundos. En la prueba siguiente, vieron los mismos puntos, pero en esta ocasión debían detectar si aceleraban o desaceleraban su movimiento. Algunas veces, los cambios —el oscurecimiento o la aceleración— se presentaban únicamente en los puntos del centro del campo, otras veces solo tenían lugar en los bordes de los puntos, y en otras ocasiones en ambos sitios.

Los sordos detectaron mejor la aceleración o desaceleración en la periferia que los que escuchaban bien. El fMRI mostró el origen del aumento en la percepción. En los sordos, cuando prestaban atención a los puntos en su visión periférica, se activó una mayor parte del lado izquierdo de la corteza visual, comparado con una región análoga en el lado derecho, asimetría que no sucedió en las personas con el sentido auditivo normal. Adicionalmente, solo los sordos mostraron actividad adicional en la parte del cerebro que recibe información sobre varios sentidos, incluyendo la corteza parietal. Esto sugeriría que las regiones multisensoriales captan mejor la información visual cuando la sordera priva al cerebro de información auditiva. Esta era la primera demostración de que las conexiones entre las estructuras cerebrales que reciben inicialmente la información visual y las que ensamblan esa información con la proveniente de otros sentidos es remodelada por la experiencia de la sordera. En consecuencia, los sordos de nacimiento —o desde la infancia temprana— tienen una visión periférica superior, y en ese sentido deben agradecerle a la neuroplasticidad.

A fin de investigar la causa de las diferencias de capacidad, Neville y sus colegas les pidieron a once adultos normales y a once personas que eran congénitamente sordas, que observaran un monitor de video dividido en cinco paneles, uno en el centro y cuatro en los costados. En una prueba, los voluntarios debían prestar atención a una serie de columnas verticales azules y verdes en los cuatro paneles, y determinar cuándo alguno de ellos se volvía rojo, algo que sucedía tan solo en una décima de segundo. En otro estudio, tenían que observar cuándo una luz difuminada y gris y unas columnas de color gris oscuro se movían de izquierda a derecha, también durante una décima de segundo. El salón era oscuro y silencioso, y los participantes, sentados en sillas cómodas, debían oprimir un botón cuando notaran un cambio en el color en la primera prueba, o del movimiento en la segunda.

La actividad cerebral al momento de observar los cambios de color fue virtualmente la misma en los dos grupos. Sin embargo, el cerebro responde de una manera muy diferente al movimiento. La actividad cerebral fue mayor en los sordos, y se presentó en una región más extensa, informaron Neville y sus colegas en el 2002. Parece que en las personas sordas, el cerebro compensa la ausencia de sonidos, refinando los circuitos que manejan aspectos particulares de la visión. Como son incapaces de monitorear el sonido, destinan zonas mayores del cerebro a procesar la visión periférica y el movimiento. A fin de cuentas, este tiene mayores probabilidades de registrar un cambio o un peligro que el color, ya que es muy importante notar con rapidez en qué momento un camión viene a toda velocidad en nuestra dirección.

"En los sordos, la ruta visual se agudiza significativamente y tiene una respuesta más fuerte a las señales periféricas, así como mayor sensibilidad al movimiento", le explicó Neville al Dalai Lama. "Las regiones auditivas pueden ser llamadas a procesar por lo menos dos aspectos de la visión: la periférica y la percepción del movimiento. Esta fue una de las primeras evidencias de que las especializaciones cerebrales como la corteza auditiva no están anatómicamente determinadas, y que no es una propiedad inherente del tejido".

En los años noventa, los neurocientíficos creían que si los oídos no envían señales a la corteza auditiva, entonces las neuronas se mueren, registrando una desolación mayor que la de una carnicería en una isla de vegetarianos. Sin embargo, estaban equivocados. Gracias a la neuroplasticidad, se ha demostrado que las estructuras cerebrales no se limitan a las funciones determinadas por su ADN.

Lo que mostraron los lectores de Braille

Algunos de los descubrimientos más revolucionarios sobre la maleabilidad del cerebro de los niños provino de un laboratorio que quería examinar el cerebro de los ancianos, particularmente de los que habían sufrido un derrame. Cuando Mark Hallett empezó a trabajar en los Institutos Nacionales de la Salud en 1994, su programa de investigación era claro: quería estudiar la forma en que las personas se recuperan de un derrame, algo que hicieron muchos de sus pacientes. Aunque el derrame es considerado popularmente como una sentencia irreversible de parálisis parcial, pérdida del habla, y otros graves impedimentos, lo cierto es que se calcula que una tercera parte de las víctimas de derrame se recuperan espontáneamente, recobrando con rapidez la mayoría —por no decir todas— las funciones que perdieron en el derrame; por ejemplo, el movimiento del brazo izquierdo o la función del habla. Otra tercera parte se recupera con terapia física, y esos fueron los pacientes que Hallett quiso estudiar. ¿Cuál era la base neurológica para su recuperación?

Hallett pensó en la neuroplasticidad. Por ejemplo, si el cerebro recobra el poder del habla después de que la región del lenguaje ha sufrido un daño, o si puede mover un brazo aunque la parte de la corteza motora que controla esta función ha sufrido lesiones debido a un infarto, entonces es posible que otra región del cerebro sustituya la región deteriorada, así como un soldado reemplaza a un compañero caído en combate. "En aquel entonces, la neuroplasticidad como la base para la recuperación de un derrame era simplemente hipotética", recordó Hallett en el 2005. "Se creía que el cerebro adulto no cambiaba. Sin embargo, el trabajo de Mike Merzenich abrió una posibilidad, y comenzamos a realizar estudios en personas que reflejaron los mismos resultados que él había obtenido con los monos. Casi de inmediato, detectamos cambios plásticos en el cerebro". La investigación que comenzó con el objetivo de descubrir la base para la recuperación de un derrame, ofrecería una de las mayores evidencias de la plasticidad de los cerebros jóvenes.

Uno de los científicos jóvenes y brillantes que Hallett reclutó para su laboratorio era Álvaro Pascual-Leone. Nacido en España en 1961, Pascual-Leone se convirtió rápidamente en un ciudadano del mundo, obteniendo un título en medicina, un Ph.D. en neurofisiología de la Universidad Médica Albert-Ludwigs de Alemania, y continuando su entrenamiento en neurología en la Universidad de Minnesota a finales de los años ochenta. Allí, se interesó en los experimentos de Merzenich, especialmente en el que los científicos de la UCSF (Universidad de California -San Francisco) entrenaron monos para que tocaran el disco giratorio con los dos dedos, presionando con la fuerza suficiente para mantener el contacto, pero no tanto como para que se atascaran y giraran con el disco. Después de varias semanas de entrenamiento, el área de la corteza somatosensorial que procesa las señales de estos dedos cuadruplicó su tamaño. Esta expansión sucedió al costo de la disminución de los dedos adyacentes. "Me pregunté si sucedería lo mismo con las personas que utilizan mucho un solo dedo", dice Pascual-Leone. ¿Qué tipo de personas? Los ciegos que leen Braille.

El Braille nació en el ejército francés. A comienzos del siglo XVIII, un soldado llamado Charles Barbier de la Serre inventó un código para escribir mensajes militares que podían leerse en las trincheras durante la noche y sin luz, utilizando patrones de doce puntos en relieve que representaban fonemas. El sistema era muy complicado para los soldados, pero Barbier conoció a Louis Braille, un ciego desde la infancia, quien simplificó el sistema a la versión de seis puntos, que se utiliza desde entonces. El Braille no es un idioma en sí, sino un código en el que el inglés, japonés, árabe y el hebreo, etcétera, pueden leerse y escribirse. Los puntos en relieve están organizados en "celdas Braille": cada celda contiene dos columnas con puntos, y cada columna tiene cero, uno, dos o tres puntos. Hay sesenta y tres combinaciones posibles, en las que cada celda representa una letra del alfabeto, un número, un signo de puntuación o una palabra completa. Como los puntos que están en la celda solo están separados por una distancia de 2.29 milímetros y las celdas por apenas cuatro, se requiere una tactilidad extremadamente fina para leer Braille.

Con la ayuda de una asociación local para ciegos, Leone encontró a un grupo de expertos en Braille entusiasmados en servir como voluntarios para una investigación, y reclutó a un grupo con visión normal para que observara. Para determinar cómo manejaban el sentido del tacto, Pascual utilizó una técnica llamada potencial de evocación somatosensorial. La idea básica es suministrar pequeñas cargas eléctricas a la punta del dedo lector, mientras que una maraña de electrones conectados en el cuero cabelludo arriba de la corteza somatosensorial detecta cuáles lugares registran la sensación. En otras palabras, la piel envía señales, pero ¿dónde las recibe el cerebro? Esto revelaría el alcance de la representación cortical del dedo lector.

La corteza somatosensorial contiene un mapa del cuerpo, aunque pareciera haber sido trazado por un cartógrafo con mucho sentido del humor. Hay dos franjas iguales de materia gris, una a cada lado del cerebro, que van desde la parte superior de la cabeza hasta arriba de los oídos. Cada punto en la piel es representado por un punto en la corteza somatosensorial, así como la intersección de dos calles se representa con dos líneas en un mapa. Fue Wilder Penfield, un neurocirujano canadiense, quien descubrió el sentido del humor de estos mapas en unos experimentos realizados en los años cuarenta y cincuenta. Penfield les estimuló (con una pequeña descarga eléctrica) varios puntos de la superficie del cerebro al descubierto a unos de los pacientes que iban a ser sometidos a una cirugía cerebral. El cerebro no tiene receptores sensoriales y no siente las descargas, las que sin embargo tienen un efecto, pues estimulan la actividad electroquímica. Penfield les preguntó a sus pacientes (quienes estaban conscientes) qué sentían. Era extraño: los pacientes estaban seguros de que Penfield les había tocado los dedos, los labios, las piernas o los brazos. Sin embargo, lo único que él hizo fue que las neuronas se activaran en la región de la corteza somatosensorial que recibe las señales de los dedos, los labios, las piernas o los brazos. El cerebro no sabe si las neuronas se están activando porque una señal llega al cerebro desde el punto en el cual fue tocado, o por causa de un neurocirujano curioso. De este modo, Penfield pudo determinar cuáles lugares de la franja somatosensorial correspondían a qué lugares del cuerpo.

Y fue entonces cuando descubrió lo extraño que era el mapa. No es como un mapa urbano, donde la línea que representa la intersección de la primera avenida con la calle 42 está al sur de su intersección con la calle 43 y al norte de su cruce con la calle 41, y es equidistante. Si el mapa somatosensorial fuera igualmente confiable, sería una representación minúscula pero precisa del cuerpo, donde la cabeza está encima del cuello, de los hombros, del tronco y así sucesivamente hasta llegar a los pies. Sin embargo, en la representación somatosensorial, la mano está al lado del rostro. Los genitales están directamente debajo de los pies. Los labios están junto al tronco y a las pantorrillas. Las manos y dedos son inmensos comparados con los hombros y la espalda. ¿Cuál es la razón para esto? Mientras más espacio cortical reclame una parte del cuerpo, mayor es su sensibilidad (compare la sensibilidad de su lengua con el dorso de la mano: la punta de la lengua puede sentir el filo de los dientes, mientras el dorso de la mano lo siente solo como un borde liso). Esta es la franja de la corteza que estaba investigando Pascual-Leone.

Descubrió que el área del cerebro que procesa lo que siente el dedo de un lector experto en Braille es mucho mayor que el área que maneja los otros dedos, o que el dedo índice de una persona que no sepa leer este sistema. La estimulación adicional que siente generalmente el dedo que lea Braille —y la persona que realice esta actividad— hace que la región de la corteza somatosensorial dedicada a procesar dicho estímulo se expanda. Así como con los monos de Merzenich, esta expansión se da en detrimento de otros dedos, informó Pascual-Leone en 1993. "El dedo gordo y el del corazón se ven relegados de su lugar habitual en la corteza somatosensorial", dice él. Resulta que esta corteza no tiene una definición muy marcada de las partes del cuerpo que representa, y se reacomoda, expande o contrae la región cortical asignada a una u otra parte del cuerpo en respuesta a una lesión o amputación (como descubrió Merzenich en los monos que estudió), o a la conducta o actividad (como leer Braille).

Para Pascual-Leone, este era el comienzo y no el final de una saga que lo conduciría a uno de los descubrimientos más significativos en la neuroplasticidad. El científico comenzó a pensar en algo. Claro que tiene sentido que la representación del dedo con el que lee un experto en Braille debería expandirse y apropiarse de las representaciones del dedo gordo y del corazón que no utiliza tanto. Pero el tacto es tan solo una parte en la lectura Braille, y el movimiento es igual de importante. Para leer Braille, no solo hay que deslizar el dedo por los puntos con un solo movimiento. Al contrario, el dedo tiene que moverse rápidamente a ambos lados de cada celda tantas veces como sea necesario para descifrar el carácter, y solo entonces puede pasar a la siguiente. Esto sucede en fracciones de segundo, pero los movimientos laterales realizados mientras se lee de izquierda a derecha requieren un control motor muy preciso. "Los lectores de Braille mueven el dedo lector con una precisión extraordinaria", dice Pascual-Leone. "Nos preguntamos si eso se observaría en la corteza motora". Ese sería su primer proyecto cuando comenzó a trabajar en el laboratorio de Mark Hallet, investigando cómo responde la corteza motora a todas las lecturas en Braille.

Los neurocientíficos habían acabado de inventar un aparato llamado TMS (estimulación magnética transcraneal), que produce pequeñas ráfagas con un pulso de corriente proveniente de una bobina electromagnética de alambre en forma de ocho, la cual se coloca en el cuero cabelludo. Las ráfagas hacen que fluya una corriente eléctrica en la región del cerebro que está directamente debajo de la bobina, excitando o inhibiendo temporalmente esa zona. Cuando la TMS inhibe la actividad, el efecto es similar al de un derrame, y la región del cerebro deja de funcionar por un momento. Por lo tanto, esta técnica puede utilizarse para detectar cuáles regiones del cerebro son necesarias para determinadas tareas. Si el voluntario no puede hacer algo cuando esa parte del cerebro deja de funcionar, se puede suponer que esa región es imprescindible para realizar dicha tarea. De esta forma, es posible trazar un mapa de la corteza motora: una descarga en un punto produce la inmovilidad del dedo índice, y lo mismo sucede si dicha descarga se aplica a una zona adyacente; pero si se suministra en un tercer punto y la movilidad del dedo no se ve afectada, entonces la región que incluye los puntos uno y dos, pero no el tres, constituirá la representación de la corteza motora del dedo índice.

Esto fue lo que hizo Pascual-Leone con los ciegos que leyeron Braille. Él y sus colegas utilizaron TMS y descubrieron que en los lectores experimentados en Braille la representación motora del dígito con el que leían es considerablemente más grande que la representación del dedo correspondiente de la otra mano, o de los dos dedos meñiques. Y la representación del dedo meñique de la mano con la que leen es considerablemente más pequeña que el meñique de la otra mano. Pascual-Leone descubrió en personas lo que Merzenich y su equipo de la UCSF descubrieron en los monos: cuando un animal utiliza un dedo con frecuencia, la región que controla ese dedo se expande. En los lectores ciegos de Braille, las representaciones del dedo con el que leen —tanto en la corteza motora como en la somatosensorial— son considerablemente más grandes que en las personas que no pueden leer este sistema. La experiencia había producido cambios significativos en el cerebro con el que había nacido una persona ciega, modificando la corteza en respuesta a la demanda que suponía leer Braille.

Mark Hallett dijo que la conclusión era clara: "La representación cortical del dedo con el que leen lectores competentes en Braille aumenta en detrimento de la representación de los otros dedos". Después de todo, el cerebro tiene límites, así como una ciudad. Si se destina espacio para algo —por ejemplo, para mover un dedo o para hacer un parque—, hay que sacrificar otras cosas. Y el espacio que está más cerca es la representación en la corteza motora del dedo meñique de la mano con que se lee.

En 1993, Norihiro Sadato, un científico japonés, se unió al laboratorio de Hallett en calidad de estudiante de una especialización. Se había graduado diez años atrás de la Facultad de Medicina de la Universidad de Kyoto, y aunque había terminado una residencia en radiología diagnóstica (así como en medicina interna y en cirugía general), le interesaba mucho la investigación. "Aprendí mucho sobre los detalles estructurales del cerebro mientras trabajaba en neuroradiología diagnóstica, pero quería saber más sobre sus funciones y visualizarlas", dice. No pudo hacerlo en una ocasión más propicia; en los años ochenta sucedió una verdadera explosión de investigaciones en lo que se había llamado —no con mucha amabilidad— la "nueva frenología". Los desacreditados frenólogos de los siglos anteriores diagnosticaban la personalidad, la inteligencia y otras características mentales por la forma del cráneo. Pero ahora, los escáneres sofisticados detectaban las regiones activas del cerebro gracias a las imágenes neurológicas ofrecidas. El primer aparato de imágenes neurológicas funcionales que se inventó fue la tomografía por emisión de positrones, también conocida como PET, desarrollada a finales de los años ochenta. Los escáneres con PET detectan el flujo sanguíneo del cerebro. La sangre transmite glucosa, que es consumida con mayor voracidad por las células cerebrales cuando están activas, pues el metabolismo de la glucosa aumenta con la actividad neural. Al detectar mayores concentraciones de flujo sanguíneo, la PET permite ver cuáles regiones están activas y, lógicamente, cuáles presentan poca actividad.

Esta fue la técnica que utilizó Sadato cuando se unió al laboratorio de Hallett. Él estaba interesado en los sustratos neurales del movimiento de la mano; es decir, qué características del cerebro determinan el fino control motor de, por ejemplo, un pianista o una tejedora, y cómo cambia el cerebro cuando alguien adquiere cada vez una mayor destreza manual. Basado en el descubrimiento de Pascual-Leone de que la corteza motora de los lectores competentes en Braille cambia, Sadato esperaba encontrar algo muy claro: cuando alguien aprende a leer Braille, el lado de la corteza motora responsable por controlar el dedo con el que se lee debería ser más activo, y tener una resolución mucho más depurada que el otro lado. (La corteza motora derecha cóntrola el lado izquierdo del cuerpo, incluyendo el dedo índice izquierdo, mientras que la corteza motora izquierda controla el lado derecho del cuerpo, incluyendo el dedo índice derecho, el más utilizado por los ciegos para leer Braille).

El centro clínico del NIH en Bethesda, Maryland, cuenta con un sistema de registro para los pacientes que se ofrecen como voluntarios para los estudios. Sadato encontró allí a las personas con visión normal, y contactó a un grupo de apoyo para ciegos para reclutar a algunos. En el laboratorio no había una impresora en Braille, y una persona que trabajaba en el Departamento de Educación le imprimió celdas en este sistema, con lo cual estaba listo para comenzar sus primeros experimentos.

Él y sus voluntarios leyeron una serie de palabras en Braille, así como varios caracteres que no eran palabras (por ejemplo, *grxlto*), mientras la

PET detectaba regiones con mayor actividad en el cerebro. Basado en el descubrimiento de Pascual-Leone de que la representación del dedo lector se expande en la corteza motora, Sadato creyó que la imagen de la PET también mostraría una mayor actividad allí.

La PET tiene una gran ventaja sobre la estimulación magnética transcraneal. Con la TMS, se puede producir un corto circuito temporal, solo en una pequeña parte del cerebro que está directamente debajo de donde se colocan los imanes. Es como un telescopio poderoso: si se apunta a un pequeño punto en el cielo, se verá esa pequeña región con gran detalle, pero si pasa un cometa por otra región, escasamente se verá algo. De manera semejante, lo que sucede en otras regiones del cerebro no se puede ver en la pantalla del TMS, mientras que la PET ve todo el cerebro, mostrando actividad en todas partes, y cuando las lecturas numéricas son transformadas en colores para una lectura más fácil, los puntos de mucha o poca actividad prácticamente le gritan a uno. "Aunque nuestro interés estaba concentrado en una parte específica del cerebro, pudimos detectar cambios en otras áreas", dice Sadato.

Cuando terminó un análisis preliminar de la información obtenida de los tres participantes en la primavera de 1994, le preocupó ver algo que parecía estar muy mal, pues la activación se estaba presentando en el lugar equivocado. "Creí que había sucedido un error en el proceso de análisis, por lo que revisé cuidadosamente una y otra vez", dice Sadato. Pero aunque analizó y revisó muchas veces, la señal extraña seguía presente, y le dio la mala noticia a Mark Hallett. "Él me dijo que la corteza visual se activaba cuando los voluntarios leían Braille", dijo Hallett.

"Estábamos asombrados", recuerda Sadato más de una década después. Si estaba en lo cierto, sería un descubrimiento seminal que una región del cerebro supuestamente programada para ver, pudiera sentir. Hallett y Pascual-Leone lo felicitaron efusivamente.

Sin embargo, no hubo una reacción universal. Cuando Sadato redactó el informe y lo presentó a la revista *Science*, los evaluadores

—científicos a quienes los editores les pedían que leyeran los manuscritos y les dieran su opinión acerca de si el experimento era lo suficientemente sólido y el análisis lo suficientemente cuidadoso como para justificar su publicación en esta revista tan prestigiosa— fueron decididamente escépticos, y por una razón comprensible. No había muchos motivos para esperar que la corteza visual tuviera algo que ver con la información táctil. Para empezar, si la corteza visual primaria se destruye, la persona no podrá ver, aunque conservará la sensibilidad en la piel. Por otra parte, cuando los ojos envían visiones al cerebro, y cuando la piel envía sensaciones, estas dos señales viajan por vías físicamente distintas y separadas y llegan de la misma forma a sus lugares de destino: a la corteza visual primaria en la parte posterior del cerebro, y a la corteza somatosensorial primaria en la parte superior de la cabeza, respectivamente. Las dos cortezas están distantes entre sí.

Sadato analizó de nuevo para asegurarse de que solo los voluntarios ciegos y no los que tenían visión habían presentado una activación de la corteza visual primaria durante la lectura en Braille, pero la revista *Science* no estaba interesada. Los investigadores del NIH presentaron su investigación a la revista *Nature*, con sede en Londres, y competencia directa de *Science* en el verano de 1995. El estudio fue publicado en abril de 1996; y el mundo supo que cuando las personas ciegas de nacimiento sienten los puntos Braille, la corteza visual de su cerebro —y no solo la somatosensorial— se llena de actividad. "Estos hallazgos sugieren una notable plasticidad del cerebro", observó Sadato al recordar los hallazgos tan significativos.

El descubrimiento terminó con la antigua creencia de que, en personas ciegas de nacimiento o a una edad temprana, la corteza visual es como un operario de clave Morse en el siglo XXI: como las señales programadas para ser procesadas, traducidas y enviadas para su posterior análisis nunca llegan, los investigadores dedujeron que la corteza visual dejaría de funcionar tras la ausencia de señales de la retina. Pero Sadato demostró que estaban muy equivocados.

"Por supuesto que eso nos emocionó mucho, y comenzamos a investigar más", dice Mark Hallet. Primero, él y Sadato confirmaron el resultado de la PET con el de la fMRI. Adicionalmente, clasificaron a los voluntarios por edades, para ver si la capacidad de plasticidad transmodal —hacer que una región del cerebro que normalmente maneja la información de un sentido, como el de la visión, para que procese la información de otro canal sensorial como el tacto— varía dependiendo de la época en que haya quedado ciega la persona. A fin de cuentas, la corteza visual de las personas que quedaron ciegas cuando eran adultas vio durante varios años.

Tal como sospechó Hallet, la capacidad de esta modalidad extremada de plasticidad disminuye con la edad, y de una manera bastante abrupta. Parecía que las personas que pierden la vista entre los once y los quince años (aunque hay diferencias de un individuo a otro), no experimentan la transformación radical de relocalizar la corteza visual para procesar el sentido del tacto. No se sabe muy bien qué sucede a nivel celular o molecular para prevenir esta relocalización. "La capacidad de neuroplasticidad disminuye con la edad", dice Hallett. "Pero no desaparece por completo. A cualquier edad, hay una capacidad de neuroplasticidad, y no se pierde sino hasta la muerte".

Había una pregunta constante sobre el descubrimiento de que la corteza visual se activa cuando los ciegos leen Braille. La PET muestra cuáles regiones están activas cuando el cerebro realiza una operación, pero no muestra si esas regiones activas son las *necesarias* para dicha operación. Si una persona nerviosa carraspea siempre antes de hablar, no podemos concluir que el carraspeo sea lo que cause el habla. La relación entre el carraspeo de la garganta y el acto de hablar es correlativo, y no causal. Para citar una analogía del cerebro, imaginemos que la corteza está realizando una labor aburrida, como recitar el alfabeto una y otra vez. La imagen de la PET muestra que la región del "aburrimiento" se activa. Si interpretamos eso como evidencia de que esta región es necesaria para recitar el alfabeto, estaremos muy equivocados.

Los científicos del NIH sabían que necesitaban saber si la activación de la corteza visual durante la lectura con Braille era correlativa o causal. Hallett sugirió que su colega Leonardo Cohen realizara un estudio utilizando estimulación magnética transcraneal sobre la corteza visual. Hay que recordar que la TMS produce una lesión temporal en la parte del cerebro en la que se aplica. Cohen creyó que si la corteza visual estaba activa, como el área del aburrimiento durante una tarea monótona e innecesaria, entonces la lesión temporal no afectaría la capacidad de los voluntarios ciegos para leer Braille. Pero si la corteza visual es necesaria para leer este sistema, eliminarla tendría efectos considerables.

Cohen y sus colegas utilizaron TMS para inhabilitar temporalmente la corteza visual en personas ciegas de nacimiento y que eran lectores competentes de Braille, así como en personas con visión normal; luego examinaron la capacidad táctil de los voluntarios. En las personas con visión, no se presentó diferencia en la agudeza del sentido del tacto, independientemente de que la corteza visual estuviera inhabilitada temporalmente: ellos podían sentir una letra romana y decir qué significaba cuando la TMS les había inhabilitado la corteza visual. (Un hallazgo interesante y diferente en sus implicaciones sobre la neuroplasticidad, pues sugiere que cuando sentimos algo y tratamos de identificarlo supuestamente al apelar a una imagen mental, no necesitamos nuestra corteza visual). Cuando la división es normal, el cerebro no necesita recurrir a su potencial neuroplástico y hacer que la corteza visual sea un centro de procesamiento para el sentido del tacto. ¿Qué razón tendría para hacerlo? Las señales táctiles son recibidas, procesadas y decodificadas perfectamente por la corteza somatosensorial. La corteza visual puede hacer tan poco en ese sentido, como nuestros ojos cuando olemos una esencia de lavanda.

Sin embargo, la situación fue diferente para los lectores ciegos de Braille. Cuando la TMS les inhabilitó la corteza visual, fue como si sus dedos estuvieran tocando distraídamente las protuberancias de un tronco de madera. Los puntos en relieve que sintieron no tenían ningún significado. Los ciegos no podían saber con cuál de sus dedos estaban sintiendo, informaron los científicos en 1997. Los ciegos sabían perfectamente que habían pasado los dedos por puntos Braille, pero la TMS los había incapacitado para leer. Ellos sintieron los puntos "diferentes", "más planos" y "menos definidos", les dijeron ellos a los científicos.

"Esta era la diferencia entre mostrar que la corteza visual está *involucrada* y que es *necesaria*" para procesar las sensaciones táctiles de los puntos en relieve del Braille", dijo Mark Hallett. La corteza visual no se activaba durante la lectura en Braille, pues era necesaria para leer este sistema. Cuando los ojos no envían señales a la corteza visual, la neuroplasticidad permite que esa región realice una nueva función y se especialice en el sentido del tacto. Los científicos sugirieron que esta plasticidad transmodal "puede ser parcialmente responsable de la capacidad superior táctil y perceptiva de los ciegos". Después de todo, si ellos recurren a dos poderosas estructuras cerebrales (la corteza somatosensorial y la visual) para decodificar la sensación del tacto, no es de extrañarse que sean más sensibles que los individuos cuya corteza visual está completamente ocupada en decodificar las señales que le envían los ojos, y solo puedan utilizar la corteza somatosensorial para descifrar lo que sienten los dedos. Esto es una especie de premio de consolación; si un niño es ciego, el cerebro compensa parcialmente el sentido perdido y le da a los existentes una mayor agudeza.

Sin embargo, la dependencia del sistema visual para procesar la información táctil de los dedos también puede causar problemas. En el año 2000, los científicos describieron el caso de una mujer que había perdido la visión cuando estaba muy pequeña, y que trabajaba como correctora de pruebas de un boletín en Braille; ella sufrió un derrame en su corteza visual a la edad de 62 años. Según la antigua forma de ver el cerebro, el hecho de que una persona ciega sufra un daño en la corteza visual es como si un parapléjico se fracturara una pierna. El sitio de la lesión no le estaba prestando ningún beneficio, así que otra lesión adicional no debería tener mayores efectos nocivos. Sin embargo, aunque ella podía identificar los objetos cotidianos al tocarlos, no pudo volver a leer Braille después del derrame; les dijo a los científicos que podía sentir los puntos en relieve, pero no podía descifrarlos. Su corteza visual había asumido la tarea de sentir los puntos en relieve y traducirlos a lenguaje. Y cuando la corteza sufrió un daño, dejó de sentir los puntos.

Ojos que escuchan

La neuroplasticidad no carece de ciertas ironías. En las personas con visión normal, la corteza visual se mantiene tan ocupada con la visión que no puede hacer nada más (o por lo menos, nada que los científicos hayan podido detectar), y lo mismo sucede con la corteza auditiva de las personas que escuchan bien. Es solo en los ciegos y en los sordos que estas cortezas sensoriales se desvían de su destino genético, y con la llegada del nuevo milenio, Neville iría a complementar lo que el equipo de Hallett había descubierto sobre la plasticidad de la corteza visual.

Desde hace mucho tiempo se dice que los ciegos escuchan mejor que el resto de nosotros, pero como lo he mencionado anteriormente, los experimentos no han podido validar esto. Por ejemplo, los ciegos no pueden escuchar sonidos más sutiles que las personas con visión normal. Pero como ella creía que la neuroplasticidad tiene una mayor probabilidad de afectar funciones más sutiles o sofisticadas del cerebro, Neville decidió examinar el sentido auditivo de los ciegos, así como había descubierto la superioridad que tenían los sordos en la visión periférica, pues registraban con eficacia sonidos periféricos.

En un estudio con colegas en Alemania, dieciséis voluntarios —ocho personas completamente ciegas, y ocho con visión normal pero con los ojos vendados— entraron por turnos a un cuarto a prueba de sonidos. Había cuatro parlantes, uno enfrente y los demás al lado derecho; el último estaba en dirección opuesta al hombro derecho del voluntario ubicado en ese costado. Los voluntarios tenían que decir cuándo un tono proveniente del parlante del centro o del localizado en el extremo derecho tenía un timbre más alto que los tonos anteriores, y debían ignorar los otros dos parlantes. Si oprimían el botón cuando escuchaban el tono alto del parlante en el que estaban concentrados, se consideraba una respuesta correcta. Si oprimían el botón cuando el tono alto venía de un parlante diferente al que estaban concentrados, era considerada incorrecta. Los científicos pusieron electrodos en el cuero cabelludo de los cerebros de los voluntarios para monitorear lo que sucedía y medir la actividad de sus neuronas.

A los dieciséis voluntarios les fue bien cuando debían decir si el tono del parlante del centro era alto. Sin embargo, el desempeño general fue más discreto cuando escucharon los tonos del parlante periférico, pero los ciegos tuvieron mejores resultados que las personas con vista normal. Los científicos observaron que detectaron con mayor rapidez el cambio en el tono, y las señales del cerebro asociadas con esta percepción también fueron más acertadas en el estudio realizado en 1999. La pérdida de la visión en la infancia temprana o antes hacía que la escucha periférica se agudizara más, así como la pérdida de escucha hacía que la visión periférica fuera más aguda.

Más curioso fue el sitio del cerebro en donde las neuronas se hicieron activas en respuesta a los sonidos periféricos. Cuando las personas con vista normal escucharon atentamente un parlante con su escucha periférica, la mayor actividad neuronal se presentó alrededor de la corteza auditiva, como era de esperarse. En los ciegos, sin embargo, la respuesta ocurrió en la corteza visual. Esto indicaba que sus cerebros tenían una organización diferente a la de las personas con visión normal; tenían una "reorganización compensatoria", como la llamó Neville. "Los ciegos pueden detectar sonidos periféricos mucho mejor que las personas con visión normal, y su corteza visual primaria se activa durante el proceso de escucha", le dijo al Dalai Lama. Ella había descubierto el equivalente humano al trabajo que había realizado Mriganka Sur con los hurones, en quienes la corteza auditiva veía, y la visual escuchaba. Sus estudios demostraban que la disposición había sido alterada, pues Sur les había dado una nueva dirección a las neuronas por medio de un procedimiento quirúrgico, como vimos en el capítulo 2. En las personas ciegas que estudió Neville, la reorganización cortical fue el resultado de las vidas que llevaban los pacientes, en las que la visión estaba ausente.

La noción de que las personas que son ciegas de nacimiento, o poco después, pueden detectar los sonidos con más precisión que las personas con visión normal no es un mito. Si pensamos en ello, tiene sentido que la corteza visual lea la escritura en una pared —la ausencia de señales de los ojos— y que cambie su función. Después de todo, las regiones visuales ocupan alrededor del 35% del volumen del cerebro, y una gran cantidad de materia gris permanece ociosa sin hacer nada.

"Ver" el lenguaje

Antes del nuevo milenio, los estudios que investigaban lo que hacen las cortezas auditivas de los sordos, y lo que hacen las cortezas visuales de los ciegos, se habían concentrado en el procesamiento sensorial: una corteza auditiva que da y les confiere a los sordos una mayor agudeza periférica, una corteza visual que escucha y que les confiere a los ciegos una mayor sensibilidad para saber de dónde provienen los sonidos. El próximo conjunto de estudios revelarían algo más sorprendente aún. Una corteza sensorial, la que los neurocientíficos siempre habían creído que se especializaba en encargarse de un tipo o de otro de información del mundo exterior, puede ser más inteligente de lo que se había pensado, y no está limitada a encargarse de uno de los cinco sentidos.

Los profesores y médicos habían notado desde hace mucho tiempo que los niños ciegos de nacimiento se tardan más para adquirir el lenguaje que aquellos con visión normal. Aprenden pronombres y adverbios de lugar como *aquí* y *allá* —por ejemplo— con mayor lentitud, así como términos deícticos como *esto* y *eso*. Esto era extraño, pues los bebés dependen del oído y no de la visión para aprender el lenguaje. Se pensaría que el desarrollo del lenguaje de un niño ciego se aceleraría —en lugar de retrasarse— gracias a su mayor capacidad auditiva. Más extraño aún, aunque los adultos ciegos no tienen un umbral más bajo para escuchar que los adultos con visión normal, son mejores para reconocer voces y entender palabras en un ambiente de mucho ruido. Esto sugiere que su superioridad auditiva ocurre no solo al detectar cuándo llega un sonido, sino en un procesamiento superior del lenguaje, al entender una conversación en medio del bullicio.

Investigar de qué manera la ceguera afecta la actividad de lenguaje en el cerebro fue algo que condujo a Neville por un nuevo camino. Por una parte, el lenguaje está a un nivel superior en la complejidad neurológica que la simple percepción sensorial. Por otra parte, tampoco hay una razón particular para que la ceguera produzca cambios neuroplásticos en la forma en que el cerebro reconoce los sonidos y los convierte en lenguaje. Sin embargo, leer Braille activa la corteza visual. ¿El lenguaje hablado haría lo mismo?

Un joven graduado de la Universidad Hebrea en Jerusalén había leído sobre el descubrimiento de que los ciegos utilizan su corteza visual para sentir los puntos del sistema Braille. "Me encantó", recuerda Amir Amedi, quien le preguntó a su mentor si podía estudiar la neuroplasticidad de la corteza visual en los ciegos, y recibió tantos ánimos como un ateo en un encuentro de reavivamiento religioso. "Todos me dijeron que nunca lograría nada con esto", recuerda Amedi. "Desperdiciarás un año y correrás el riesgo de no terminar la tesis del Ph.D.". La noción de que la corteza visual no solo se mantiene activa y no se silencia en las personas cuyos ojos llevan varias décadas sin enviar señales, sino que también se dirige al sentido del tacto, era considerada aún como un absurdo total. Pero Amedi insistió, y cuando su profesor vio lo terco que podía ser, le dieron un año y le ayudaron a diseñar un experimento para evaluar la plasticidad de la corteza visual. Los científicos del NIH habían mostrado que la corteza visual puede realizar otros trabajos y encargarse del sentido del tacto. Amedi y su mentor Ehud Zohary sospecharon que también podía cumplir otras funciones que no se habían descubierto.

Los científicos encontraron diez estudiantes ciegos que querían participar en el estudio. Ellos hicieron tres cosas: recordar una lista de palabras abstractas, leer Braille y pensar en un verbo que acompañara a un sustantivo que escuchaban en una grabación. Durante cada ejercicio, una fMRI escaneó sus cerebros para ver cuáles regiones se activaban.

Lo primero que vio Amedi fue una repetición del descubrimiento de que la corteza visual presenta una gran actividad cuando las personas ciegas leen Braille. Todo iba bien hasta ese momento. Cuando los voluntarios ciegos estaban recordando tantas palabras de la lista como podían, su corteza visual se llenó de actividad, informaron los científicos en el 2003. Esta actividad de las regiones visuales no se presentaba cuando los voluntarios con vista normal recordaron la lista de palabras. Lo sorprendente acerca de la activación de la corteza visual mientras los ciegos recordaban las palabras fue que, a diferencia de experimentos anteriores, no había ninguna información sensorial. Lo único que hicieron los voluntarios fue sentarse y tratar de recordar. No sintieron ni escucharon nada, así que la actividad de la corteza visual no reflejaba su propensión a que un sentido cambiara cuando dejaban de llegar señales visuales. Tal parece que la neuroplasticidad no está limitada simplemente a reorganizar el cerebro para que una región sensorial se encargue de un sentido diferente, sino que además puede moldear el cerebro para que una región sensorial realice una función cognitiva sofisticada.

Amedi y Noa Raz —otro miembro del laboratorio de Zohary— mostraron que, como grupo, los voluntarios ciegos tenían una memoria verbal superior a la de las personas con visión normal. Un examen más cuidadoso de su cerebro sugirió por qué. Individualmente, los ciegos que recordaron la mayor cantidad de palabras de la lista, también presentaron la mayor activación de sus cortezas visuales. Esta correlación —mejor memoria verbal con más actividad de la corteza visual— era un fuerte indicio de que la actividad en la corteza visual era funcional, y no incidental. Como adición a la plausibilidad de esa interferencia, el lado izquierdo de la corteza visual era más activo que el derecho durante la memorización verbal. El lado izquierdo del cerebro —aunque normalmente en zonas alejadas de la corteza visual—, se especializa en el lenguaje. De algún modo, la corteza visual abandona la labor que le fue asignada desde el nacimiento y se convierte en una especialista en el lenguaje, adoptando las tendencias de las regiones tradicionales del lenguaje a localizarse en el lado izquierdo.

Esto fue aún más notorio con el último ejercicio en el que los voluntarios escuchaban un sustantivo y debían decir un verbo apropiado (si escuchaban *escalera* debían decir *subir*, y si escuchaban *martillo*, *golpear*). Al igual que en la memorización de palabras, la corteza visual presentó mucha actividad en este ejercicio. Dicha activación no se presentó en personas con visión normal que realizaron el mismo ejercicio. En estas últimas, solo las supuestas regiones del lenguaje en el cerebro tuvieron actividad. La obstinación e insistencia de Amedi de que había algo importante por ser descubierto en el sentido de demostrar la neuroplasticidad de la corteza visual valió la pena.

"Hubo evidencia creciente de que la corteza visual juega un papel más importante en las tareas no visuales en los ciegos que en las personas con visión normal", dijo Leonardo Cohen, del INH, poco después de conocerse los resultados. El estudio realizado por Amir en el 2003 mostró que la corteza visual se hacía activa cuando los ciegos decían un verbo, recordaban palabras o realizaban otros ejercicios lingüísticos, pero apenas eran correlativos, pues no había prueba de un vínculo causal". Quizá la corteza visual primaria estaba activa, pero realmente no estaba contribuyendo mucho a la causa.

A fin de investigar esto, Amedi pasó parte del 2003 y del 2004 en el laboratorio de Cohen. Esta vez, estaban determinados a descifrar si la actividad en la corteza visual, mientras los estudiantes ciegos recordaban palabras y pensaban en verbos, era algo correlativo o causal.

Reclutaron nueve voluntarios ciegos de nacimiento o que habían perdido la visión poco después, y nueve con visión normal para realizar el ejercicio del verbo. Inmediatamente después de que los voluntarios escucharon el sustantivo para el que debían suministrar un verbo, los científicos utilizaron estimulación magnética transcraneal para crear una lesión transitoria en el lado izquierdo de la corteza visual primaria, inhabilitándola temporalmente.

Los ciegos de nacimiento dijeron verbos completamente errados. Escucharon *manzana* y dijeron palabras como *saltar*, o más extraño aún, *verde* o *pila*, informaron los científicos en el 2004. Los voluntarios explicaron que tenían problemas "para encontrar la palabra adecuada". En las personas que veían, el hecho de inhabilitar temporalmente la corteza visual primaria no les hizo cometer estos disparates. (Los voluntarios con visión normal cometieron errores semánticos similares solo cuando su corteza prefrontal, que otros estudios habían señalado que era la encargada de enunciar los verbos, era suprimida). En las personas que perdieron la visión a una edad temprana, el lado izquierdo de la corteza visual hace uso de la neuroplasticidad y se encarga de procesar el lenguaje.

Para los científicos fue sorprendente saber que la corteza visual primaria puede hacer algo tan avanzado como el lenguaje. Durante más de un siglo, sus teorías sostenían que el cerebro está organizado en una jerarquía, y la información sensorial primitiva llega primero a la corteza visual primaria, a la corteza auditiva primaria, o a la corteza somatosensorial primaria. Solo entonces, cuando las regiones han determinado el significado de la señal que llegó (por ejemplo, varias líneas horizontales, algunas verticales, y una diagonal, con los colores allí y allá; y un patrón de brillo determinado), esa información se dirige a una zona llamada área de asociación, la cual recibe la información sensorial primitiva y dice, por ejemplo, "¡puercoespín!". Según esta idea, Christian Büchel, de la Universidad de Hamburgo, señaló: "Las áreas involucradas en el procesamiento verbal deberían ocupar un lugar más alto en la jerarquía, dada la complejidad del material verbal. Sin embargo, se observó exactamente lo opuesto en el estudio de Amedi. Algunas de las funciones más complejas (memoria y generación verbal) estaban localizadas en la corteza visual primaria, la cual es un área sensorial primaria". Parece que la jerarquía funcional del cerebro, añadió él, "no está grabada en piedra". Al contrario, la corteza visual "es llamada para que haga parte de la red que desarrolla una función cognitiva de alto nivel, que consiste en procesar el habla y recordar las palabras", dijo Leo Cohen. Que una región que suele tener bajo nivel como la corteza visual pueda encargarse de una labor tan sofisticada fue tan sorprendente como saber que un picapedrero abandona la cantera para esculpir obras de tanta calidad, como *La Piedad* de Miguel Angel.

El ciego que pinta

¿Y qué sucedió con el pintor ciego? Esref Armagan nunca aprendió Braille. Amedi y Pascual-Leone lo invitaron a viajar a Boston para estudiar su cerebro, pero él les dijo que era analfabeta y que además tenía una memoria verbal pobre. Irónicamente, para alguien que vive en la oscuridad permanente, su mundo es exclusivamente visual y no verbal. La vida que llevaba era muy diferente a la de los ciegos norteamericanos educados y competentes en Braille, cuya corteza visual sentía, escuchaba, y generaba lenguaje. ¿La corteza visual de Armagan también sería diferente? A fin de averiguarlo, los científicos de Harvard le pidieron que realizara varias tareas mientras el fMRI detectaba las regiones de mayor actividad en su cerebro. Realizó bosquejos de tazas de café, de gatos y martillos. Escuchó atentamente una lista de palabras, las cuales escuchó una y otra vez, así como otras que nunca antes había escuchado.

Los científicos quedaron asombrados cuando analizaron las imágenes de fMRI. Su corteza visual reflejaba una gran actividad mientras dibujaba. Durante varios años, los científicos habían sabido que cuando las personas evocan una imagen mental, la corteza visual se activa tanto como cuando las personas ven algo en el mundo real. Sin embargo, la actividad es mucho menor cuando alguien imagina que ve algo, que cuando realmente lo ve. En el caso de Armagan, la actividad en su corteza visual mientras evocaba una imagen para dibujarla era tan intensa como cuando una persona con visión normal ve, y cualquiera que observara el fMRI concluiría que se trataba de alguien con visión normal que estaba mirando el mundo. Amedi dijo: "Esto sugiere que al ser tan experto, él pudo hacer que la corteza visual participara en la imaginería mental necesaria para recordar las formas de los objetos y la apariencia de la perspectiva y de las sombras".

Pero cuando Armagan intentó recordar palabras, su corteza visual estuvo básicamente inactiva. "Este caso fue diferente al de todas las otras personas ciegas que examinamos", dijo Amedi. "Todos presentaron actividad en la corteza visual durante la memorización verbal. Esto sugiere que las influencias del ambiente determinan lo que el cerebro de una persona ciega le ordena que haga a la corteza visual. Armagan utiliza su corteza visual para la imaginería que necesita para pintar sus cuadros. Nunca aprendió Braille, y es probable que aprender este sistema cree una asociación entre el tacto y el lenguaje, y que esto sea un prerrequisito para que la corteza visual realice memorización verbal". Pero cuando una persona no le exige a su corteza visual, esta tiene la oportunidad de realizar otras labores. Muchos de los ciegos que sirvieron como voluntarios eran personas educadas y funcionales en la sociedad norteamericana. Y eso significa que tenían una buena capacidad verbal y que podían leer Braille, exigencias que se le hacen a la corteza visual y que de otra manera se desperdiciarían, pero la corteza estuvo a la altura del desafío. Pero Armagan le hizo otras exigencias a su corteza visual, en este caso, de imaginería visual, y su corteza también respondió a estas solicitudes.

Lo cierto es que en los ciegos, la parte del cerebro que ve ya no lo hace. Como dice Sadato, la corteza visual primaria se "desata con la percepción visual". Cuando así lo hace, se dedica a procesar otros sentidos, particularmente el del tacto, así como otras labores no sensoriales como el lenguaje. Aunque es lamentable desperdiciar la mente, lo mismo sucede con el cerebro, y este no permite que algo tan insignificante como la carencia de las señales visuales esperadas impida que la corteza visual —que como mencionamos anteriormente, ocupa el 35% del espacio del cerebro— se dedique a cumplir otras tareas. La neuroplasticidad se ha encargado de ello.

Reprogramar la dislexia

Uno de los mensajes más contundentes que Neville le transmitió al Dalai Lama era que "la neuroplasticidad tiene dos caras", como lo dijo ella. Los sistemas y estructuras que tienen la mayor plasticidad son las que tienen el menor control genético y las que están más sujetas a los caprichos de la experiencia y el ambiente. Esto puede ser benéfico, pues le permite a la corteza visual de los ciegos —que podría quedarse sin hacer nada— mejorar la capacidad para localizar sonidos en el espacio. Pero este también es un procedimiento riesgoso. "Los mismos sistemas que muestran la mayor plasticidad y presentan mejorías en los sordos son más vulnerables en términos de desarrollo y muestran las mayores deficiencias en trastornos del desarrollo como la dislexia", dice Neville. Concretamente, "los ciegos pueden procesar estímulos auditivos con una rapidez mucho mayor que las personas con visión normal, quienes presentarán una respuesta neural muy pequeña si escuchan sonidos demasiado rápidos. Pero las personas ciegas presentan una respuesta considerable, y son muy buenas para procesar sonidos rápidos". Si los circuitos cerebrales que detectan sonidos entrecortados son plásticos, tal como lo sugiere esto, y si la plasticidad y vulnerabilidad van de la mano, entonces los circuitos que procesan los sonidos rápidos serán más vulnerables a la disrupción. Neville dice que "las personas con trastornos de desarrollo tienen muchos problemas para procesar sonidos rápidos".

A mediados de los años noventa, Mike Merzenich realizó varios estudios sobre la neuroplasticidad de los cerebros de monos búhos y ardillas adultos. Estaba ansioso por aplicar los hallazgos a las personas, y un estudio ofrecía la posibilidad de hacerlo. Era relativamente desconocido, pero Merzenich no dejaba de pensar en él. Los científicos les habían puesto audífonos a los monos y les habían transmitido sonidos. La corteza auditiva tenía algo denominado mapa tonotópico, el cual es semejante al mapa de la corteza somatosensorial. En el último caso, el mapa tiene la forma de un pequeño homúnculo con labios grandes y manos y dedos enormes. En el mapa tonotópico, cada uno de los grupos de neuronas de la corteza auditiva se especializa en una labor diferente. Es posible adivinar lo que descubrió Merzenich. Sin importar la frecuencia que más escucharan los monos, la región del mapa tonotópico que procesó esa frecuencia se expandió y las regiones dedicadas a las frecuencias que no se recibieron disminuyeron su tamaño.

Por esa época, los científicos estaban tratando de entender una condición llamada trastorno del lenguaje específico (TLE). En esta condición, los niños tienen grandes dificultades para leer y escribir, e incluso para comprender el lenguaje hablado, a pesar de tener una inteligencia normal. La modalidad más conocida es la dislexia, que afecta aproximadamente del 5% al 17% de la población norteamericana y es la responsable de la mayoría de los trastornos del aprendizaje. Durante varias décadas, los educadores han culpado a la dislexia de deficiencias en el procesamiento visual. Según los parámetros establecidos, un niño disléxico ve la *p* como *q*, y la *b* como *d*.

Paula Tallal, de la Universidad de Rutgers en Nueva Jersey, no creía que esto fuera cierto. Sospechaba que muchos casos de dislexia se presentan no porque los niños confundan la apariencia de las letras, sino porque no pueden escuchar bien los sonidos de ellas. Particularmente, algunas personas con dislexia pueden ser incapaces de procesar ciertos sonidos del lenguaje hablado, específicamente los rápidos.

Tallal tenía razón. Algunos disléxicos tienen problemas para desglosar las palabras en fonemas componentes, las más pequeñas unidades de habla, especialmente con los sonidos de las letras *b*, *p*, *d* y *g*, las cuales salen de los labios o de la lengua para desaparecer en unos pocos milisegundos. En estos disléxicos, la corteza auditiva literalmente no puede escuchar los sonidos en "staccato", así como una cámara digital no puede captar los anillos de Saturno. Los cerebros de estos niños no pueden oír poemas cortos. Por ejemplo, en el fonema *ba*, la *b* explosiva solo dura 40 milisegundos. La diferencia entre el sonido de la *b* de *búho* y el de la *d* de *dúo* se manifiesta en ese instante inicial, y si el cerebro no puede descifrar sonidos tan cortos, tratar de entender lo que dice un profesor sobre la diferencia entre estos dos sonidos es un verdadero problema. Entonces, *búho* es interpretado como *dúo*, y viceversa, pues lo único que pueden escuchar los niños es el fonema *uo*. Como aprender a leer exige relacionar las letras con sonidos, si *bu* suena como *du*, es difícil aprender a leer fonéticamente. (En contraste, el fonema *mmm* de *mar* tarda aproximadamente 300 milisegundos, y los niños con trastorno del lenguaje específico no tienen problemas para escuchar bien la palabra *mar*). Merzenich sospechó que un cerebro incapaz de procesar sonidos demasiado rápidos, y por lo tanto, de reconocer la diferencia entre *dip* y *pip*, puede ser diferente —en términos físicos— de un cerebro que pueda hacerlo.

Él y Tallal decidieron trabajar juntos. Sus experimentos con monos habían mostrado que la corteza auditiva puede remodelarse como resultado de una información clara. ¿El cerebro de un niño también podría reestructurarse? Si se presentan algunos casos de dislexia porque la corteza auditiva carece de los circuitos para detectar los fonemas explosivos, entonces esos circuitos tendrían que ser creados, exponiendo al niño una y otra vez al contacto auditivo con esos fonemas, así como los monos de Merzenich fueron expuestos una y otra vez a ciertas frecuencias. Pero los fonemas no podían ser captados con la rapidez usual, pues los niños no los podían escuchar. En este caso, los fonemas tendrían que ser prolongados de manera artificial para que los niños pudieran oírlos.

Utilizando un software especial, los científicos de la UCSF sintetizaron fonemas que sonaban como el inglés hablado, pero que prolongaban la duración de la *b* antes de la *aaa*, por ejemplo. Para las personas con audición normal, sonaba como si alguien estuviera gritando bajo el agua. Pero los científicos esperaron que a los niños les sonara como *baa*, un sonido que nunca antes habían escuchado con claridad. En el verano de 1994, siete niños disléxicos en edad escolar pasaron cinco mañanas a la semana en el laboratorio de Tallal. Escucharon grabaciones con sonidos prolongados, y les pidieron que dijeran frases como "Por el bosque iba un gato". *Por, bosque* y *gato* fueron entonadas de tal forma que las consonantes iniciales exclusivas durarán mucho más que en el habla normal. Los niños también jugaron juegos por computador y utilizaron el programa en sus casas. Practicaron los fonemas durante varias semanas, hasta decirlos con el sonido apropiado, y lo que antes era una anomalía en el habla, terminó siendo algo casi normal. En el verano siguiente, otros veintidós niños jugaron los mismos juegos por computador, en los que escuchaban algunos fonemas prolongados. Entre otras cosas, el computador les pidió a los niños que hicieran un clic en el ratón cuando una serie de *bes* eran interrumpidas por una *pe*. Cuando el niño aprendía a percibir la diferencia entre la *b* y la *p*, luego de que el fonema inicial se prolongara a trescientos milisegundos, el software reducía el fonema unos veinte milisegundos cada vez, con la idea de emitir un sonido que no fuera prolongado.

Los resultados fueron notables. Después de un período de entrenamiento de entre veinte a cuarenta horas, todos los niños podían distinguir rápidamente los fonemas con rapidez y de una manera tan correcta como los niños que no tenían dislexia. Después de un mes, todos habían presentado un avance de dos años en comprensión del lenguaje. Gracias al programa Fast ForWord se presentaron cambios en los cerebros de los niños. "Creamos nuestros cerebros a partir de las señales que recibimos", dijo Paula Tallal.

Ella, Mike Merzenich y otros colegas formaron la Scientific Learning Corporation (Corporación para el Aprendizaje Científico), con el fin de comercializar el programa Fast ForWord. Hay que aclarar que el programa no les ha ayudado a todos los niños que padecen dislexia. Si el problema es causado por otro factor diferente al de la incapacidad de procesar fonemas rápidamente, la intervención no tiene efecto. Pero en el año 2005, casi medio millón de niños pertenecientes a 27 distritos escolares en 25 estados fueron entrenados con ese programa. Al cabo de seis a ocho semanas, el 90% de los niños que practicaron durante los 100 minutos diarios recomendados cinco días a la semana, mejoraron sus destrezas de lectura de 1.5 a 2 años. "La mayoría de los niños que terminan satisfactoriamente uno o más programas de lenguaje o de lectura de Fast ForWord realizan progresos mucho más rápidos en una variedad de destrezas de lenguaje y lectura que los niños que reciben la instrucción estándar en dichas competencias", dijo Paula Tallal durante el encuentro anual de la Sociedad para la Neurociencia realizada en el 2005. Gracias a la neuroplasticidad del cerebro, este genera nuevos circuitos en las regiones especializadas en el lenguaje si se le alimenta con estímulos especializados (lenguaje hablado y acústicamente modificado).

La Corporación para el Aprendizaje Científico recibió críticas de los estamentos académicos; un profesor le dijo a un periodista que promover la neuroplasticidad era "una medida absurda" con la que nadie aprendería a leer. Para ver si el programa Fast ForWord realmente modificaba el cerebro, Tallal y Merzenich se reunieron con John Gabrieli, que en esa época estaba vinculado a la Universidad de Stanford y se dedicaba a temas tan diversos como la memoria y el miedo. Gabrieli reclutó a veinte niños disléxicos y a doce con capacidad normal de lectura y utilizó fMRI para observar sus cerebros mientras pensaban si dos letras rimaban o no. C y D riman, pero P y K no. Los niños disléxicos tuvieron dificultades con estos ejercicios y con otros de lenguaje y lectura, mientras que los lectores normales los hicieron con facilidad. Adicionalmente, los cerebros de los disléxicos estaban sorprendentemente inactivos en dos zonas importantes: en la corteza temporoparietal, relacionada con el lenguaje oral y con el procesamiento fonético, y la circunvolución frontal inferior izquierda, relacionada con el procesamiento de palabras. En los buenos lectores, las regiones presentaron gran actividad durante las pruebas de lenguaje y lectura.

Posteriormente, los niños disléxicos recibieron entrenamiento con el programa Fast ForWord durante cien minutos diarios, cinco días a la semana, y durante ocho semanas, como parte de sus actividades escolares. Al cabo de este tiempo, sus cerebros habían cambiado. Los fonemas a los que sus cerebros habían respondido en silencio antes del entrenamiento ahora registraron actividad en las regiones del lenguaje del lóbulo temporal del mismo modo en que lo hicieron los cerebros de los lectores normales. Fast ForWord "produjo cambios en la función cerebral que incluían las regiones del lenguaje del hemisferio izquierdo", informaron los científicos en el 2003. La disfunción que caracteriza a la región temporal izquierda en muchos disléxicos "puede ser mejorada al menos parcialmente por medio de un cambio en los hábitos". Este fue el primer estudio que mostró modificaciones en la actividad cerebral de niños disléxicos posterior al entrenamiento, indicando dónde había ocurrido la plasticidad cerebral. Adicionalmente, confirmó la sospecha de Helen Neville de que los circuitos cerebrales que poseen la mayor plasticidad son también los más vulnerables a los trastornos durante el desarrollo. Pero la misma plasticidad que les permite sufrir trastornos puede utilizarse para repararlos.

Se debe prestar atención

Neville ha realizado grandes esfuerzos para llevar sus hallazgos científicos al mundo de los hogares y las escuelas. Sus investigaciones muestran que la atención auditiva, o la capacidad para concentrarse en un flujo de sonidos en medio del ruido, se desarrolla por ejemplo a lo largo de la infancia y en la adolescencia, al igual que la capacidad de desplazar la atención de una manera rápida y efectiva. También hay un gran repertorio de oportunidades para aprender un segundo idioma. "Existen diferentes perfiles de plasticidad para diferentes aspectos del lenguaje", le dijo Neville al Dalai Lama. Si no aprendes un segundo idioma antes de los diez años, "será imposible dejar de tener un acento extranjero. Sin embargo, tenemos la capacidad de aprender el significado de las palabras durante toda la vida". La capacidad de juzgar si una frase es gramatical en un segundo idioma, disminuye si lo aprendes después de los seis años, mientras que la capacidad de evaluar si una frase es semántica, solo disminuye si lo aprendes después de los dieciséis años aproximadamente. "Los retrasos para aprender un segundo idioma tienen efectos más pronunciados en los aspectos gramáticos que en los léxico-semánticos", dice Neville.

Pero, ¿qué sucede con la música, con las matemáticas, con la compasión, con las habilidades sociales, con la teoría de la mente, con la capacidad de saber lo que otra persona sabe? ¿En cuáles circunstancias estos sistemas cerebrales se hacen más maleables bajo la influencia de varias señales ambientales, tanto buenas como malas?", continuó Neville. "No sabemos nada sobre el desarrollo de esos sistemas. Adicionalmente, aún tenemos que determinar aquellos mecanismos que permiten una mayor o menor plasticidad. Queremos determinar qué tipo de intervenciones pueden aumentar la plasticidad. Tenemos que diseñar e implementar los programas educativos y de apoyo que optimicen el desarrollo humano. La sociedad ha gastado mucho dinero para permitirnos realizar esta investigación, pero aún no ha recibido ningún beneficio".

Incluso los neurocientíficos que estaban junto al Dalai Lama tuvieron una mayor comprensión de la plasticidad del cerebro después de la presentación de Neville, pues ella y otros científicos habían derribado un antiguo paradigma neurobiológico. Se podría pensar que si diseñamos un cerebro humano, nos aseguraremos de que las estructuras responsables de sentidos tan importantes como ver y escuchar quedarán predeterminadas y no podrán realizar ninguna otra labor. Diseñaríamos mecanismos a prueba de averías para impedir que la corteza visual y la auditiva se vean desplazadas por otros sentidos.

Sin embargo, la naturaleza se comporta de un modo diferente.

Al contrario, durante la primera década de vida y quizá durante más tiempo, las principales cortezas sensoriales son como un universitario que pasa de un empleo al otro, aceptando la mejor oferta. ¿No llegan señales de los ojos? No hay problema; la corteza visual se encarga de un sentido diferente, incluso de uno tan poco sensorial como el del lenguaje. ¿No llegan señales de los oídos? La corteza auditiva estará encantada de ayudar con la visión periférica. En los primeros años del siglo XXI, era claro que estas señales deberían llamarse la "corteza visual" y la "corteza auditiva". "Vimos que la información visual llegaba a la corteza auditiva, y la información auditiva a la corteza visual", le dijo Neville al Dalai Lama al terminar su presentación. "Y no se supone que nuestro cerebro esté determinado de ese modo. Pero esta investigación ha mostrado que la corteza visual primaria no es inherentemente diferente a la corteza auditiva primaria. La especialización del cerebro no es una función anatómica ni está dictada por los genes, sino que es un resultado de la experiencia. Aquello que somos y cómo funcionamos es algo que proviene de nuestras percepciones y experiencias. Es el mundo exterior el que determina las propiedades funcionales de las neuronas cerebrales. Y en eso ha consistido nuestro trabajo: en investigar de qué manera la experiencia determina las capacidades funcionales del cerebro".

En el año 2006, la mejor explicación para la capacidad que tiene la corteza visual de sentir y escuchar, y de la corteza auditiva para ver, es que cuando nacemos, nuestro cerebro está inundado de conexiones redundantes. En uno de los primeros experimentos realizados por Neville, en el que ella les emitió tonos musicales a adultos normales, se presentó un incremento en la actividad cerebral de la corteza auditiva. Tal como se esperaba, la corteza visual mostró poca actividad. Pero cuando ella hizo lo mismo con bebés de seis meses, las ondas cerebrales de la región visual fueron tan grandes como en la región auditiva. Esta respuesta dual desaparece entre los seis y los treinta y seis meses, pero su existencia fugaz sugiere que en los cerebros jóvenes, las regiones que supuestamente están especializadas realmente no han decidido qué quieren ser cuando crezcan, y están llenas de conexiones redundantes. Por supuesto que las neuronas conectan a la retina con la corteza visual, y al oído con la corteza auditiva; pero algunas neuronas caprichosas de la retina también se dirigen a la corteza auditiva, y algunas del oído llegan a la corteza visual. "Un cerebro inmaduro tiene más conexiones que un cerebro adulto", le dijo al Dalai Lama. "En los adultos, las neuronas del oído se proyectan solo a la corteza auditiva, pero en los recién nacidos, también se dirigen a la corteza visual".

Generalmente, las vías que van de los oídos a la corteza visual, y de los ojos a la corteza auditiva, registran muy poco tránsito. En las personas con ojos y oídos normales, las vías transmiten señales de los ojos a la corteza visual y de los oídos a la corteza auditiva sin problemas, realizando cualquier actividad en los caminos poco transitados del cerebro. En consecuencia, las conexiones caprichosas desaparecen poco después del nacimiento, cuando el cerebro determina a dónde deben ir las señales. Pero cuando no hay una información sensorial normal, como por ejemplo, cuando las neuronas de la retina son incapaces de transmitir señales a la corteza visual, o cuando las neuronas de los oídos no pueden llevar señales a la corteza auditiva, las conexiones existentes pero poco utilizadas comienzan a encargarse de esas transmisiones: la corteza "visual" escucha, y la "auditiva" ve, permitiéndole al cerebro escuchar los rayos y ver los truenos. (Thupten Jinpa señaló que "en el budismo se afirma que una persona que haya avanzado en la meditación puede transferir funciones sensoriales a diferentes órganos, de modo que la actividad visual puede ser realizada por órganos diferentes a los ojos, y la auditiva por otros diferentes a los oídos. En este caso, la persona que medita puede leer con los ojos cerrados"). En lo que Álvaro Pascual-Leone y sus colegas llamaron "el cerebro intrínsecamente plástico", se presentan cambios más permanentes a nivel estructural a medida que las neuronas crecen y generan más conexiones hacia otras neuronas. Es probable que esta sea la forma en que la corteza visual incorpora funciones cognitivas más refinadas a su repertorio.

Así que escoge tu prueba: la capacidad de la corteza visual de una persona ciega que pierde toda esperanza de ver y asume la labor de escuchar, sentir o incluso de procesar el lenguaje; la maleabilidad del cerebro de una persona sorda, cuya corteza auditiva se reprograma para ver; la plasticidad del cerebro de un niño que aprende a escuchar normalmente y a superar la dislexia. Los descubrimientos de Helen Neville, Álvaro Pascual-Leone y sus colegas mostraron de manera concluyente que cuando el cerebro está privado de un sentido, la corteza experimenta una reorganización radical. En todos los casos, el cerebro joven ha mostrado esta neuroplasticidad notable, y los cerebros de las personas que quedan ciegas o sordas más tarde en la vida no muestran el mismo dinamismo.

Al menos así parecía; pero como veremos con los próximos descubrimientos, incluso los cerebros de personas que ya han vivido considerablemente pueden adaptarse a los cambios y a las experiencias, absorbiendo todo lo que el ambiente les transmita. La plasticidad del cerebro no es una exclusividad de los cerebros jóvenes.

Capítulo 5

Huellas en el cerebro

La experiencia sensorial reestructura el cerebro adulto

P ero ¿qué sucede entonces con el cerebro adulto?

Los descubrimientos sobre la plasticidad cerebral estaban marcados con un asterisco. Era cierto que la corteza auditiva de un sordo puede ver, y que la corteza visual de un ciego puede escuchar, sentir o convertirse incluso en una zona experta en el lenguaje. Pero desde el comienzo, Norihiro Sadato se sorprendió al observar que las neuronas de la corteza visual de personas ciegas se vieron iluminadas en las imágenes de la PET cuando sentían los puntos en relieve del Braille, y advirtió que esta región supuestamente inmutable había cambiado en respuesta a la experiencia de la ceguera, y que generalmente se presentaba una diferencia de un cerebro a otro. En las personas ciegas de nacimiento o a una edad muy temprana, la actividad registrada en la corteza visual cuando sentían, escuchaban o procesaban el lenguaje, tendía a ser mayor que la observada en la corteza visual de quienes habían perdido la vista más tarde en la vida. Eso sugería que los cerebros jóvenes tenían una neuroplasticidad más grande (o mucho más grande) que los cerebros más viejos, pues los primeros parecían cumplir otras funciones con una rapidez mucho mayor.

Por ejemplo, en un experimento típico, Mark Hallett y sus colegas observaron hasta qué punto las cortezas sensoriales primarias del cerebro no varían sus funciones; reclutaron ocho personas que habían perdido la visión después de los 14 años. Al igual que en otros estudios, utilizaron imágenes PET para detectar cuáles regiones del cerebro se activaban cuando los ciegos leían Braille. Y para asegurarse de que la actividad detectada era necesaria y no simple coincidencia, utilizaron la estimulación magnética transcraneal para producir breves hipos neuronales que interrumpían el funcionamiento de las regiones activas, para ver si los ciegos podían leer Braille, aunque esa zona estuviera temporalmente inhabilitada. Con los ciegos de nacimiento —tal como lo describimos en el capítulo anterior—, la corteza visual no solo se había adaptado para procesar el sentido del tacto, sino que era *necesaria* para que los ciegos pudieran leer Braille. Esto era señal de una plasticidad indiscutible, en la que una estructura básica del cerebro había sido inducida a que asumiera una nueva labor gracias a las experiencias sensoriales nuevas y repetidas (varios años de lectura Braille).

En contraste, los cerebros de voluntarios que habían perdido su visión más tarde no mostraron dicha actividad en la corteza visual. Cuando leyeron Braille, su corteza visual estaba completamente oscura, informaron los científicos del NIH, Instituto Nacional de Salud, en 1999. Adicionalmente, la estimulación magnética transcraneal mostró que su corteza visual no estaba trabajando, lo que demostraba que no la necesitaban para sentir los puntos Braille o para traducirlos a palabras.

Esto les dio un margen de tiempo a los científicos. Quienes pierden la visión en su adolescencia o después, han tenido visión normal durante varios años, las señales iban de los ojos a la corteza visual, como lo había planeado la naturaleza. Esto hace que la corteza visual tenga innumerables oportunidades de aprender su función y que tal vez lo haga tan bien que no quiera realizar otra. Así como una persona solitaria permanece en un faro después de que los últimos grandes barcos han pasado a la historia y no siente deseos de incursionar en otro oficio, así también una corteza visual que ha pasado varios años manejando la información de los ojos y transformándola en visión, no siente la inclinación de comenzar a manejar el tacto o los sonidos. Quizá la oportunidad para que la corteza visual cambie de función se cierra a los catorce años, cuando la neuroplasticidad desenfrenada que permite que un cerebro joven envíe neuronas nuevas a regiones que el ADN nunca había considerado parece esfumarse. Después de esto, la corteza visual ya no puede procesar el sentido del tacto.

Los científicos tenían incluso una explicación conveniente para la pérdida de la neuroplasticidad; decían que los cerebros viejos no pueden habilitar conexiones "secundarias" que permitirían que la corteza visual procese otros sentidos, ni tampoco generar nuevas neuronas o conexiones. "Este es un mecanismo que no está disponible durante toda la vida", le dijo Helen Neville al Dalai Lama.

La conclusión era sólida en cuanto a lo que se conocía sobre el desarrollo del cerebro. Los neurocientíficos sabían que había un verdadero florecimiento y poda sináptica durante los primeros meses de vida, pero creían que no duraba mucho; y que cuando una persona cumplía los dos años de edad, básicamente ya tenía el cerebro con el que iba a contar por el resto de la vida. Claro que las sinapsis seguían formándose; después de todo, estas conexiones son la base de la memoria y el aprendizaje, ninguna de las cuales se detiene hasta el momento de morir. Sin embargo, eso era un asunto de poca relevancia en términos cerebrales; lo importante, es decir, que nazcan neuronas y se conviertan en grupos funcionales pertenecía supuestamente al pasado del cerebro.

Cerebros adolescentes

Cuando los científicos examinaron los cerebros vivos de niños mayores, adolescentes y personas que se acercaban a los treinta años, no hubo razón para esperar que los cerebros de los chicos de doce años fueran diferentes en términos estructurales a los de jóvenes que se inician en la adultez. Se suponía que el cerebro había dejado mucho tiempo atrás su época de crecimiento y poda a los doce años (o incluso a los diez), y que tal como era en aquel entonces, así sería diez años después.

Pero dos grupos de científicos, uno en UCLA, Universidad de California —Los Ángeles— y otro en el NIH Instituto Nacional de Salud, descubrieron algo diferente: que entre los diez y los doce años aproximadamente, los lóbulos frontales (la sede de funciones tan sofisticadas como el juicio, el equilibrio emocional y el autocontrol, la organización y la planeación) experimentan un gran crecimiento, y la materia gris prolifera de una manera casi tan exuberante como durante la gestación y la primera infancia: el volumen de materia gris aumenta considerablemente, reflejando la formación de nuevas conexiones y terminales. Y cuando una persona entra a su tercera década de vida, se presenta otra repetición de los eventos neurológicos de la primera infancia, y las sinapsis que no se utilizan son eliminadas, para que las existentes sean más eficaces. Otras regiones cerebrales también se encuentran en proceso de "construcción" durante la adolescencia. Los lóbulos parietales que reúnen la información proveniente de regiones distantes del cerebro también sufren cambios hasta mediados de la adolescencia, pues siguen adquiriendo materia gris hasta los diez años (en las niñas) o los doce (en los niños), después de lo cual las sinapsis subutilizadas son podadas como lo fueron en la niñez. De manera semejante, los lóbulos temporales que contienen regiones responsables del lenguaje y del control emocional acumulan materia gris hasta los dieciséis años, y solo después de este momento sufren una poda.

Contrario a la creencia de que el nacimiento general de neuronas y la formación de sinapsis solo ocurre durante la gestación y la infancia, resulta que el cerebro tiene un segundo florecimiento justo antes de la pubertad. Al describirle estos descubrimientos al Dalai Lama, Neville dijo que "hemos aprendido una cosa sorprendente en los últimos años, y es que el cerebro humano —en términos de número de sinapsis y de nuevas ramificaciones dendríticas— no parece adulto sino hasta el período comprendido entre los 20 o 25 años después del nacimiento". Pero incluso un cerebro de esta edad tiene la capacidad material de la neuroplasticidad. Esto sugiere que las materias primas pueden utilizarse para las funciones propias de la infancia, a saber, darle al cerebro la maleabilidad suficiente para responder a las experiencias.

El hecho de que los cerebros de los adolescentes y de los adultos jóvenes experimenten una formación y una poda sináptica tan considerable, significa que dichos individuos tienen una segunda oportunidad. Es maravilloso tomar clases de piano o de violín en la primera infancia, desarrollar habilidades físicas para los deportes, o cultivar los hábitos mentales que nos permiten pensar en términos lógicos o hacer construcciones geométricas. Los circuitos neurales responsables de esas destrezas florecerán, y se asentarán de manera casi permanente en territorio neural. Pero si un niño llega a los diez años sin establecer dichos circuitos neurales resultantes de la práctica diligente y concentrada de alguna destreza física o cognitiva, la naturaleza es lo suficientemente amable como para ofrecerle una segunda oportunidad. Durante la segunda década de vida, el cerebro tiene otra oportunidad de crear nuevos enlaces neurales para el florecimiento cognitivo y otras destrezas. Como dice Jay Giedd del NIH, quien descubrió esta segunda oleada de proliferación y poda de sinapsis, si pasas tu adolescencia y primera etapa adulta jugando videojuegos, los circuitos responsables de esto se afianzarán; si no estimulas los circuitos encargados de las destrezas musicales antes de los veinte años aproximadamente, será difícil que lo hagas más tarde; si lees bastante y haces muchos ejercicios de lógica y de matemática, esas son las sinapsis que la naturaleza preservará. Las sinapsis encargadas de las destrezas que no se utilizan morirán como rosales cegados por un jardinero enardecido.

Como lo veremos en los próximos descubrimientos, la neuroplasticidad no es solo un regalo concedido a los cerebros muy jóvenes. Al contrario, se le pueden enseñar cosas nuevas a un cerebro viejo.

El experimento de la venda

A Álvaro Pascual-Leone le inquietó algo que vio en los pacientes que habían perdido la visión después de los catorce años. Era cierto que las imágenes PET mostraban que su corteza visual no se había reestructurado a sí misma para procesar las sensaciones táctiles, tal como había sucedido con la corteza visual de las personas ciegas de nacimiento. El primer grupo difería de los ciegos congénitos en algo más que en la edad en la cual habían perdido la visión. Para comenzar, la mayoría conservaba algo de visión, y podían por ejemplo distinguir la luz de la oscuridad. Era probable que estas señales rudimentarias fueran suficientes para hacer que la corteza visual funcionara y perseverara en su labor original de procesar las señales provenientes de la retina, especuló él. Adicionalmente, su ceguera ocurrió gradualmente, como suele suceder en casos de diabetes, un proceso lento que ocurre a lo largo de muchos años. Pascual-Leone se preguntó si la menor plasticidad de los que habían perdido la visión tardíamente, en que supuestamente la corteza visual no puede procesar sensaciones o lenguaje, no era un reflejo de la edad a la que habían quedado ciegos, sino de la rapidez con que perdieron la visión. Quizá ese antiguo guardián del faro no percibió que los grandes barcos fueron encallando uno a uno, y solo comprendió que su oficio se estaba extinguiendo cuando ya era demasiado tarde. Tal vez, meditó Pascual-Leone, la corteza visual también era así: solo el hecho de perderla súbitamente, o de no haberla tenido nunca, es lo que permite que cambie de función.

Por lo tanto, él y sus colegas decidieron observar qué sucedía cuando los adultos que tenían visión normal la perdían súbitamente. Reclutó varios voluntarios y les vendó los ojos. Sin embargo, no se trataba exactamente de jugar a pegarle la cola al burro, pues ellos permanecieron vendados desde el lunes por la mañana hasta el viernes en la noche. Un fragmento de papel fotográfico fijado en el interior servía como instrumento delator, pues si se veía gris al final del estudio, indicaría que los voluntarios habían hecho trampa. Pasaron esos cinco días aprendiendo Braille, y sus cerebros fueron observados con fMRI mientras realizaban varias operaciones táctiles y auditivas: escucharon una serie de tonos, indicaron cuál de ellos tenía la misma intensidad que el anterior, y palparon diferentes celdas de Braille para determinar si eran iguales o diferentes.

Antes de sus cinco días de ceguera obligatoria, la corteza visual de los voluntarios se comportó como lo estipulaban los textos, mostrando actividad cuando intentaban mirar algo, y permaneciendo inactiva cuando escuchaban, tocaban algo o pensaban en palabras. En otras palabras, se comportó con absoluta naturalidad. Sin embargo, la corteza visual pareció aburrirse al no recibir señales de los ojos mientras ellos permanecieron vendados y aunque había pasado varias décadas procesando únicamente información visual, Pascual-Leone encontró una nueva función después de solo cinco días de inactividad.

La fMRI mostró procesos de información táctil y auditiva: la corteza "visual" se activó cuando los voluntarios escuchaban tonos para determinar si eran iguales o diferentes, y cuando tocaron los símbolos Braille. Aún más, a medida que transcurrió la semana, su corteza somatosensorial se hizo cada vez más inactiva al sentir los puntos de Braille, mientras que la corteza visual era cada vez más activa. El cerebro que "veía", ahora estaba sintiendo y escuchando. Así como los hurones de Mriganka Sur pudieron "escuchar rayos y ver truenos", los voluntarios vendados también sufrieron cambios en una de las partes más importantes del cerebro, pero se trataba de adultos que habían utilizado su corteza visual por más de veinte años solo para ver.

Es muy improbable que la corteza visual estableciera nuevas conexiones desde los dedos y oídos hasta las neuronas, pues cinco días no era tiempo suficiente para ello. Pascual-Leone dice: "Ya debían existir algunas conexiones rudimentarias somatosensoriales y auditivas hacia la corteza visual", gracias al desarrollo cerebral, cuando las neuronas de los ojos, oídos y dedos se conectan a muchas regiones de la corteza y no solo a las esperadas. Las conexiones quedaron inutilizadas cuando la corteza visual recibió señales de la retina, pero cuando estas cesaron a causa de las vendas, las otras conexiones sensoriales aparentemente se liberaron y conectaron de nuevo después de toda una vida de que sus mensajes fueran sofocados por las señales mucho más voluminosas que las neuronas visuales llevan a la corteza visual. La capacidad de esta corteza para sentir y escuchar siempre había estado presente, probablemente desde antes del nacimiento, cuando el cerebro estaba forjando conexiones en muchas zonas. El experimento con los voluntarios vendados sugiere que las conexiones que han permanecido ociosas durante varias décadas pueden activarse de nuevo en tiempos de necesidad. Si las nuevas conexiones son utilizadas con frecuencia —si los voluntarios hubieran estado vendados varios años y no unos cuantos días— probablemente esos cambios rudimentarios quedarían establecidos con mayor firmeza, cambiando la disposición zonal básica del cerebro en los adultos, así como fueron implementados en su momento en los cerebros de los niños y jóvenes.

Cuando el cerebro sufre una privación sensorial como la ceguera o la sordera independientemente de la edad, apela a su poder de neuroplasticidad para reorganizarse y utiliza los recursos sensoriales que tiene a su disposición. "Cuando la visión es normal, la información visual es la ideal para la corteza visual, tanto así que la de otros sentidos es suprimida o sofocada", dice Pascual-Leone. "Pero cuando las señales visuales están ausentes, la corteza visual recurre a otra información estimulante, es decir, la corteza tiene que hacer algo, pues hay muchas actividades posibles en el cerebro como para permanecer inactiva".

El hecho de que estos cerebros fueran adultos, y le asignaran con tanta rapidez una nueva función a la corteza visual, demostraba que la neuroplasticidad no desaparece con la infancia. De hecho, a medida que los estudios revelan más y más ejemplos de la plasticidad del cerebro adulto, la idea de que existe una diferencia significativa entre el cerebro de las personas que pierden la visión en la primera infancia y el de las que lo hacen después ha sido puesta en duda.

El precio de la neuroplasticidad

Antes de entrar al mundo de las nuevas posibilidades sugeridas por los descubrimientos de la neuroplasticidad del cerebro adulto, es importante mencionar una desventaja significativa. Una de las alternativas para que los ciegos recuperen la visión es la denominada visión artificial, en la que una microcámara capta imágenes del mundo exterior, las transforma en impulsos eléctricos, y los envía a la corteza visual a través del nervio óptico. La premisa es que esta corteza ha estado esperando un mensaje del mundo exterior durante varios años o incluso décadas.

Pero investigaciones como las de Pascual-Leone sugieren que la corteza visual no es el mártir que sugiere este escenario. Aunque la información visual ha estado ausente durante muchos años, la corteza no ha permanecido inactiva y se ha apoderado de conexiones que procesan otros sentidos, como el del tacto y el auditivo. Estas conexiones rudimentarias se estimulan con el uso, se fortalecen, establecen nuevas vías, se mantienen ocupadas, y se encargan de toda la capacidad de procesamiento de la corteza "visual". En consecuencia, cuando la "neuroprótesis" transmite la información visual a la corteza visual, el resultado es decepcionante, pues la persona sigue sin poder ver. "La corteza visual ya ha sufrido profundos cambios plásticos y básicamente ha cambiado de función", dice Pascual-Leone. "Las informaciones previamente suprimidas han vuelto a surgir, y de eso se encarga la corteza 'visual'".

De manera semejante, las personas sordas cuyos cerebros se han reorganizado para que la corteza auditiva se convierta en el centro de recepción de la información visual, se benefician muy poco de los implantes de cóclea. Estos aparatos envían señales eléctricas a lo que una vez fue la corteza auditiva, pero esa área ya ha cambiado de función. Es como la antena de un radio que una vez estuvo sintonizada en la frecuencia A, pero que se cansó de esperar señales que nunca llegaron y se sintoniza sola en la frecuencia B, y cuando la frecuencia A transmite de nuevo, el receptor ya no puede recibirlas. Lo mismo sucede con los cerebros que no han recibido información auditiva desde el nacimiento: la corteza auditiva se olvida de las señales sonoras, y antes que permanecer inactiva, comienza a procesar señales visuales. Pero si las señales auditivas comienzan a llegar de nuevo, la corteza auditiva se encargará de procesarlas.

Los científicos han comprendido que si quieren restaurarle la visión a un ciego, tendrán que trabajar con la corteza visual en su estado actual, y no como aparece en los libros. Esto implica enviarle el tipo de señales a las que se ha adaptado la neuroplasticidad, es decir, táctiles y auditivas. Este sistema, llamado "aparato de substitución sensorial", capta imágenes visuales con una cámara pero las transforma en sonidos o en estímulos táctiles. En el caso del sonido, el aparato codifica los principales aspectos de una escena, tales como iluminación, localizaciones y sombras, valiéndose de la información auditiva. Las investigaciones apenas están comenzando, pero los primeros resultados sugieren que el cerebro de una persona ciega puede transformar estos "paisajes sonoros" en imágenes visuales.

El miembro fantasma

Cuando el neurólogo V. S. Ramachandran leyó el estudio sobre los monos de Silver Spring, pensó, "Dios mío, ¿es esta una explicación para los miembros fantasmas?". La acción de tocar las caras de los monos, como se describió en el capítulo 2, produjo actividad en la parte de la corteza somatosensorial que anteriormente procesaba las señales del brazo, mostrando que un área del cerebro que originalmente realizaba una función —en este caso, procesar las sensaciones del brazo— se había dedicado a otra función. Eso estaba muy claro. Pero por supuesto, los monos no iban a expresar lo que sentían. ¿Era como si les hicieran cosquillas·en la mejilla —lo que en realidad sucedía— o como si se las hicieran en su brazo, pues esta era la zona de la corteza somatosensorial que "sentía" originalmente? Ramachandran tenía claro que los monos no podían saberlo, pero las personas que habían sufrido una amputación sí.

"El miembro fantasma" no es la idea más respetada en la neurología. Ha existido casi desde el fin de la Guerra Civil norteamericana, cuando el término fue acuñado por el Dr. Silas Weir Mitchell para ilustrar la percepción de que un brazo, mano, pierna o pie amputado continúa sintiendo presión, calor, frío, picazón u otras sensaciones. Se calcula que el 70% de los amputados sienten el miembro fantasma. Los siquiatras lo atribuían al cumplimiento de un deseo.

Ramachandran invitó a Víctor Quintero, de diecisiete años, a que participara en un experimento. Víctor acababa de perder su brazo izquierdo en un accidente automovilístico, y juraba que todavía podía sentirlo. Ramachandran hizo que Víctor se sentara con los ojos cerrados y le tocó la mejilla izquierda con un copo de algodón, así como lo hizo el equipo de Tim Pons con los monos de Silver Spring.

"¿Dónde sientes esto?", le preguntó Ramachandran. "En la mejilla", respondió Víctor ante el estímulo. Ramachandran le tocó otro lugar de la mejilla. "¿Dónde sientes esto?", le preguntó. "En el dedo gordo de mi mano ausente", respondió Víctor. Luego le tocó un punto entre la nariz y la boca; "¿Y este?", le preguntó. Víctor dijo que le estaba acariciando el dedo índice de la mano amputada. Un roce debajo de la nariz había hecho que sintiera una picazón en su dedo izquierdo. Y cuando Víctor sintió un hormiguero en su mano amputada, se rascó la parte inferior de su cara para aliviar la sensación. (Ahora Víctor sabía dónde rascarse si los dedos de la mano amputada le picaban).

Ramachandran concluyó que las personas que habían perdido un miembro experimentaban una reorganización cerebral semejante a la de los monos de Silver Spring: las neuronas del cerebro que originalmente recibían señales de una mano se reprogramaron. Concretamente, el homúnculo sufre una metamorfosis y su rostro invade lo que una vez fue la mano, pues las dos zonas son adyacentes. Y como los pies y los genitales colindan en el homúnculo —o dicho de otra forma, la representación de un pie es contigua a la representación de los genitales— algunas personas que habían sufrido la pérdida de una pierna dijeron sentir sensaciones fantasmas en el miembro amputado mientras tenían relaciones sexuales.

Es obvio que los monos de Silver Spring no podían decir cómo sentían su reorganización cerebral. Por lo tanto, Ramachandran fue el primero en informar sobre un ser vivo que experimentaba conscientemente los resultados de la reorganización de su cerebro. Al igual que los animales de laboratorio, los amputados que pierden un miembro después de la infancia y experimentan esta reorganización cortical, muestran que el cerebro adulto —y no solo el cerebro desarrollado— es capaz de una reorganización a gran escala.

Otros estudios con amputados muestran que la neuroplasticidad permite que el cerebro se reestructure como si se tratara de un escultor que nunca está satisfecho. Christina Saccuman, del Instituto Científico San Raffaele en Milán, Italia, estudió a tres hombres que habían perdido la mano derecha en un accidente. Muchos años después del trauma —es decir, cinco, diez o veinte años después—, ellos iban a recibir transplantes de mano, un procedimiento que ha tenido éxito gracias a los avances de la microcirugía. Pero antes de la operación, los científicos observaron sus cerebros con fMRI para determinar las regiones que estaban activas durante el desarrollo de ciertas tareas específicas. Les pidieron a los pacientes que hicieran varias cosas: abrir y cerrar los dedos de la mano izquierda, extender y doblar sus brazos, abrir y cerrar la boca, y mover los dedos de la mano amputada. Después del transplante, los hombres recuperaron una dosis considerable de funcionalidad, y los científicos les hicieron repetir todos los ejercicios además de uno adicional: abrir y cerrar los dedos de la mano transplantada en términos reales, y no solo por medio de su imaginación.

Antes del transplante, la corteza somatosensorial de los hombres tenía básicamente el aspecto que se esperaba. La zona de la mano había sido invadida por la del brazo y la boca, tal como se había observado en los estudios de los monos de Silver Spring y en los realizados por Ramachandran con los amputados. Sin embargo, poco después de la cirugía, el área original de la mano localizada en la corteza somatosensorial realizó de nuevo su labor original, y registró las sensaciones de los dedos transplantados. Aunque en algunos casos habían pasado veintidós años desde el momento en el cual la parte de la mano de la corteza había dejado de tener noticias de esta extremidad, Saccuman concluyó durante el encuentro de la Sociedad para la Neurociencia en el 2004 que "se recobró una organización normal".

Una posible explicación descansaba en lo que había registrado la fMRI, cuando, antes del transplante, los hombres habían imaginado que movían su mano amputada. La región original de la mano en la corteza somatosensorial, así como la región de la mano en la corteza premotora (la que programa los movimientos), se activaron. Esto sugiere que aunque el cerebro llevaba varios años sin recibir señales eléctricas de una parte del cuerpo, nunca pierde la esperanza. La representación de los actos de la mano "persisten años después de las amputaciones", dijo Saccuman. "Los cambios funcionales inducidos por la antigua amputación de la mano son reversibles". Así como una amante abandonada conserva el cuarto de su pareja tal como él lo dejó, el cerebro también retiene un fragmento del recuerdo de lo que acostumbraba hacer la mano, y la posibilidad de hacerlo de nuevo en caso de recuperar esta extremidad.

Los derrames no son para siempre

Edward Taub también se inspiró en los monos de Silver Spring. Desde la primera vez que se preguntó por los efectos que tenía la desaferentación del brazo en un mono, tuvo una esperanza: que lo que había aprendido contribuiría a ayudarle a las personas a recuperarse de derrames y de otras lesiones cerebrales.

Cada año, alrededor de 750 000 norteamericanos sufren un derrame cerebral. Lo que sucede es que se forma un coágulo de sangre en un vaso sanguíneo, o se presenta una ruptura en este, suprimiendo el flujo de sangre a una parte del cerebro. Como la sangre contiene oxígeno que las células cerebrales necesitan para sobrevivir, estas tienen la posibilidad de morir. Sin embargo, las células pueden resistir más que las personas, y los médicos tienen un lapso de unas ocho horas para minimizar el daño administrando el medicamento TPA (activador del plasminógeno hístico) o reduciendo la temperatura del cerebro, lo que disminuye la demanda de oxígeno, del mismo modo en que una persona puede vivir más tiempo sin este elemento en un lago helado que en uno caliente. Sin embargo, muchas víctimas de derrame no reciben atención médica con la rapidez adecuada, especialmente porque no saben que han sufrido un derrame. En consecuencia, los derrames son la principal causa de discapacidad en el país, y se calcula que una tercera parte de las víctimas quedan con discapacidades serias y permanentes (no pueden caminar, mover los brazos o hablar).

Taub señaló que su trabajo con la desaferentación indicaba el camino para saber si el hecho de *aprender* a no utilizar el brazo afectado era la causa responsable de gran parte de la discapacidad de los pacientes que habían sufrido derrame y propuso una posible solución a este aprendizaje con problemas de adaptación. La terapia que se le había ocurrido se valdría del descubrimiento de una región cerebral de los monos de Silver Spring, la cual había realizado originalmente una labor, pero podía ser entrenada para realizar otra. A partir de esto, Taub dedujo que las personas en las que un derrame había inhabilitado una zona del cerebro podían recibir entrenamiento para hacer que otra región del cerebro asumiera la función de la parte inhabilitada.

Ese procedimiento se conoció como terapia de movimiento inducido por coacción. Taub le puso un cabestrillo en el brazo y una manopla en la mano ilesa a una paciente para evitar el movimiento, y creyó que ella no tendría otra alternativa que utilizar su brazo afectado si quería tomar algo, comer, vestirse o realizar los dispendiosos ejercicios de rehabilitación que les asignaba a sus pacientes. Fue una batalla dura desde el comienzo. "Los estamentos terapéuticos se oponían a la idea de que la terapia después de un derrame pudiera revertir los efectos neurológicos", me dijo Taub. "La posición oficial de la Asociación Americana para el Derrame era que la rehabilitación de los pacientes con derrame crónico solo aumenta su confianza y fortaleza muscular, pero no cura el daño cerebral".

Cuando los problemas legales relacionados con los monos de Silver Spring quedaron atrás, Taub se vinculó a la Universidad de Alabama-Birmigham. Allí, en 1987, y en compañía de algunos colegas de mentalidad abierta, comenzó a trabajar con cuatro víctimas de derrame que pertenecían al grupo que conservó su capacidad de mover el brazo afectado. Taub hizo que sus pacientes llevaran un cabestrillo en el brazo sano casi el 90% del tiempo durante dos semanas. En diez de esos días —dos semanas de cinco días—, ellos se sometieron a un entrenamiento intensivo de seis horas, en el cual lanzaron bolas, jugaron cartas y dominó, cogieron sándwiches y se los llevaron a la boca. Varias veces intentaron estirar el brazo para tomar una clavija, sujetándola con la fuerza suficiente para que no se les cayera, estiraron de nuevo el brazo en dirección al agujero que había en el tablero, y tenían que pasarla por el agujero adecuado. Era algo incómodo de observar, y quien lo hiciera, contenía el aliento como cuando un gimnasta hace un movimiento arriesgado. La recompensa que obtenían al insertar exitosamente la clavija era la de intentarlo de nuevo... Una y otra vez. Si el paciente no lograba alcanzarla, el terapeuta los tomaba de la mano, les dirigía el brazo hacia la clavija, luego hacia el agujero y los animaba.

Después de solo diez días de terapia, Taub observó que los pacientes habían recuperado de manera significativa el uso del brazo que supuestamente quedaría afectado de por vida. Podían ponerse un suéter, retirarle la tapa a una botella y tomar un fríjol con una cuchara y llevárselo a la boca. Podían hacer casi el doble de las actividades cotidianas que los pacientes que no recibían terapia, y que no habían sufrido un derrame reciente como para recuperar el movimiento de manera espontánea, tal como lo hacen muchos. No, estos pacientes habían sufrido el derrame más de un año antes del comienzo de la terapia, mucho tiempo atrás del período en el que, según las creencias populares sobre la rehabilitación, ya era demasiado tarde para recuperarse espontáneamente o con ayuda de terapia. Dos años después de terminar el tratamiento, los pacientes de Taub se cepillaban los dientes, podían peinarse el cabello, comían con tenedor y cuchara, y podían tomar un vaso y beber de él.

La ciencia no funciona como lo hacen suponer los periódicos. Muchas veces los estudios no pueden cambiar la opinión de la ortodoxia, sobre todo si derriba creencias populares que se han mantenido vigentes durante varias décadas: al contrario, aunque la terapia inducida por la fuerza hizo que los pacientes presentaran una mejoría significativa, a Taub le seguían negando los fondos para financiar su investigación. Pero a medida que aumentó el número de pacientes que mostraron un progreso en su recuperación, se hizo evidente que él tenía razón: los cerebros viejos, e incluso los que han presentado daños, retienen parte de su antigua neuroplasticidad, al menos la suficiente para que las funciones de una región que ha sufrido daño se reacomoden en la corteza motora y sean asumidas por una región intacta.

El mayor logro que obtuvo Taub con su terapia fue a comienzos del 2006, cuando él y sus colegas divulgaron los resultados de la prueba más rigurosa que habían realizado. Reclutaron a cuarenta y un pacientes que habían sufrido un derrame cuatro años y medio antes del estudio en promedio. Veintiuno de ellos recibieron terapia con movimiento inducido durante seis horas diarias, en un lapso de diez días, recibiendo entrenamiento en tareas como utilizar el brazo afectado mientras tenían atado el brazo ileso. Los veinte pacientes restantes sirvieron de control, y recibieron entrenamiento de fuerza, equilibrio y energía, así como en juegos de la inteligencia, y ejercicios de relajamiento, pero nada que tuviera que ver específicamente con su brazo "inútil".

Dos semanas después, este grupo mostró mejorías significativas en la calidad y tiempo de uso de su brazo afectado, comparado con el grupo de control que no participó de la terapia. Incluso dos años después, el primer grupo de voluntarios conservaba su destreza y era capaz de utilizar el brazo —que en esa época prácticamente ya no estaba afectado— notoriamente más y mejor que los miembros del segundo grupo que no habían recibido entrenamiento. Los pacientes habían superado lo que Taub llama "falta de uso", en la que, de forma comprensible, los pacientes dejan de mover el brazo afectado. Pero hubo otro factor responsable de la mejoría: los científicos informaron que la terapia generó "una reorganización cerebral a gran escala y dependiente del uso, en la que muchas zonas del cerebro fueron reclutadas" para asumir la función de la región inhabilitada por el derrame. El estudio mostró que "la plasticidad del cerebro que depende de la actividad puede aprovecharse a través de un comportamiento apropiado o de técnicas de rehabilitación, para producir un efecto terapéutico a nivel clínico en las deficiencias motoras crónicas después del daño neurológico". Hay que resaltar que estos pacientes eran adultos mayores y, sin embargo, sus cerebros cambiaron.

Estos estudios derribaron el paradigma de que cuando una región cerebral sufre daño por un derrame, la función que cumplía queda inhabilitada para siempre. Al contrario, el cerebro es capaz de reclutar neuronas saludables y que generalmente están cerca, para que cumplan las funciones propias de las deterioradas. Ahora es evidente que la neuroplasticidad hace que el cerebro varíe las funciones originalmente asignadas a las neuronas. Sin embargo, lo que aún no está claro es la base neurológica para la mejoría que tiene la terapia de movimiento inducido por la fuerza. Las neuronas que anteriormente no tenían nada que ver con el movimiento de un brazo o de una pierna, deben ser reclutadas para enviar señales a las motoneuronas espinales, que a su vez, envían señales eléctricas para mover el miembro que estuvo paralizado. Los experimentos en cortezas visuales que sienten, y en cortezas auditivas que ven, sugieren claramente que estos cambios de funciones siempre han estado presentes, al igual que los reservistas que entrenan pero no entran en acción mientras haya tropas en la primera línea de combate. De manera semejante, cuando un derrame incapacita las neuronas de la corteza motora primaria que una vez controló el movimiento de una pierna o brazo, estas "reservistas" se activan. La pregunta es: ¿De dónde vienen?

En teoría, las nuevas reclutas pueden venir de varios lugares; por ejemplo, de la corteza motora primaria en el hemisferio opuesto que no ha sufrido daño. Aunque la corteza motora derecha generalmente mueve el lado izquierdo del cuerpo, y la corteza izquierda mueve el lado derecho, es probable que algunas neuronas caprichosas de la corteza motora derecha mantengan conexiones tentativas con el lado derecho del cuerpo, y que la corteza motora izquierda haga lo propio con el izquierdo. O tal vez las otras regiones del cerebro encargadas del movimiento (las neuronas de las áreas premotora y suplementaria que generalmente solo planean y comienzan los movimientos pero no los ejecutan, como sí lo hace la corteza motora primaria), las neuronas de los ganglios basales (que parecen codificar movimientos repetidos y habituales) o las neuronas del cerebelo (encargadas de la orientación visual del movimiento), dan un paso adelante y entran en acción.

A fin de descubrir qué era exactamente lo que estaba cambiando en el cerebro, Taub y sus colegas alemanes utilizaron estimulación magnética transcraneal en trece de los pacientes cuyo derrame crónico les había afectado considerablemente los brazos y las manos. La descarga magnética incapacitó temporalmente un lugar tras otro de la corteza motora y de la izquierda, y de las regiones que controlaban la mano, para ver cuáles regiones participaban en los pocos movimientos que podían hacer. Los científicos repitieron las descargas después de que los pacientes habían recibido doce días de terapia de movimiento inducido.

El tratamiento hizo que el área de la corteza motora que controlaba la mano afectada aumentara su tamaño de manera significativa. Incluso en los pacientes con lesiones sufridas por derrame diecisiete años atrás, las redes neuronales en el hemisferio afectado se habían hecho más activas, particularmente las adyacentes a las que originalmente habían controlado el brazo, informaron los científicos en el año 2000. Taub lo denominó "reorganización cortical dependiente del uso". Gracias a la terapia de movimiento inducido, el cerebro había reclutado a la corteza motora saludable para encargarse de aquello que el tejido afectado ya no podía realizar. "El área responsable de la generación de los movimientos del brazo afectado prácticamente se duplicó en tamaño, y las partes del cerebro adyacentes a la del infarto que normalmente no participaban fueron reclutadas", dijo Taub. Esta fue la primera vez que un experimento demostraba la reorganización del cerebro como resultado de una terapia física posterior a un derrame. Para Taub, que había trabajado casi treinta años para lograr este resultado, fue un triunfo científico y una reivindicación personal, después de la debacle sufrida con los monos de Silver Spring.

Sin embargo, reclutar tejido saludable adyacente al afectado por un derrame no es la única forma en que los pacientes pueden efectuar el movimiento. En el NIH, Mark Hallett comenzó a sospechar que si el daño no afectaba muchos tejidos alrededor de la lesión, se presentaba lo que él llamó una reorganización local: las neuronas vecinas reemplazan al grupo que inicialmente movían por ejemplo el brazo derecho. Esto fue lo que observó Taub. Pero Hallett dice que si el daño es mayor, entonces una región más distante puede ser reclutada para asumir la función de la corteza premotora que ha sufrido el daño. Generalmente, esta corteza es como la sala en la que los participantes de un programa de entrevistas esperan antes de ser llamados. La vía principal que sale de la corteza promotora —las conexiones neuronales que transmiten las señales que esta genera— conduce a la corteza motora, de modo que puede decirse que la corteza premotora es el lugar en el que la planeación de movimientos adquiere una forma tangible. Pero aparentemente, la corteza premotora reserva algunos conductos para casos de emergencia, tales como un derrame que discapacite algún lugar en la corteza motora. En ese caso, las señales van directamente a la columna vertebral y luego se dirigen a los nervios hasta llegar al músculo que se va a mover. "Tal parece que la corteza premotora puede tomar el mando", dice Hallett. "No dejó de ser una sorpresa, pues se suponía que la corteza premotora solo planea los movimientos, pero no los ejecuta".

Sin embargo, esto no es todo lo que la neuroplasticidad puede hacer en favor de un cerebro que ha sufrido daños a causa de un derrame. En algunos casos, el otro hemisferio entra en acción. Si el daño se presenta en la corteza motora derecha que controla el lado izquierdo del cuerpo, entonces la corteza motora izquierda puede encargarse de eso. No lo hace de una manera tan eficiente como la corteza derecha, y los movimientos son menos controlados, más débiles y espaciados. Sin embargo, es mucho mejor que la parálisis. "Estoy convencido de que el tejido adyacente, e incluso la corteza premotora del hemisferio original, son los principales causantes de la recuperación", dice Hallett. "Pero en algunos casos, hemos observado que el otro hemisferio ha sido reclutado". Sin embargo, lo que es claro es que "mientras más rápida e intensiva sea la terapia, mejores serán los progresos de los pacientes con derrame", dice él. "El cerebro intenta curarse a sí mismo".

A pesar de tener dos estudios clínicos y numerosas investigaciones de laboratorio que mostraban el valor de la terapia de movimiento inducido, Taub se enfrentó a una espinosa pregunta práctica. La técnica que había demostrado aumentar el uso del brazo afectado incluso muchos años después del derrame, aunque el daño hubiera sido moderadamente severo, no se estaba aplicando a muchos pacientes; además, era sumamente dispendiosa: cada paciente tenía que pasar muchas horas con un terapeuta, razón por la cual muchos pacientes no podían tener acceso a la terapia, y los centros de rehabilitación no enviaban a su personal para recibir capacitación (y mucho menos ofrecían la terapia en términos masivos). Entonces, Taub y sus colegas desarrollaron el sistema AutoCITE (extensión de la terapia inducida). En el año 2004, ellos informaron que seis pacientes crónicos de derrame habían utilizado exitosamente el sistema remoto: luego de practicar tres horas diarias durante dos semanas, su brazo sano estuvo impedido por una manopla durante el 90% del tiempo que estaban despiertos, y experimentaron una mejoría tan notable en la movilidad como la de los pacientes que fueron tratados individualmente. Esto abrió las puertas para que la terapia estuviera al alcance de aquellos pacientes de derrame que no tenían acceso a un centro con experiencia en terapia de movimiento inducido.

El cerebro musical

Aunque Edward Taub continuó mejorando la terapia de movimiento inducido, aún tenía preguntas más amplias sobre la neuroplasticidad del cerebro adulto. En la primavera de 1995, se encontraba en Alemania en compañía de su esposa para reunirse con algunos de sus colaboradores científicos. Durante una cena con Thomas Elbert, de la Universidad de Constanza, Taub le preguntó si había una actividad normal humana en la que se presentara un gran aumento en el uso de una mano con respecto a la otra. Mildred Allen, su esposa soprano, quien era la solista de la Ópera de Santa Fe, dijo: "Es muy sencillo: la mano izquierda de los músicos que tocan instrumentos de cuerdas".

Cuando un músico diestro toca el violín, los cuatro dedos de la mano izquierda se mueven continuamente por el diapasón, razón por la cual se les denomina "los dedos que tocan", mientras que el dedo gordo sujeta el cuello del violín, cambiando muy poco de posición, y los dedos de la mano derecha escasamente ejecutan movimientos depurados. Si una parte del cuerpo demandaba más del espacio de la corteza destinado para ella, eran los cuatro dedos de la mano que pulsan las cuerdas.

Para ver si esto era cierto, Taub y sus colegas reclutaron a seis violinistas, a dos violonchelistas y a un guitarrista que habían tocado sus instrumentos durante un período de siete a diecisiete años. Y para establecer una comparación, reclutaron a seis personas que no tocaban ningún instrumento. Los voluntarios permanecieron sentados, mientras un aparato aplicaba una presión leve en sus dedos; era una versión del aparato que había utilizado Merzenich para tocarles la piel a los monos. Mientras tanto, un magnetoencefalograma registraba la actividad neuronal de la corteza somatosensorial. El grado espacial de actividad en el que fuera estimulado el dedo índice izquierdo —por ejemplo— indicaría la cantidad de espacio cortical destinado a recibir las sensaciones de ese dedo.

En este sentido, no hubo diferencia entre los músicos y el otro grupo cuando se registró la sensación de los dígitos de la mano derecha, pero sí hubo una substancial en la cantidad de espacio cerebral destinado a los dedos más utilizados por los músicos, según quedó consignado en el informe científico. El espacio cortical destinado a registrar las sensaciones de los dígitos de la mano izquierda de los músicos fue mucho mayor que la del otro grupo. La diferencia fue más notoria en aquellos que comenzaron a tocar antes de los doce años.

El estudio captó la atención de los medios, y para consternación de Taub, casi todos los cronistas insistieron en que un cerebro dispuesto desde una edad muy temprana a las exigencias propias de tocar violín presenta mayores alteraciones que un cerebro que recibe exigencias a una edad más tardía. Taub creyó que esto era poco sorpresivo y casi trivial. Lo importante, dijo él, era que el área cortical destinada a los dedos encargados de tocar los acordes había aumentado incluso en las personas que habían comenzado a tocar cuando eran adultas. "Todos sabían" que el cerebro de un niño tiene una plasticidad natural, expresó él, de modo que se suponía que sus cerebros cambian cuando utilizan sus dedos repetitivamente al tratar de obtener los sonidos apropiados. La verdadera noticia, dijo él, era que "también se presenta reorganización cortical dependiente del uso aunque la persona comience a tocar el violín a los cuarenta años".

Para un ortodoxo, también existía otra posible conclusión lógica: que las personas que nacen con más espacio cortical dedicado a los dedos con los que se toca un instrumento de cuerdas tienen una ventaja natural y, por lo tanto, presentarían una mayor tendencia a tocar violín que alguien cuyo cerebro no haya destinado un espacio adicional para esos dedos. Pero si se toman los resultados en conjunto con lo que Merzenich había observado en los monos —que la estimulación sensorial adicional aumenta la región del cerebro que se especializa en procesar la información táctil—, la interpretación de Taub tiene sentido, pues mientras más se utilicen los dedos de tal forma que la sensibilidad se agudice —como cuando se toca el violín—, el cerebro tiende a reaccionar y a distribuir un mayor espacio cortical. La relocalización se presenta incluso en músicos que comienzan a tocar después de la infancia, mostrando que la reorganización según el uso no es exclusiva de un cerebro joven. Sin importar la edad a la que comience a tocar un músico, mientras más años de práctica tenga, mayor será la representación en su corteza motora de la mano con la que toca los acordes.

Reentrenando al cerebro para ver

Gracias a la popularidad de las imágenes cerebrales, los cartógrafos neurales han identificado no solo las regiones responsables de funciones generales como ver, escuchar o sentir, sino también otras completamente específicas, como reconocer rostros, jugar scrabble, generar verbos, resolver problemas matemáticos y crear metáforas.

Con semejante especificidad, no pensaríamos que el cerebro fuera muy reticente a la relocalización. Sin embargo, esto no es cierto; pueden presentarse cambios dramáticos cuando la información que recibe la corteza cambia significativamente. Los músicos de Taub mostraron esta "reorganización según el uso", al igual que los amputados de Ramachandran. En el primer caso, un aumento de la información sensorial de los dedos de la mano izquierda que realizan un gran esfuerzo al tocar las cuerdas hace que aumente la región del cerebro que registra el sentido del tacto de esos dedos. En el segundo caso, la disminución de la información sensorial, o incluso la eliminación de esta, tal como se presenta en el caso de los amputados, hace que las áreas de la corteza somatosensorial de la mano y del brazo sean invadidas por las áreas adyacentes del rostro.

Aunque los primeros descubrimientos de la neuroplasticidad del cerebro adulto se dieron por medio de estudios en personas que habían perdido un miembro o sufrido un derrame, no había motivos para pensar que la corteza motora o la somatosensorial —las regiones del cerebro que cambian en estos casos— fueran las únicas maleables. Como dice Taub, "todo es tejido neural. Dados los descubrimientos sobre la plasticidad de la corteza visual, demostrada por los estudios de ciegos en los que esta región de la 'visión' siente o procesa el lenguaje, era lógico preguntarse si también podría reestructurarse de modo que los pacientes se vieran beneficiados".

En la degeneración ocular, el centro de la retina —la fosita— sufre daños serios y los pacientes quedan sin visión central, teniendo que recurrir exclusivamente a la visión periférica, razón por la cual presentan dificultades o incluso imposibilidad para leer, conducir o reconocer a las personas. A nivel celular, el daño de la fosita implica que las señales eléctricas dejan de viajar de la parte central de la retina a la corteza visual.

Esta corteza, al igual que la somatosensorial y la motora, no es una masa indistinta, sino más bien una región zonificada de manera impecable. "Contiene un mapa detallado de espacio visual", dice Chris Baker del Instituto Tecnológico de Massachusetts, quien expuso su trabajo durante el encuentro anual de la Sociedad para la Neurociencia en el 2004. Los lugares adyacentes de la corteza visual responden a los lugares cercanos de la retina. Expresado de otra manera, las señales que viajan desde dos lugares específicos en la retina llegan a lugares de la corteza visual que tienen la misma relación espacial de la que provenían. Si la fosita está inhabilitada, la región de la corteza visual que recibe las señales de la visión central será como un terreno desolado en cual que no se presenta ninguna actividad.

Otras regiones de la corteza visual interpretan esto como una especie de invitación e invaden el espacio ajeno, así como un promotor de bienes raíces puede inspeccionar un lote subutilizado. Los científicos utilizaron fMRI para medir la actividad de la corteza visual en dos voluntarios con degeneración ocular, quienes inicialmente observaron fotos de rostros, objetos y escenas con su visión periférica, y luego con su visión central. No podían ver nada que tuvieran enfrente debido al daño en la fosita, y cuando les colocaron una foto en esa posición, giraron la cabeza para observarla con la visión periférica. "Observamos que la parte del cerebro que solo respondía a la información visual central en personas con visión normal, ahora respondía a la información visual periférica", dice Baker. La parte del cerebro que atendía las señales de la fosita se estaba encargando de aquellas provenientes de la visión periférica. No había permanecido como un lote desolado y sin actividad, sino que había sido invadida por los "vecinos" y rezonificada en función de la visión periférica. Esto había ocurrido en personas que ya eran adultas. "El cerebro visual es modificable incluso hasta una edad muy avanzada", dice Baker. "El hecho de que la reorganización del cerebro se presente en personas con degeneración ocular, sugiere que podríamos desarrollar estrategias de rehabilitación más efectivas para personas que sufran de esta devastadora enfermedad".

Es importante señalar que la neuroplasticidad no es un término glamoroso que describa los cambios celulares responsables de la formación de la memoria y, por lo tanto, del aprendizaje. Las nuevas sinapsis, es decir, las conexiones entre una neurona y otra, son la manifestación física de los recuerdos, y el cerebro presenta continuos cambios físicos en este sentido. Sin embargo, la neuroplasticidad va más allá de esto:

genera cambios importantes en las funciones de áreas particulares del cerebro. El espacio cortical inicialmente destinado a una labor es asignado de nuevo y comienza a realizar otra. El cerebro se modifica a lo largo de la vida en respuesta a estímulos exteriores, a su ambiente y a sus experiencias. Tal como lo demostraron los violinistas y pacientes de derrame de Taub, los lectores de Braille de Pascual-Leone, o los amputados de Ramachandran, los sistemas cerebrales conservan en la edad adulta la capacidad de responder a informaciones alteradas, y de reorganizarse a sí mismos para cumplir con dichas labores. "La elasticidad es una propiedad intrínseca del cerebro humano", dice Pascual-Leone, cuyo trabajo con lectores de Braille y pacientes vendados demostró que la plasticidad permite que la corteza visual vaya más allá de su destino nominal. "El potencial que tiene el cerebro adulto de reprogramarse puede ser mucho mayor de lo que se creía inicialmente", concluyeron él y sus colegas en el 2005.

Pascual-Leone considera que la neuroplasticidad es la forma evolutiva para permitir que el cerebro derribe las barreras "de sus genomas" y escape al destino que generalmente hace que una zona procese información visual y otra haga lo propio con la auditiva, que una parte de la corteza somatosensorial procese sensaciones del dedo índice derecho, y otra lo haga con las señales del dedo gordo: los genes establecen todo eso, pero no pueden saber cuáles demandas, desafíos, pérdidas y golpes recibirá el cerebro, así como los padres no pueden saber qué dificultades y penas tendrán sus hijos cuando crezcan. En lugar de establecer reglas estrictas de comportamiento, los padres con criterios sólidos les enseñan a sus hijos a responder a cada situación según se presente, y a adaptar su comportamiento a los desafíos que aparezcan. Asimismo, la naturaleza ha dotado al cerebro humano, y le ha conferido la flexibilidad para adaptarse al ambiente que encuentre, a las experiencias que viva, a los daños que sufra, y a las demandas que le imponga su poseedor. El cerebro no es inmutable ni estático, sino que se remodela continuamente gracias a la vida que llevamos.

Sin embargo, hay una salvedad: estos cambios únicamente ocurren cuando el individuo (o el mono) está atento a los factores que los producen. Como veremos, si yo pasara los dedos de su mano izquierda por las cuerdas de un violín mientras usted está dormido y lo hiciera una y otra vez, la región de la corteza somatosensorial que registra las sensaciones de estos dedos no aumentaría de tamaño. Este fue un indicio observado incluso en los primeros experimentos que realizó Michael Merzenich con monos, de que la actividad mental afecta, e incluso estimula, la neuroplasticidad. Es decir, que esta ocurre solo cuando la mente se encuentra en un estado particular, caracterizado por la atención y la concentración. La mente juega un papel. La pregunta es: ¿Qué poder tiene sobre el cerebro?

Capítulo 6

Mente sobre materia

La actividad mental cambia el cerebro

La larga sombra de Descartes

Durante una visita a una facultad de medicina, el Dalai Lama fue invitado a observar una operación del cerebro (con el permiso de los familiares del paciente), y posteriormente se sentó con los neurocirujanos a hablar de lo que sabía la ciencia sobre la mente y el cerebro. Recordó las muchas conversaciones que había disfrutado a lo largo de los años con los neurocientíficos, quienes le habían explicado que la percepción, la sensación y otras experiencias subjetivas, reflejaban cambios químicos y eléctricos en el cerebro. Cuando los impulsos eléctricos viajan a través de nuestra corteza visual, vemos; y cuando los neuroquímicos se desplazan a través del sistema límbico, sentimos, algunas veces en respuesta a un evento del mundo exterior, y otras como resultado de un pensamiento generado exclusivamente por la mente. El Dalai Lama recordó que los científicos le habían explicado que incluso la conciencia es solo una manifestación de la actividad cerebral, y cuando el cerebro deja de funcionar, la conciencia se evapora como la bruma matinal.

Sin embargo, el Dalai Lama dijo que tenía una objeción con respecto a esta explicación. Si uno acepta la idea de que la mente es un producto del cerebro, y que los sentimientos y pensamientos son expresiones de la actividad cerebral, ¿no es posible una causalidad de dos vías, es decir, que además de que el cerebro suscite pensamientos, sentimientos y otras actividades cognitivas que conforman lo que llamamos mente, algunos aspectos de esta pueden influir también en el cerebro y producir cambios físicos en la materia que la creó? En este caso, la flecha de la causalidad señalaría en ambas direcciones y el pensamiento puro alteraría la actividad química y eléctrica del cerebro, sus circuitos, e incluso su estructura.

El cirujano escasamente hizo una pausa antes de responderle, y le explicó con paciencia que los estados físicos generan los mentales, y que la causalidad de lo mental a lo físico no era posible. El Dalai Lama tuvo la amabilidad de no insistir. No era la primera vez que un neurocientífico descartaba la posibilidad de que la mente pudiera cambiar el cerebro, y de que la conciencia no fuera reductible a la materia.

Pero "en aquel entonces creía, y todavía lo hago, que aún no existe una base científica para una afirmación tan categórica", escribió en su libro *El universo en un solo átomo*, publicado en el 2005. "La idea de que todos los procesos mentales son necesariamente procesos físicos es una suposición metafísica y no un hecho científico".

Los textos clásicos budistas hablan muy poco sobre el cerebro. El descubrimiento de que esta masa que pesa casi tres libras y tiene la consistencia de un queso blando sea el centro de nuestra vida mental y emocional solo data de hace apenas unos cuantos siglos, mientras que muchos textos budistas tienen más de mil años de antigüedad. No había más razones para concentrarse en el cerebro que para meditar en las pestañas del ojo izquierdo. El budismo explora los cinco sentidos y su relación con la mente, explica Thupten Jinpa, un académico budista que desde hace mucho tiempo es el traductor del Dalai Lama al inglés. "Los textos budistas reconocen que los órganos sensoriales son la base de las sensaciones físicas y los medios por los cuales estas sensaciones exteriores son transformadas en nuestra mente", dice. "Las discusiones sobre la forma en que lo mental puede afectar a lo físico se dan en el contexto de la sanación, de cómo los procesos del pensamiento pueden afectar el cuerpo, y cómo la meditación también puede influir en él y permitirle su curación". Gracias al descubrimiento de la ciencia occidental de que el cerebro es el órgano de la cognición y la emoción, el acto de aplicar estas creencias budistas tradicionales a la forma en que la mente pueda influir en el cerebro no supuso ninguna revolución.

El Dalai Lama no tenía objeciones al hecho de que la actividad cerebral genera la actividad mental, pero creía que era prematuro reducir esta última a la primera. Era probable que algunos aspectos de la conciencia no puedan explicarse en términos de descargas de corriente eléctrica o de la liberación y absorción de neurotransmisores en el cerebro. En estos casos, este órgano no podría explicar el funcionamiento de la mente, lo que implica que hay un aspecto de esta que se mantiene separado y aparte del cerebro. Como les dijo el Dalai Lama a los científicos que lo visitaron durante el Encuentro sobre la Mente y la Vida realizado en el año 2000: "Estoy interesado en saber hasta qué punto la mente en sí, y los pensamientos sutiles y específicos, pueden influir en el cerebro. En ese caso, no sería una correlación de una sola vía del cerebro a la actividad mental, sino una correlación de la actividad mental al cerebro". Y no solo se trata de una correlación antigua, sino también causal, en la que los estados mentales afectan a las neuronas y a los circuitos que los generan. El neurocientífico Francisco Varela no tardó en señalar: el estado mental también debe estar en capacidad de modificar la condición del cerebro. Esto es necesariamente cierto. Sin embargo, no es una idea que haya sido ampliamente explorada, porque parece ser contraria a las suposiciones de Occidente, pero está implícita lógicamente en lo que la ciencia dice en la actualidad".

Sin embargo, "implícita lógicamente" es una condición muy diferente de lo que es amplia y explícitamente aceptado. Lo más lejos que han llegado los científicos al reconocer que la mente puede moldear el cerebro es interponiendo un intermediario: el cerebro mismo. Según las creencias convencionales, el cerebro genera los estados mentales. Un determinado patrón de neuronas que se activen aquí y unos neurotransmisores que las reciban allá generan algún tipo de actividad mental o, por decirlo de alguna manera, una intención. Al igual que todo estado mental, la intención tiene una correlación neural, un estado cerebral correspondiente, marcado por la actividad en un circuito específico, tal como es detectado por una fMRI. La correlación neural de la intención es diferente a la del estado cerebral que la causó, y puede —y así lo hace— generar estados cerebrales subsiguientes. Así que mientras podemos pensar ingenuamente que la intención hace que el cerebro cambie, lo que realmente sucede es algo muy mundano: el estado cerebral que corresponde a la intención afecta otro aspecto del cerebro de un modo perfectamente newtoniano, con descargas eléctricas o químicas en algún punto que alteran la electricidad y la química en otro. Esto es todo lo que se necesita para explicar los cambios cerebrales: que un estado cerebral genera otro. El paso intermedio de un estado mental al que le damos el nombre de "intención" es simplemente una distracción, un epifenómeno que no tiene poder causal propio. El cerebro y sólo él se afecta a sí mismo. Al menos eso le dijeron los científicos al Dalai Lama.

La idea de que solo el cerebro actúa exclusivamente sobre él, refleja una visión que la filosofía llama "cláusula causal", la cual sostiene que únicamente lo físico puede influir sobre lo físico. Un bate de béisbol puede mover una bola, una mano puede levantar una taza, las moléculas de aire pueden mover la hierba. Pero un fenómeno que no sea físico no tiene el poder de afectar algo que esté conformado por tejidos, moléculas y átomos. En este orden de ideas, algo no físico como la intención no es lo que hace que el cuerpo se levante de la cama. Es la manifestación física de esa intención, el conjunto de señales eléctricas vibrando en el cerebro, lo que hace que el cuerpo se levante de la cama.

El budismo rechaza la irreductibilidad de la mente a la materia, y esta creencia no es un impedimento menor cuando se trata de encontrar paralelos entre el budismo y la neurociencia. Este fue el "elefante blanco" del salón donde se realizó el Encuentro de la Mente y la Vida del 2004. Los científicos estaban tan seguros de que todo lo referente a la mente es reducible al cerebro, y que la mente es más que un producto del cerebro, que ni siquiera se molestaron en discutir el tema con los budistas. Pero sucede que en su pregunta inocente al cirujano, el Dalai Lama había abordado algo en lo que la neurociencia ha comenzado a indagar recientemente, después de más de un siglo de considerar la idea del dualismo como una noción pintoresca propia de una era precientífica.

Fue René Descartes, el filósofo francés del siglo XVII, quien propuso el dualismo como un principio científico. Descartes creía que el ámbito mental de los pensamientos fugaces, de las sensaciones evanescentes, y del mundo material de las piedras y las sillas, eran dos campos paralelos pero distintos de la realidad, que actualmente denominamos como mente y materia. Esto era perfectamente consonante con las ideas de su época, en la que los científicos no tenían la menor idea de cómo funcionaba el cerebro. Tal como escribió el filósofo inglés Henry More, el cerebro "muestra tan poca capacidad de pensamiento como una bola de sebo o una taza de requesón". Suponer que la masa viscosa del cerebro era capaz de pensar, de alcanzar el genio, o de sentir amor, era ridícula. Pero a mediados del siglo XVII, un grupo de filósofos naturalistas —alquimistas, médicos y hombres de fe conocidos como el Círculo de Oxford y liderados por Thomas Willis— emprendieron la primera investigación científica del cerebro y del sistema nervioso.

Considerado como el padre de la neurología moderna, Willis estaba convencido de que la multitud de fisuras y pliegues del cerebro generan pensamientos y recuerdos, sensaciones y percepciones. Insistía en que todo lo que hace el cerebro, refleja una danza intrincada de químicos en los nervios recibidos por él, lo cual suponía una objeción a las corrientes de pensamiento materialistas y reduccionistas sobre el pensamiento que han persistido hasta la actualidad: que todo lo que llamamos "mental" (incluyendo lo "emocional") es únicamente una manifestación de la actividad cerebral, y que todo lo que hay en el ámbito mental debe reducirse a eventos físicos. Mente y cerebro, lo mental y lo físico, son considerados idénticos. No se trata simplemente de que los procesos neurales generen procesos conscientes, como señaló el filósofo Colin McGinn al describir la visión predominante en la neurociencia: "Los procesos neurales son procesos conscientes. No se trata simplemente de que estos procesos sean un aspecto de los procesos neurales, sino más bien que un estado consciente posee más elementos que su correlativo neural". Creer en lo contrario (en la idea dualista de que la mente tiene algún tipo de independencia del cerebro) es suficiente para no recibir invitaciones a las fiestas que ofrecen los neurocientíficos.

Pero en los años noventa, cierto aroma de incertidumbre sobre la identidad de la mente y el cerebro comenzó a filtrarse en los estamentos de la neurociencia. El filósofo John Searle, que había demostrado los misterios de la mente y el cerebro de una manera tan contundente como ningún otro académico contemporáneo, describió el problema con las siguientes palabras: "Hasta donde sabemos, las características fundamentales del mundo físico son descritas por la física, la química y las demás ciencias naturales. Pero la existencia de fenómenos que no son evidentemente físicos o químicos, producen desconcierto... ¿De qué manera una realidad mental, el mundo de la conciencia, de la intencionalidad y otros fenómenos mortales, encajan en un mundo conformado exclusivamente por partículas físicas en campos de fuerza?".

Este rompecabezas acerca de cómo los patrones de la actividad neural se transforman en una conciencia subjetiva "permanecen como el misterio cardinal de la existencia humana", señaló el neurobiólogo Robert Doty en 1998. Aunque los científicos se han vuelto notablemente adeptos a entender los mecanismos fisiológicos de la percepción, sus investigaciones no consiguen explicar por qué la percepción se siente de la forma en que lo hace. Yo podría ofrecerle la explicación neurofisiológica más detallada de lo que hace el cerebro cuando usted se siente triste, pero si nunca se ha sentido así, esta explicación no le permitiría entender el significado de la tristeza. De manera semejante, si usted tiene un trastorno en la percepción del color y ve las sombras rosadas como púrpuras, y el color marrón y el del óxido con la misma tonalidad, por más que yo le explique detalladamente cómo surge la percepción del rojo en el cerebro, usted nunca tendría conocimiento de la *sensación* del rojo. Un estado mental, bien sea el sentido del color rojo, el sonido de la letra *b*, y la emoción de la tristeza o la sensación del dolor, es mucho más que sus correlativos neurales. Esto es lo que los científicos llaman la brecha explicativa, que nunca ha sido descifrada. Como lo dijo McGinn: "El problema con el materialismo es que intenta una construcción de la mente a partir de propiedades que se niegan a agregarse a la mentalidad".

Algunos iconoclastas han empezado a abordar en serio este "problema". Aunque comienzan con la premisa básica de que la mente surge a partir del cerebro, se distancian de lo establecido al señalar que la mente es algo más que una actividad física del cerebro. Para nuestros propósitos, el corolario de esa postura es lo que resulta interesante: lo que la mente hace puede cambiar el cerebro. Según los "emergentistas", algo perteneciente a un orden tan superior como la mente puede afectar a otra de un orden tan inferior como los procesos que la crearon, y lo que surge tiene el poder de influir en aquello de lo que surgió.

El neurocientífico Roger Sperry, quien recibió el Premio Nobel y enseñó en el Instituto de Tecnología de California desde 1954 hasta su muerte en 1994, desarrolló la modalidad más rigurosa en términos científicos de esta posición, a la que llamó "mentalismo" o "mentalismo emergente". Incómodo con la ascendencia de lo que veía como una "determinación exclusiva —de pies a cabeza— del todo por las partes, en la que los eventos neuronales determinan lo mental pero no al revés", Sperry señaló que hay un "control hacia abajo de los eventos mentales sobre los eventos neuronales inferiores". Los estados mentales pueden actuar directamente sobre los cerebrales, sugirió, y afectar incluso la actividad electroquímica de las neuronas. En contraste, y como se mencionó anteriormente, la opinión tradicional sostiene que los estados mentales pueden influir en otros estados solo porque son cerebrales.

Sperry se esforzó en reconocer que la conciencia no puede existir sin el cerebro y que las "fuerzas mentales" que él consideraba causalmente efectivas no son "fuerzas sobrenaturales e incorpóreas, independientes del mecanismo cerebral", sino que están "ligadas de manera inseparable a la estructura cerebral y a su organización funcional". Sin embargo, esto no contribuyó mucho a su causa (ni a su reputación). Como dijo en 1970 un profesor visitante de la Universidad de Caltech al referirse a Sperry: "Si sigue por ese camino, seguramente disminuirá el impacto de sus muchos logros maravillosos". Sperry murió convencido de que la actividad mental "de orden superior" ejerce un efecto causal en las neuronas, sinapsis y componentes del cerebro "de orden inferior", que pueden cambiar en respuesta a los designios de la mente. Los descubrimientos de los años noventa y de los primeros del nuevo milenio demostrarían que él estaba adelantado a su tiempo, y que la pregunta que le hizo el Dalai Lama al cirujano sobre si la mente afectaba al cerebro era muy pertinente.

Silenciando el circuito DOC

Como lo mencioné en los apartados anteriores, los científicos estaban acumulando ejemplos de la forma en que las informaciones *sensoriales* (señales que llegan al cerebro desde el mundo exterior) pueden alterar la estructura del cerebro humano adulto. Gracias a la neuroplasticidad, la información sensorial adicional que experimenta un violinista hace que la representación del cerebro de los dedos que más utiliza se expanda del mismo modo que lo hace la información sensorial adicional que experimenta un paciente de derrame sometido a una terapia de movimiento inducido, permitiendo que la representación cerebral del brazo y la mano afectadas se dirija a tejidos saludables. Gracias a la neuroplasticidad, privar a la corteza visual de señales visuales la motiva a buscar otras labores, como procesar sonidos o señales del tacto, o incluso del lenguaje. Y todos estos cambios surgieron fuera del cerebro; el neuropsiquiatra Jeffrey Schwartz, de la Universidad de California-Los Ángeles, sospechó que las señales capaces de cambiar el cerebro podían llegar no solo del mundo exterior a través de los sentidos, sino también de la mente misma.

Él y su colega Lewis Baxter implementaron una terapia grupal de comportamiento para estudiar y tratar el desorden obsesivo-compulsivo (DOC). En esta enfermedad neuropsiquiátrica, los pacientes son perturbados por pensamientos desoladores, molestos y no deseados (obsesiones) que ocasionan deseos intensos de realizar comportamientos ritualistas (compulsiones). Dependiendo del paciente, la compulsión puede consistir en lavarse las manos, revisar los seguros de las puertas, las estufas, contar señales de tránsito, ventanas, pájaros, o cualquier cosa en lo que la persona haya fijado su atención. En conjunto, las obsesiones y compulsiones terminan siendo completamente absorbentes, pues salir de casa, mantener un empleo, o consolidar relaciones significativas, se hace casi imposible. Sin embargo, es extraño que a excepción de los casos más severos, estos pensamientos perturbadores y fijaciones se sienten como si hubieran surgido de una parte de la mente que pareciera ser ajena a la persona afectada. Quienes sufren este desorden dicen que se sienten como si un secuestrador se hubiera apoderado de los controles de su cerebro. En consecuencia, los pacientes de DOC que sienten la necesidad de lavarse las manos saben muy bien que no las tienen sucias; los que se ven forzados a apresurarse a casa para cerciorarse de que la puerta está cerrada con seguro saben que lo está. El DOC tiene una prevalencia del 2% al 3%. En total, se calcula que afecta a una de cada 40 personas, es decir, a más de 67 millones de norteamericanos, y generalmente se presenta en la adolescencia o en los primeros años de la edad adulta, sin distinguir entre hombres y mujeres.

Según estudios realizados con imágenes cerebrales, el DOC se caracteriza por la hiperactividad en dos regiones: la corteza frontal orbital y el cuerpo estriado (donde están el núcleo caudal y el putamen). La tarea principal de la corteza orbital frontal, ubicada en la parte inferior frontal del cerebro, es la de dar la alarma cuando algo no encaja: es el detector de errores del cerebro, o el corrector ortográfico neurológico. Cuando tiene mucha actividad —como en los pacientes con DOC— se activa continuamente, bombardeando al resto del cerebro con la sobrecogedora sensación de que algo está mal. El cuerpo estriado —la segunda zona con mayor actividad— está localizado en el centro del cerebro, un poco adelante de los oídos. Esta parte recibe señales de otras regiones, incluyendo la corteza orbital frontal y las amígdalas, dos estructuras semejantes donde se alojan las sensaciones del miedo y el temor. El circuito que une a la corteza frontal orbital y al cuerpo estriado ha sido denominado "el circuito de la preocupación" o el "circuito DOC".

Hasta mediados de los años sesenta, los científicos creían que el DOC era un "desorden intratable", tras intentar todo tipo de terapias que iban desde los choques eléctricos hasta la cirugía cerebral, y de los medicamentos a las conversaciones en el diván. Sin embargo, a finales de esa década y a comienzos de la siguiente, los psiquiatras notaron que cuando los pacientes de DOC también sufrían de depresión y tomaban clomipramina (un antidepresivo tricíclico), algunos experimentaban alivios en uno o más de los síntomas del DOC. Los antidepresivos más recientes como el Prozac, el Paxil y el Zoloft también les han ayudado a algunos pacientes: alrededor del 60% respondieron al menos parcialmente al tratamiento y, entre estos, se presenta una reducción de los síntomas del 30% al 40%, teniendo en cuenta la frecuencia con la que un paciente siente la premura de realizar un acto compulsivo. Pero alrededor del 40% no presentaron ninguna mejoría, y los que sí lo hicieron, seguían padeciendo el 60% de los síntomas, lo que demostraba que aún había que mejorar.

Por la misma época en la que los investigadores descubrieron que los antidepresivos les ayudaban a algunos pacientes con DOC, un psicólogo británico que trabajaba en un hospital psiquiátrico de Londres comenzó a desarrollar lo que sería la primera terapia del comportamiento efectiva para la enfermedad. Victor Meyer hizo que sus pacientes confrontaron sus temores con lo que llamó "prevención y respuesta a la exposición", o ERP (por sus siglas en inglés). Primero los expuso al "detonante" de sus pensamientos obsesivos. Por ejemplo, hizo que una paciente que creía firmemente que el mundo estaba cubierto de gérmenes tocara todos los pomos de las puertas de un edificio público o les impidió que se lavaran las manos (la "prevención" del ERP puede ir de la coerción amable hasta la restricción física). Aunque Meyer constató una mejoría en sus pacientes, un número de ellos —calculado del 10% al 30%— quedó perturbado por el tratamiento y nunca lo terminó ni presentó mejoría alguna.

A finales de los años ochenta, Schwartz, quien trabajaba en UCLA, formuló otra objeción al ERP: su crueldad. "Yo no podía imaginarme arrastrando pacientes a un baño público, obligándolos a pasar sus manos por un excusado, para luego impedirles que se lavaran", recuerda. Mientras pensaba en alternativas más humanas y efectivas, Schwartz, quien era un practicante budista, se interesó en el potencial terapéutico de la meditación consciente. Este tipo de meditación consiste en la práctica de observar las propias experiencias interiores de una forma completamente consciente pero exenta de juicios. La persona toma distancia de su mente, y observa los pensamientos y sentimientos enviados espontáneamente por el cerebro como si le sucedieran a otra persona. En el libro *El corazón de la meditación budista*, el monje alemán Nyanaponika Thera la describió como "la conciencia clara y decidida de lo que realmente nos sucede a nosotros y en nosotros, en los momentos sucesivos de la percepción. Esto [...] obedece a los hechos desnudos de una percepción ofrecida bien sea a través de los cinco sentidos físicos, o en la mente [...] sin reaccionar a ellos con actos, palabras o comentarios mentales que puedan ser de autorreferencia en caso de que algo sea agradable o desagradable, sin juicios ni reflexiones.

Schwartz decidió ver si la conciencia les ayudaba a sus pacientes con DOC, a quienes les impuso dos objetivos: experimentar un síntoma de DOC sin reaccionar emocionalmente, y comprender que la sensación de vacío es solo una manifestación de un defecto del cerebro —producto de la actividad excesiva en el circuito DOC—. Él pensaba que la práctica consciente haría que los pacientes con DOC reconocieran la verdadera naturaleza de sus obsesiones y, por lo tanto, que pudieran alejar su atención de ellas. "Me pareció valioso investigar si aprender a observar tus sensaciones y pensamientos con la serenidad de un testigo externo podía fortalecer la capacidad de resistirse a los pensamientos insistentes del DOC", dice Schwartz. "Creí que si podía hacer que mis pacientes experimentaran el síntoma del DOC sin reaccionar emocionalmente a la molestia que les causaba, y comprendieran más bien que incluso el más visceral de los deseos de DOC realmente no era más que la manifestación de un defecto cerebral que no tiene realidad en sí mismo podría ser enormemente terapéutico". Si era así, la terapia cognitiva basada en la conciencia, en la que los pacientes aprenden a ver sus pensamientos de un modo diferente, podría tener éxito allí donde habían fracasado los medicamentos y la terapia cognitiva rasa, y la prevención y la respuesta a la exposición.

El principio de la terapia consciente era algo así como esto: cuando surgiera un pensamiento obsesivo, el paciente pensaría: "Mi cerebro está generando un nuevo pensamiento obsesivo. Pero, ¿acaso no sé que es irreal y que es el producto de un circuito defectuoso?". El paciente pensaría entonces que realmente no era un impulso a ser eliminado, sino un problema cerebral.

En 1987, Schwartz realizó una sesión de terapia de grupo, y un estudio de las anormalidades cerebrales responsables del DOC. Los pacientes llegaron para recibir la terapia, y los científicos monitorearon su progreso utilizando PET, para enfatizar que sus síntomas surgían debido a un circuito neurológico defectuoso. Una paciente lo entendió muy bien: "¡No soy yo, es mi DOC!", exclamó. Poco después, otros pacientes también afirmaron que sus obsesiones y compulsiones realmente no provenían de "ellos", sino que eran producto de defectos en los circuitos de sus cerebros. Schwartz se preguntó si podía lograr que los pacientes respondieran de un modo diferente a los pensamientos obsesivos característicos del DOC y cambiar sus cerebros, y les enseñó a utilizar la conciencia para que dejaran de creer que habían dejado la estufa encendida o que necesitaban lavarse las manos. Les propuso que se dijeran a sí mismos que solo estaban experimentando el afloramiento de un pensamiento obsesivo, y que lo que se siente como un impulso de revisar algo, realmente, es un problema cerebral.

"Una semana después de que los pacientes comenzaron a redefinir sus síntomas como manifestaciones de procesos cerebrales patológicos, ellos señalaron también que la enfermedad ya no los controlaba, y que sentían que podían hacer algo al respecto", dice Schwartz. "Yo sabía que iba por el camino adecuado".

A fin de descubrir si los beneficios que reportaban los pacientes estaban acompañados de cambios cerebrales, los científicos de UCLA comenzaron un estudio que sería histórico acerca de cómo la mente puede estructurar la biología fundamental del cerebro y les practicaron una PET a dieciocho pacientes antes y después de diez semanas de terapia consciente. Ninguno de los pacientes tomó medicamentos para su DOC, y todos presentaban síntomas entre moderados y severos. Doce de ellos mejoraron significativamente y sus PET después del tratamiento mostraron que la actividad en la corteza frontal orbital —el núcleo del circuito DOC— había disminuido significativamente comparado con lo que era antes de la terapia basada en la conciencia.

"La terapia alteró el metabolismo del circuito DOC", dice Schwartz. "Este fue el primer estudio en mostrar que la terapia cognitiva de comportamiento tiene el poder de cambiar sistemáticamente la química cerebral defectuosa en un circuito que se ha identificado acertadamente". Los cambios que sucedieron en el cerebro, dijo: "ofrecieron fuertes evidencias de que un esfuerzo consciente y deliberado puede alterar las funciones cerebrales, y que dichos cambios —neuroplasticidad— son una realidad genuina". Schwartz lo llamó "una vía autodirigida a la neuroplasticidad", y llegó a una conclusión que Roger Sperry —para no mencionar al Dalai Lama— habría aplaudido: "Los actos mentales pueden alterar la química cerebral de un paciente con DOC. La mente puede modificar el cerebro".

Pensando en la depresión

Mientras que los científicos de UCLA descubrían que una terapia cognitiva y basada en la mente podía cambiar el cerebro —que si meditamos de cierta forma en torno a los pensamientos podemos alterar la actividad química de un circuito cerebral—, la ciencia se enfrascó en un acalorado debate acerca de si la psicoterapia tenía algún efecto, para no hablar ya de si influía o no en la estructura física y en la actividad del cerebro. La controversia se centró en la depresión. El 29 de diciembre de 1987, el Departamento de Agricultura de los Estados Unidos autorizó al gigante farmacéutico Eli Lilly para vender clorhidrato de fluoxetina en el tratamiento de la depresión. Comercializado como Prozac, este antidepresivo apareció en portadas de revistas, en artículos de periódicos, inspiró libros exitosos, y muy pronto reportó ventas anuales por valor de dos mil millones de dólares. Prozac no era otro medicamento más para la depresión; fue ensalzado como un compuesto que atacaba específicamente la causa neuroquímica responsable de la enfermedad: la supuesta escasez de serotonina (un neurotransmisor) en las sinapsis del cerebro. El surgimiento de Prozac coincidió con la progresiva caída en desgracia de la psicoterapia. Costosa, dispendiosa, y sujeto de bromas más que de rigurosos estudios científicos, la psicoterapia comenzó a adquirir la imagen de algo tan antidiluviano como el diván de Freud.

Esto no quiere decir que los cinco terapeutas estuvieran tirando la toalla; al contrario, en 1989, los científicos revelaron los resultados del estudio más ambicioso que se había realizado hasta aquel entonces para evaluar la efectividad de la psicoterapia, comparada con los medicamentos en el tratamiento de la depresión. En este estudio, llamado Proyecto Colaborador de Investigación para el Tratamiento de la Depresión, 250 pacientes con depresión severa fueron seleccionados para recibir cuatro tratamientos al azar: psicoterapia interpersonal, terapia conductista cognitiva, imipramina (un antidepresivo común) y una píldora inerte. En los últimos dos casos, los pacientes también recibieron lo que se llama administración clínica, que básicamente significa que veían semanalmente a un siquiatra para recibir su medicamento.

La terapia conductista cognitiva, desarrollada en los años sesenta, no profundiza en las causas de la depresión, y más bien les enseña a los pacientes a manejar sus emociones, pensamientos y conductas. La idea es revaluar el pensamiento disfuncional, ver la falacia de pensamientos como "el hecho de que no me hubieran ofrecido ese empleo significa que estoy destinado a permanecer desempleado y sin hogar". Los pacientes aprenden a analizar sus pensamientos de un modo diferente y a no pensar una y otra vez en reveses menores. En lugar de ver una cita romántica que ha fracasado como evidencia de que "soy un fracasado total y nadie me amará", los pacientes aprenden a considerar el asunto simplemente como algo que no funcionó. En lugar de creer que las goteras de un techo significan que "nada me sale bien", lo asumen como "a veces suceden este tipo de cosas". Ellos aprenden a reconocer su tendencia a magnificar las decepciones en calamidades, y los contratiempos en tragedias, y a comprobar la falsedad de sus creencias extremas. Si están convencidos de que nunca le caerán en gracia a nadie, el terapeuta los invita a unirse a un grupo social, a entablar una conversación y, posiblemente, una amistad. Este examen de la realidad les demostrará que son irrealmente pesimistas. Gracias a sus nuevas destrezas cognitivas, los pacientes pueden sentir tristeza y tener reveses sin hundirse en el agujero negro de la depresión.

Por otra parte, la terapia interpersonal reconoce que aunque es probable que la depresión no sea causada por las relaciones interpersonales o las experiencias, sí las afecta, y trata las disputas, los conflictos interpersonales, las transiciones de rol, como el abandono familiar, y el dolor complejo y persistente.

En los cuatro grupos, los pacientes presentaron menos síntomas de depresión durante las dieciséis semanas del estudio. La imipramina produjo las mejorías más significativas en los pacientes más deprimidos y el placebo las menores, mientras que las dos terapias estuvieron en el medio. Sin embargo, para los pacientes cuya depresión era entre leve y moderada, las psicoterapias obtuvieron los mismos resultados que los medicamentos. "El poder de la terapia conductista cognitiva en la depresión es considerable, ciertamente igual al poder de los tratamientos con medicamentos usuales en la depresión", escribió Gavin Andrews, profesor de psiquiatría en la Universidad de Nueva Gales del Sur, Australia, en el *British Medical Journal*, a finales de 1996. "Si estos tratamientos psicológicos hubieran sido medicamentos, habrían sido certificados como remedios seguros y efectivos, y serían una parte esencial de la farmacopedia de todos los médicos, pero su uso tiende a desaparecer porque no fueron desarrollados por compañías con ánimo de lucro y no fueron promocionados en el mercado". A pesar de este estudio y de otros posteriores, los cuales validaban la eficacia de la psicoterapia en la depresión, ha sido difícil eliminar la percepción de que la psicoterapia es ineficaz e inferior a los medicamentos.

Un joven psicólogo llamado Zindel Segal estudiaba la depresión mientras se realizaba el estudio NINH. Recuerda el debate entre medicamentos versus psicoterapia, en el que "las posiciones eran radicales" y que había un ambiente tenso pero productivo, y los psicólogos decían que existía amplia evidencia de que la terapia era eficaz", pero muchos científicos estaban convencidos de que esta no tenía cabida en el mundo del Prozac. En lugar de abordar la pregunta sobre la eficacia, Segal decidió estudiar si la psicoterapia tenía un efecto diferente —aunque mucho más importante— en un aspecto de la depresión: la tasa de reincidencia.

La depresión es notoria por sus recaídas fuertes y frecuentes. Un paciente puede sentir que se ha liberado de las cadenas de esta enfermedad, y caer de nuevo en el abismo del desespero, como lo hace el 50% de quienes padecen este mal. Debido a las altas tasas de reincidencia, los pacientes sufren un promedio de cuatro episodios fuertes de depresión, que duran cinco meses cada uno. "Muchas personas se siguen sintiendo enfermas", dice Segal. "Infortunadamente, la típica progresión es que el tratamiento ofrece alivio, pero el riesgo de recaída o recurrencia permanece alto. La recuperación sostenida de la depresión no es la regla". De hecho, los médicos y pacientes habían comenzado a notar que los antidepresivos tienen una seria desventaja: a menos que continúen tomando la medicación, los pacientes tienen muchas probabilidades de sufrir una recaída en los dos años que dura el tratamiento inicial. Segal dice que la mayoría de ellos "necesita tratamiento incluso después de que desaparecen sus síntomas".

Esta no era una buena noticia, pero era interesante por las posibilidades que sugería acerca de los beneficios relativos de la psicoterapia y los antidepresivos. "En esa época, se pensaba que la psicoterapia, especialmente la conductista cognitiva, podía producir cambios prolongados en las actitudes y creencias de los pacientes con respecto a ellos mismos, ofreciéndoles así una protección después del final de la terapia", dice Segal. "Algunas creencias hacen que las personas sean vulnerables a las recaídas, del mismo modo en que la idea de pedir ayuda es una señal de debilidad, o la de tener una apariencia normal puede ser una estrategia para que los demás te respeten. Si una persona con esas actitudes sufre un revés menor, incluso después de un tratamiento exitoso para la depresión, su explicación acerca de lo que esto dice sobre ellos —que son débiles, que nunca serán respetados— los hace más propensos a caer de nuevo en la depresión. Nosotros propusimos que si la terapia cognitiva podía modificar esas actitudes, se reduciría de recaída el riesgo".

Esta suposición estaba basada en el hecho de que la terapia cognitiva es básicamente una modalidad de entrenamiento mental que les enseña a sus pacientes a abordar sus pensamientos una forma diferente. En el caso de la depresión, estos pensamientos suelen ser tristes, sombríos, oscuros, o incluso "disfóricos". Naturalmente, todos los pacientes piensan de este modo en algún momento. La diferencia en los pacientes con depresión es que dichos pensamientos los arrojan al borde emocional de una actitud mental negativa, desesperanzada, poderosa y lo suficientemente prolongada como para desencadenar un fuerte episodio que usualmente se prolonga varios meses. Un fracaso en el trabajo o un rechazo romántico se interpreta como "nada me saldrá bien; la vida es un caso perdido y siempre seré un fracasado total". Como describí anteriormente, la terapia cognitiva les enseña a los pacientes a asumir estos pensamientos y sentimientos de tal forma que no desencadenen un torrente de actitudes depresivas o un episodio de depresión, y que más bien sean "cortos y limitados", como sugirió John Teasdale, de la Universidad de Cambridge.

La razón por la cual parecía que la terapia podría ser más eficaz que los antidepresivos para prevenir una recaída es que este tipo de pensamientos disfuncionales casi siempre son detonados por la disforia, lo cual permite predecir la probabilidad de que un paciente sufra una recaída de depresión. Si la terapia cognitiva puede romper la relación entre la tristeza y las extrapolaciones aberrantes y completamente exageradas, es posible que pueda eliminar el mecanismo que conduce a la recaída. Era algo análogo a la forma en que Schwartz les enseñó a sus pacientes con DOC a asumir sus obsesiones como un error accidental de sus cerebros, sobre el cual tenían la capacidad de evitar que desencadenaran compulsiones perturbadoras y absurdas. Pero antes, Segal tenía que ver si la hipótesis básica era acertada: que los pensamientos tristes desencadenan creencias que hacen a las personas vulnerables a recaídas depresivas.

Entonces, decidió hacer que los pacientes estuvieran tristes. En aquel entonces era el director de la Clínica para la Terapia Conductista Cognitiva del Centro de Salud Mental y Adicción, en Toronto, y reclutó a treinta y cuatro personas que habían sido tratadas exitosamente de depresión en los veinticuatro meses anteriores. Para inducir la tristeza, recurrió a dos métodos de éxito seguro: les pidió a los voluntarios que pensaran en una ocasión en la que se hubieran sentido tristes, y les hizo escuchar *Rusia bajo el yugo de Mongolia*. Si esta obra se interpreta a un tempo lento, dice Segal, produce una tristeza profunda por espacio de cinco a diez minutos.

Cuando los voluntarios se estaban sintiendo tristes, Segal les pidió que dijeran si estaban de acuerdo o no con frases como "Si fracaso en mi trabajo, es porque soy un fracaso como persona", "Si alguien no está de acuerdo conmigo, realmente quiere decir que yo no le agrado", "Si no me trazo las metas más altas, seré una persona de segunda categoría", actitudes conocidas por sus capacidades de revelar si una persona tiene actitudes que la hacen vulnerable a una recaída depresiva.

Segal observó que cuando las personas se volvían melancólicas al recordar un episodio triste de sus vidas luego de escuchar la melancólica melodía eslava, tenían una probabilidad mucho mayor de tener este tipo de actitudes. "La experiencia de la depresión puede establecer fuertes vínculos mentales entre sentimientos de tristeza e ideas de desesperanza e ineptitud", dice él. "Gracias al uso repetido, esto se convierte en una alternativa por omisión de la mente, semejante a la detonación mental. Incluso en los pacientes que se habían recuperado, el grado en que la sensación de tristeza detona estas actitudes permite predecir de manera confiable si un paciente recaerá dieciocho meses después". En algunas personas, los pensamientos tristes desencadenan creencias que los dejan en riesgo de sufrir depresión.

Los tratamientos exitosos para la depresión les ayudan a esas personas en aspectos como el insomnio y otros síntomas, pero no hacen nada para aliviar sus dudas interiores. Ellos pueden ser inmunes a sus dudas mientras que las cosas vayan bien, pero si sufren un revés y se sienten tristes, esta actitud los acecha de nuevo: "Sí: realmente no hay esperanza. Fui un tonto al creer lo contrario" o "Realmente no puedo mantener una relación, y simplemente debería aceptar eso". Un revés fuerte los hace sentir desesperanzados, despreciables, y sin amor, que es exactamente el tipo de actitud mental que caracteriza al desespero profundo e incluso a la parálisis de la depresión. La estructura de su memoria funciona de tal manera que activan estos conceptos con mayor intensidad y, especialmente, cuando se presenta la sensación de tristeza. Esto hace que sea más probable la activación del sistema de depresión cerebral. "La experiencia de la depresión imprime una tendencia a recaer en ciertos patrones de pensamiento y a activar ciertas redes en el funcionamiento de la memoria", señala Segal.

Él concluyó que estos pacientes necesitaban una manera diferente de describir la tristeza inevitable que todos sentimos alguna vez en la vida, una forma de no permitir que un sentimiento transitorio de infelicidad (por ejemplo, tras escuchar música entristecedora), les produzca una recaída en el abismo profundo de la depresión. Y para que esto fuera posible, ellos necesitaban forjar nuevas conexiones neuronales.

La conciencia y la depresión

En 1992, Segal se reunió con John Teasdale y Mark Williams para proponer un tratamiento a partir de su teoría sobre la recaída depresiva (que las personas que tienen actitudes desesperanzadoras son más vulnerables a caer de nuevo en la depresión debido a reveses menores). Teasdale, que llevaba varios años practicando meditación consciente, había recibido información acerca de un programa de conciencia desarrollado por Jon Kabat-Zinn de la Universidad de Massachusetts, y antiguo participante en los encuentros con el Dalai Lama. Aunque Kabat-Zinn utilizaba básicamente su programa para la reducción del estrés, Teasdale creía que ofrecía otras posibilidades: recurrir al poder de la mente para curar la depresión. Él pensaba que los pacientes podían evitar las recaídas de depresión clínica si aprendían a considerar sus pensamientos, "simplemente como actos de la mente". Una clave estaría en ayudarles a ser conscientes de sus pensamientos y a que los asumieran como simples eventos cerebrales y no como verdades absolutas. En lugar de permitir que un pensamiento o una experiencia desafortunada detonaran otro episodio de depresión con la misma certeza con la que una chispa hace que la paja seca se encienda, y antes de que sus pensamientos los arrastraran de nuevo a la depresión, los pacientes aprenderían a responder: "Los pensamientos no son hechos" o "Puedo observar cómo este pensamiento viene y va sin tener que responder a él". Teasdale creía que esto podría romper con la conexión que establecía el cerebro entre pensamientos tristes y temporales, y los recuerdos, asociaciones y patrones de pensamiento que convertía la tristeza en depresión. Era como levantar un muro de asbesto entre la chispa y la paja. En otras palabras, se tendría que reprogramar el cerebro.

El programa que los científicos desarrollaron, llamado terapia cognitiva basada en la conciencia, consistía en sesiones individuales de dos horas, durante ocho semanas. Utilizando el entrenamiento consciente adelantado por Kabat-Zinn, los pacientes dirigían su atención de una región del cuerpo a otra, tratando de concentrarse fijamente en las sensaciones de sus manos, rodillas y pies, y posteriormente aprendieron a concentrarse en su respiración. Si sus mentes divagaban, deberían aceptarlo con una "conciencia cordial" (no con frustración o rabia), y concentrarse de nuevo en la respiración, que servía como un imán que los conducía de nuevo a la conciencia atenta al presente. Los pacientes también practicaron en casa; procuraron asumir sus pensamientos con imparcialidad en lugar de reaccionar a ellos, y considerar sus sentimientos y pensamientos (especialmente los melancólicos y desesperados) como simples actos mentales y transitorios que "vienen y van a través de la mente, y que no son más significativos que una mariposa que pasa por nuestro campo visual; más importante aún, ellos se dijeron a sí mismos que los pensamientos no reflejaban la realidad".

A fin de evaluar el poder de la atención para prevenir la recaída en la depresión, Teasdale, Segal y Williams les pidieron indistintamente a la mitad de sus 145 pacientes (todos los cuales habían sufrido al menos un episodio de depresión severa en los cinco años anteriores) que recibieran terapia cognitiva basada en la conciencia, y que la otra mitad recibiera los tratamientos habituales. Después de ocho semanas de tratamiento basado en la conciencia, los científicos monitorearon a los pacientes durante un año más.

El tratamiento convencional eximió al 34% de los pacientes de una recaída, pero con la terapia cognitiva consciente, la cifra fue del 66%, informaron Teasdale y sus colegas en el año 2000. Esto significa una reducción del 44% en el riesgo de recaída para quienes recibieron terapia cognitiva consciente, comparados con los que recibieron el tratamiento habitual. Es interesante anotar que el efecto preventivo de la terapia de conciencia solo se observó en pacientes que habían sufrido tres o más episodios de depresión, quienes conformaban el 75% de los pacientes. Sin embargo, no fue fácil, pues ellos tenían lo que se conoce como depresión recurrente y sufrían numerosos episodios depresivos. No obstante, la terapia cognitiva conciente redujo la tasa de recaída casi a la mitad. Esta fue la primera evidencia de que el entrenamiento mental puede reducir la tasa de recaída en la depresión.

En 2004, Teasdale y su colega Helen Ma demostraron de nuevo que la terapia cognitiva basada en la conciencia reducía las recaídas. Esta vez, en un estudio con 55 pacientes, observaron que en aquellos con un historial de tres o más episodios de depresión severa, la tasa de recaída se redujo al 78% entre quienes recibieron tratamiento usual, y al 36% en el grupo que recibió terapia cognitiva consciente. "Este tipo de terapia", concluyeron, "es un método efectivo y eficaz para prevenir la recaída y recurrencia en pacientes que se han recuperado de tres o más episodios anteriores". O como lo dijo Segal: "Hay modos de pensamiento que se detonan con mayor facilidad mientras más accesos se tenga a ellos. La terapia cognitiva consciente impide que se detone la cadena de la depresión". Al monitorear sus pensamientos, los pacientes que practicaron la terapia de conciencia lograron impedir que las consecuencias disfuncionales de sus mentes los sumergieran en una depresión severa.

No es necesario creer que la mente tenga un poder sobrenatural sobre el cerebro para suponer lo que podía sucederles a estos pacientes. De algún modo, el entrenamiento mental estaba alterando sus circuitos cerebrales, en algo que podemos llamar plasticidad de arriba-abajo, pues se origina en los procesos cognitivos del cerebro. (La plasticidad arriba-abajo se presenta cuando las simples informaciones sensoriales modifican el cerebro, como sucede con los niños disléxicos que escuchan sonidos diseñados, o con los monos de laboratorio que ejecutan un movimiento repetitivo con un dedo). La tecnología para escanear el cerebro mostraría con precisión de qué manera la meditación consciente estaba entrenando la mente para modificar los circuitos cerebrales.

Modificando el cerebro deprimido

La neurocientífica Helen Mayberg no se ganó precisamente el aprecio de la industria farmacéutica cuando descubrió en 2002 que los antidepresivos y las píldoras inertes (placebos) tenían efectos idénticos en los cerebros de personas deprimidas. En los pacientes que se recuperan, bien sea porque su tratamiento incluía uno de los SSRI's (inhibidores selectivos de recaptura de serotonina) ampliamente formulados como el Paxil, o un placebo que los pacientes *creían* que era un antidepresivo, la actividad cerebral cambió del mismo modo, observaron ella y sus colegas del Centro para las Ciencias de la Salud de la Universidad de Texas en San Antonio. Según las imágenes de fMRI, la actividad de la corteza se incrementó, y la actividad de las regiones cilíndricas disminuyó. Basados en este hallazgo, ella supuso que la terapia conductista cognitiva funcionaría según el mismo mecanismo. Cuando la

Universidad de Toronto la contrató, ella le pidió a Zindel Segal que participara en un estudio para ver si había diferencias entre la forma en que la terapia conductista cognitiva y los antidepresivos afectaban el cerebro.

"Definitivamente esperaba que debía existir un camino en común", dijo Mayberg. "Pensé dedicarme a la psicoterapia cuando estaba en Texas, pero no había nadie calificado para trabajar conmigo en un estudio como ese: Zindel fue como un regalo.

Inicialmente, los científicos de Toronto utilizaron imágenes con PET para analizar la actividad cerebral de los pacientes deprimidos, y luego sometieron a 14 adultos depresivos a un número de terapias conductistas cognitivas que oscilaba entre quince y veinte. Otros trece pacientes recibieron paroxetina (el nombre genérico de un antidepresivo que GlaxoSmithKline comercializa como Paxil). Los veintisiete pacientes tenían depresión de una severidad semejante, y experimentaron una mejoría comparable después del tratamiento; los científicos escanearon sus cerebros de nuevo. "Nuestra hipótesis era que si te iba bien en el tratamiento para la depresión, tu cerebro cambiaría del mismo modo, sin importar el tratamiento que hubieras recibido", dice Segal.

El estudio de Mayberg que mostraba que la respuesta del cerebro al placebo y al antidepresivo se daba por la misma vía, le hizo pensar que solo había una ruta para curar la depresión; sin embargo, no fue así. "Estábamos completamente equivocados", dijo ella. Los cerebros depresivos respondieron de un modo diferente a los dos tipos de tratamiento. La terapia conductista cognitiva pasó por alto el exceso de actividad en la corteza frontal, donde se sitúa el razonamiento, la lógica, el análisis y los pensamientos depurados, así como una cavilación interminable sobre el episodio fatídico. Sin embargo, la paroxetina aumentó la actividad en esa región. La terapia conductista cognitiva incrementó la actividad del sistema límbico en el hipocampo, sistema que es el centro emocional del cerebro, pero la paroxetina la hizo disminuir.

Estas diferencias fueron tan significativas que Mayberg pensó que "estábamos analizando mal la información", dijo ella. "La actividad de la corteza frontal se redujo con la terapia conductista cognitiva, mientras que la del hipocampo aumentó: era el patrón contrario a los antidepresivos. La terapia cognitiva apunta a la corteza, al cerebro pensante, a reestructurar la forma en que procesamos la información, y a cambiar los patrones de pensamiento. Finalmente nos convencimos de que no era un error técnico".

Para formularlo en términos del pensamiento psicológico antes que cerebrales, la terapia conductista cognitiva "reduce la cavilación y la importancia que le asignan los pacientes a detonantes que anteriormente los sumergían en la depresión, a la vez que aumenta la revaluación de los pensamientos", explica Mayberg. "¿Un fracaso en una cita romántica significa que soy un fiasco como ser humano y que nunca seré amado? La terapia conductista cognitiva también aumenta nuevos patrones de aprendizaje, como se evidenció en la mayor actividad del hipocampo, la estructura cerebral asociada a la formación de nuevos recuerdos. Adicionalmente, hace que el cerebro utilice diferentes circuitos del pensamiento, para eliminar los pensamientos interminables y asumir los pensamientos y sentimientos negativos de una manera diferente. Esta terapia funciona de arriba abajo, mientras que los medicamentos lo hacen al revés, modulando diversos componentes del circuito de la depresión. La terapia cognitiva basada en la conciencia impide que el circuito de la depresión se consolide totalmente.

Puede parecer sorprendente que la terapia cognitiva basada en la conciencia funcione con tanta eficacia en la depresión, al concentrarse en un sistema tan diferente de aquel al que una multitud de comerciales y el cubrimiento de los medios han señalado como la causante de la depresión: la deficiencia de serotonina. A partir del desarrollo del primer medicamento (Prozac) que supuestamente funcionaba al impedir que la serotonina fuera eliminada de las sinapsis del cerebro, nos vendieron la idea de que la depresión refleja un desequilibrio bioquímico y que el Prozac o cualquier otro medicamento era el camino para la recuperación. Sin embargo, después de que el Prozac fuera recibido como el equivalente psiquiátrico de la penicilina, la realidad mostró otra faceta. El Prozac tarda varias semanas en surtir efecto, si es que consigue hacerlo (se calcula que una tercera parte de los pacientes con depresión no responde a él). Adicionalmente, tiene una alta tasa de recaída, y muchos pacientes necesitan tomarlo indefinidamente.

"La publicidad ha definido el desafío de la depresión como la corrección de un desequilibrio químico en el cerebro", dice Zindel Segal. "Esto puede ser cierto a nivel neural, pero ya sabemos que hay múltiples caminos hacia la recuperación, y el desequilibrio químico puede ser corregido de diferentes maneras".

Pensar lo hace posible

El descubrimiento de que la práctica consciente calma el circuito DOC con tanta efectividad como los medicamentos, y que la terapia cognitiva basada en la conciencia fortalece patrones saludables de pensamiento a nivel emocional, y elimina aquellos que conducen de nuevo a la depresión, demostró el poder de la mente sobre el cerebro al menos en un aspecto: en modificar los patrones de actividad en los circuitos comprometidos. Adicionalmente, las dos terapias beneficiaron a los pacientes. Sin embargo, un estudio mucho más modesto conducido casi como una broma estuvo más cerca incluso de responder la pregunta que el Dalai Lama le hizo al neurocirujano: "¿Puede la mente alterar físicamente el cerebro?".

A mediados de los años noventa, Pascual-Leone realizó un experimento que, en retrospectiva, parece ser un puente entre el descubrimiento de que los estímulos exteriores pueden moldear el cerebro, y los más recientes que muestran que unos estímulos autogenerados (pensamientos y meditación) también logran el mismo efecto. Sin embargo, él les enseñó un ejercicio de piano con los cinco dedos de la mano a un grupo de voluntarios, y les dijo que tocaran con tanta fluidez como fuera posible, sin hacer pausas, y concentrándose para que el metrónomo marcara 60 pulsaciones por minuto. Los voluntarios practicaron dos horas diarias durante cinco días, y luego hicieron una prueba en la que repitieron veinte veces el ejercicio, mientras un computador contabilizaba sus errores. Los voluntarios cometieron cada vez menos errores y fueron mejorando sus pulsaciones de tal modo que los intervalos entre las notas se aproximaron cada vez más a los requisitos del metrónomo.

Posteriormente, se sometieron a otra prueba, en la que un cable les enviaba una breve pulsación magnética a la corteza motora de sus cerebros durante unos pocos minutos al día. Esta estimulación magnética transcraneal inhabilita por un momento las neuronas que están debajo del cable, y los científicos pueden detectar la función que estas controlan. En los pianistas, la corriente se aplicó a su corteza motora, y específicamente a la zona que controla la flexión y extensión de los dedos. De esta forma, los científicos pudieron establecer los límites de esa zona, e identificar el área de la corteza motora que realiza los movimientos de los dedos requeridos para el ejercicio de tocar el piano. Después de una semana de práctica, los científicos observaron que la extensión de la corteza motora responsable de los movimientos de los dedos había invadido zonas adyacentes.

Este hallazgo estaba en la misma línea de la creciente multitud de descubrimientos, incluidos los mencionados en el capítulo 2, en el sentido de que el mayor uso de algún músculo hace que el cerebro le dedique más espacio cortical. Sin embargo, Pascual-Leone no se detuvo allí; hizo que otro grupo de voluntarios *pensaran* simplemente en realizar el ejercicio de piano. Interpretaron la sencilla melodía en su mente, imaginando cómo moverían los dedos para generar las notas musicales. El resultado fue que la región de la corteza motora que controla los dedos con los que realizaban el ejercicio mostró un aumento en los voluntarios que simplemente imaginaban estar tocando la pieza, del mismo modo como se presentó en el cerebro de quienes realmente la interpretaron. La práctica mental activó los mismos circuitos motores que la práctica real, y con el mismo resultado: la mayor activación produjo la expansión de esa parte de la corteza motora.

"La práctica mental produjo una reorganización semejante del cerebro", escribieron posteriormente Pascual-Leone y sus colegas. "La práctica mental puede bastar por sí sola para promover la modulación plástica de los circuitos neurales". A propósito, esto debería hacer que las personas dominen una destreza con mayor rapidez. Si los resultados de Pascual-Leone se aplican a otras formas de movimiento (y hay motivos para pensar que así es), entonces la práctica mental de un *swing* de golf o de girarse durante una competencia de natación conduciría a su dominio con una menor práctica física. Sin embargo, lo más importante es que el descubrimiento fue una prueba adicional que respaldaba el poder del entrenamiento mental para cambiar físicamente el cerebro.

El cerebro budista

En las varias tragedias que han asolado al pueblo tibetano, el Dalai Lama ha constatado lo que considera que es el poder de la mente para transformar el cerebro. Él narra la historia de Lopon-la, un monje que conoció en Lhasa antes de la invasión china. Este monje fue condenado por los chinos a dieciocho años de prisión y se refugió en India luego de pagar su condena. Fue allí donde el Dalai Lama lo volvió a ver veinte años después. "Parecía el mismo", le dijo Su Santidad a su amigo Victor Chan. "Su mente todavía es aguda; sigue siendo el mismo monje amable luego de tantos años en prisión... Y eso que fue sometido a muchas torturas. Le pregunté si alguna vez había sentido miedo, y Lopon-la me dijo, 'Sí: una vez sentí temor de que pudiera perder la compasión por los chinos'. Esto me conmovió mucho, y me pareció muy inspirador... El perdón le ayudó en la prisión. Gracias al perdón, su mala experiencia con los chinos no empeoró, y no sufrió mucho mental ni emocionalmente".

Los encuentros para la Mente y la Vida generalmente incluyen a un filósofo, así como a científicos y académicos budistas, y Evan Thompson fue invitado en el 2004. Después de recibir una licenciatura en estudios asiáticos en el Amherst College, Thompson estudió en París con Francisco Varela, el neurocientífico fundador del Instituto para la Mente y la Vida, y juntos escribieron un libro titulado *La mente personificada*. Thompson, quien actualmente está vinculado a la Universidad de York, en Canadá, trabaja en las áreas de la ciencia cognitiva y de la filosofía de la mente, con el propósito de "profundizar en la comprensión de la experiencia humana", integrando a ambas.

Durante el encuentro con el Dalai Lama, Thompson se concentró en la visión budista de la mente y del cerebro, la cual era una de las brechas más significativas entre los estamentos budistas y científicos presentes en el encuentro. El budismo distingue entre el mundo familiar de la materia o los objetos físicos por un lado, y la mente y las experiencias subjetivas —como los pensamientos—, las percepciones sensoriales y las emociones, por el otro. La mente "presenta una condición separada del mundo material", sostiene el Dalai Lama. "Según la perspectiva budista, el ámbito mental no puede reducirse al ámbito de la materia, aunque pueda depender de ese ámbito para funcionar". Sin embargo, y en lo que se refiere a los científicos, la proposición de que la mente es una entidad etérea, incorpórea y hasta sobrenatural, que puede influir sobre el cerebro y alterar su estructura física o química, es pintoresca en el mejor de los casos. Ellos no aceptaban esto más que el neurocirujano a quien el Dalai Lama le expresó la posibilidad de que la mente actúe en el cerebro. Como observó cortésmente Thompson, "en la ciencia occidental hay una reacción contra ese tipo de visión dualista. El obstáculo que tiene la perspectiva de la ciencia ha sido entender conceptualmente cómo podría existir algún tipo de interacción entre una conciencia autónoma, asumiendo que la mente sea eso, y el cerebro. Así que lo que me gustaría preguntar es: ¿Cómo se explica esa relación desde el punto budista? ¿Cómo algo que no tiene corporeidad actúa sobre algo exclusivamente físico?".

Thupten Jinpa habló con el Dalai Lama y dijo: "Realmente, hay dos preguntas aquí desde el punto de vista budista. Una es que existe una categoría de estados mentales, como las experiencias sensoriales en las que la concepción budista de la mente es completamente dependiente y contingente del cuerpo físico. Estas experiencias sensoriales tienen su propia base física y su propio órgano del sentido. Pero estos órganos sensoriales no son los órganos externos físicos que vemos. En los textos budistas, se mencionan como los órganos sensoriales refinados. Se dice que están más allá del espectro de la visibilidad humana. No puedes verlos simplemente con los ojos, y Su Santidad estaba especulando que las neuronas cerebrales podían entenderse como estos órganos sensoriales refinados que son la base de la experiencia sensorial. No obstante, lo que es evidente es que las experiencias sensoriales son contingentes para los órganos sensoriales, de modo que cuando surge una experiencia sensorial (por ejemplo, una percepción visual), se entiende que es el resultado de una multiplicidad de factores y condiciones, incluyendo a los órganos sensoriales".

Sin embargo, los estados mentales más interesantes incluyen algunos como la atención y la compasión, que el budismo cree que pueden cultivarse mediante el entrenamiento mental. Si la ciencia occidental insiste en que todos los estados mentales realmente son estados del cerebro, entonces la pregunta sería: ¿Cómo puede el entrenamiento mental influir en el cerebro para que genere atención y compasión? ¿Cómo conceptualizamos la causalidad mental o la física versus la causalidad hacia abajo, en la que la actividad en un nivel superior puede producir efectos en uno inferior?

El Dalai Lama le preguntó a Jinpa en tibetano: "¿Cómo puede un estado mental influir sobre la materia?".

El budismo no solamente no tiene problemas con esta posibilidad, sino que se suscribe a ella. "Hay una forma particular de meditación en la que se conocen las quintaesencias de los diferentes elementos, la esencia misma de la tierra, del agua o el fuego, y puedes captarla con tu mente", dijo Alan Wallace, quien junto a Jinpa, era uno de los intérpretes del Dalai Lama al inglés, una labor que había desempeñado durante casi todos los encuentros sobre la Mente y la Vida. En 1980, Wallace estuvo meditando cinco meses en las montañas de Dharamsala, luego de estudiar budismo tibetano en India y Suiza por espacio de diez años. Fue estudiante del Dalai Lama a comienzos de los años setenta y recibió de él la ordenación monástica en 1975. Cuatro años después, el Dalai Lama le pidió que fuera su intérprete.

"Puedes captar la esencia del elemento del agua, o su fluidez, y entonces puedes convertir algo —que sea terroso, por ejemplo— en agua, por el poder de tu mente", continuó Wallace. "Este es un hecho de la experiencia meditativa ampliamente aceptado en muchas escuelas budistas. Pero Su Santidad estaba preguntando qué es lo que se transforma en agua en esa especie de agua proyectada. Lo que posiblemente puede suceder es que con el poder del *samadhi* —la concentración meditativa— puedes manipular el elemento tierra por ejemplo, para que asuma la apariencia del elemento agua. Y la razón es que en la teoría atómica budista, hay moléculas que están compuestas de ocho partículas: tierra, agua, fuego, aire y los elementos derivados. Así que cada molécula contiene cada uno de los cuatro elementos, que le confieren solidez, fluidez, calor y movilidad; cada una está allí. Así, la persona que medita, al proyectar y manipular estas moléculas, obtiene el elemento agua a partir de algo que anteriormente se manifestaba predominantemente como elemento tierra: suprime eso y lo saca a partir del elemento agua.

Su Santidad escuchó esta explicación y dijo que era muy ingeniosa".

El Dalai Lama le dijo a Jinpa en tibetano que lo que realmente le interesaba era "la intersección de los procesos mentales y físicos que sirven como base para las experiencias mentales". Lo que parece ser muy obvio es que, al nivel general de la mente, la relación entre lo mental y lo físico es muy estrecha. Pero a un nivel más sutil y desde el punto de vista budista, hay un estado de conciencia que es autónomo, y no dependiente de la función del cerebro.

"Lo más explícito es lo que se llama la Luz Clara de la Muerte", dijo Alan Wallace. "Es una dimensión de la conciencia que se manifiesta en personas normales únicamente en el momento de la muerte, en las fases finales de este proceso. Y se dice que ese nivel no es contingente sobre el organismo humano, sino autónomo, algo propio del cerebro personificado. Es aquí donde el budismo difiere de la opinión de la neurociencia moderna de que todos los procesos mentales son funciones del cerebro. En el budismo, se dice que la rabia, la alegría, el miedo y otros estados no solo brotan del cerebro sino de niveles de conciencia mucho más sutiles".

Incluso en circunstancias mucho menos extremas que la muerte, los practicantes del budismo dan fe del poder de la mente para transformar el cerebro; uno de ellos fue Matthieu Ricard, quien creció en el seno de una familia de intelectuales franceses: su padre es uno de los filósofos y teóricos políticos más importantes de Francia, y uno de los 40 "inmortales" de la academia francesa. Su madre es artista, y su padrino fue el místico ruso G. I. Gurdjieff. Cuando era joven, Ricard quedó fascinado con *El mensaje de los tibetanos*, un documental de 1966, realizado por uno de los amigos de su madre. Poco después de verlo, viajó a India con el propósito de conocer a algunos de los maestros de meditación cuyas historias se narraban en el documental. En 1967, conoció a uno de ellos —Kangyur Rinpoche— y permaneció tres semanas con él antes de regresar a sus estudios en una universidad en Francia. Ricard obtuvo un doctorado en Biología del Instituto Pasteur de París, y trabajó con algunos de los genetistas más prestigiosos de la época. Pero su mente lo hizo regresar a los maestros tibetanos y en 1981 se convirtió en un monje budista, año desde el cual ha dedicado su vida a la práctica de la meditación, a la investigación académica, y a su "empleo" en el monasterio Shechen en Nepal, prestando servicios de salud y de educación a los pobres aldeanos de esa atribulada nación. Adicionalmente, es el intérprete del Dalai Lama al francés.

"Si citamos el ejemplo de un practicante durante un retiro, nada cambia en el ambiente a excepción quizá de las nubes en la ventana", dice Ricard. "Desde la mañana hasta el crepúsculo, este individuo realizará una serie de ejercicios, que pueden ser de visualización, o de entrenar la mente para reaccionar de diferentes formas a los aspectos emocionales. No hay ninguna reacción (visible para un observador). No hay nada, todo es muy vacío. Sin embargo, durante muchas horas, habrá una transformación continua, un enriquecimiento, un manejo de las emociones y pensamientos que se transformarán en disposiciones, y probablemente, después de meses y años, en rasgos perdurables. Es una experiencia muy enriquecedora, y con el tiempo, conduce a cambios más permanentes".

A pesar de la firmeza con la que rechazan el dualismo, los científicos comienzan a valorar el poder causal de procesos mentales exclusivamente interiores que generan un efecto biológico. Eso les intrigó a los budistas, y Alan Wallace sugirió que el descubrimiento del poder del pensamiento para alterar el cerebro —pues eso es lo que Schwartz observó en sus pacientes con DOC; Segal y Mayberg con sus pacientes deprimidos; y Pascual-Leone con sus pianistas virtuales—, "exige la investigación científica en estos estratos de la conciencia que —se supone— no dependen exclusivamente del cerebro".

"Desde la perspectiva científica", dijo Richie Davidson, "la respuesta honesta es que no sabemos cómo influyen los procesos mentales en el cerebro físico". "Lo mismo es cierto desde la perspectiva budista", complementó Jinpa y los asistentes sonrieron.

Se debe prestar atención

Incluso sin saber exactamente de qué modo influye la mente en el cerebro, los científicos tienen evidencias de que la concentración está involucrada de alguna manera. Los intérpretes mentales de piano de Pascual-Leone, los pacientes con DOC de Schwartz, y los pacientes deprimidos de Segal y Mayberg se habían concentrado intensamente durante los experimentos, puesto que una mente consciente y despierta es bombardeada a cada segundo por una información infinita. Por ejemplo, millones de neuronas registran las imágenes de las letras de esta página, así como el espacio blanco entre ellas en la corteza visual. Presumiblemente, usted no ve realmente los espacios blancos, porque no les está prestando atención, como sí lo hace con las formas y las líneas negras. Sin la atención, la información que nuestros sentidos perciben —lo que vemos y escuchamos, sentimos, olemos y degustamos— literalmente no se registra en la mente y no se almacena en la memoria ni siquiera de manera breve. Lo que somos está determinado por aquello a lo que le prestamos atención.

La forma en que el cerebro realiza esto apenas se aclaró en los primeros años del siglo XXI. En términos generales, las neuronas compiten. Imagínese que está en una playa en la que los bañistas reciben el sol hacinados. Usted busca a unos amigos con los que quedó de encontrarse; las imágenes entran a su retina y regresan a su corteza visual en forma de señales eléctricas. Aquellas que registra están determinadas por la fuerza de la señal (tal vez todos sus amigos llevan vestidos de baño de color fucsia), por su novedad (tendemos a elegir a un grupo que lleva un globo grande), por sus asociaciones fuertes (generalmente escogemos a alguien conocido entre la multitud), o —y esto es lo que cuenta para nuestros propósitos— por la atención. Si su cerebro está realizando la labor de "buscar a sus amigos", afina las respuestas neuronales a las imágenes seleccionadas. La señal eléctrica asociada con el blanco es más fuerte que la señal correspondiente a otros aspectos. Prestar atención despierta una actividad física incluso en las neuronas que no están concentradas en encontrar el objeto que usted busca.

Todo lo que vemos contiene una multitud de atributos que van desde el movimiento y la forma, hasta el color. Los diferentes fragmentos de la corteza visual se especializan en cada rasgo. Las neuronas que procesan la forma no tienen nada que ver con el color y viceversa; y las neuronas que procesan el movimiento son de otro grupo completamente diferente. La atención puede depurar la actividad de un grupo comparado con otro. Si los monos son entrenados para identificar el color de un objeto en una pantalla, las neuronas de la corteza visual que responden al color se hacen más activas. Cuando los monos son entrenados para notar la dirección en que se mueve un objeto, las neuronas que procesan el movimiento direccional se hacen más activas. En las personas, prestar atención a los rostros incrementa la actividad de las neuronas que se especializan en observar y analizar los rasgos faciales. Prestar atención al color aumenta la actividad de las neuronas que procesan y registran el color, y prestar atención al movimiento incrementa la actividad de las neuronas que procesan y registran el movimiento. La intensidad de la actividad de un circuito que se especializa en una labor visual en particular se incrementa por el acto mental de prestar atención a aquello en lo que se especializa el circuito. Hay que recordar que la información visual que llega al cerebro no ha cambiado. Lo que ha cambiado es aquello a lo que el mono o la persona le prestan atención. Por consiguiente, la atención estimula la actividad neuronal. La atención es real en el sentido en que adquiere una forma física capaz de afectar la actividad física del cerebro.

Sucede que la atención también es indispensable para la neuroplasticidad. Esto se observó de manera dramática en uno de los experimentos con monos realizados por Mike Merzenich. Los científicos desarrollaron un aparato que golpeó con suavidad los dedos de los animales durante un lapso de cien minutos diarios durante seis semanas. Al mismo tiempo, los monos escuchaban sonidos en unos audífonos. A algunos de ellos les enseñaron a prestar atención a lo que sentían en los dedos (como por ejemplo, cuándo cambiaba el ritmo), y si lograban hacerlo, eran recompensados con un sorbo de jugo. Sin embargo, no debían prestarles atención a los sonidos. A otros monos les enseñaron a prestarles atención a los sonidos y les daban jugo cuando percibían la variación de los mismos. Al final de seis semanas, los científicos compararon los cerebros de los monos. Debo aclarar que todos ellos tenían la misma experiencia física: son los que escuchaban a través de audífonos y golpecitos en sus dedos. Lo único que diferenciaba a un mono de otro era el objeto que ocupaba su atención.

Generalmente, cuando un punto particular de la piel recibe cantidades inusuales de estimulación, su representación en la corteza somatosensorial se expande. Esto fue lo que descubrió Mike Merzenich en los monos. Pero cuando ellos prestaban atención a lo que escuchaban y no a lo que sentían, no hubo cambio en su corteza somatosensorial, ni expansión de la región que procesa la información del dedo que siente el golpeteo. Sin embargo, la única diferencia entre los monos cuyos cerebros habían cambiado después de la estimulación táctil y los monos cuyos cerebros permanecieron iguales después de la misma estimulación es que los primeros prestaron atención a los golpeteos. La atención había registrado la misma información física (la sensación de los golpecitos en un dedo), y las había transformado en algo que tenía tan poco poder de alterar el cerebro como una mota de polvo puede alterar una estatua de bronce.

"Si se miran las neuronas en la parte del cerebro que representa los dedos en los monos que prestaron atención a los sonidos, se observa que la región del dedo no presentó ningún cambio, aunque sus dedos recibieron estimulación", le dijo Helen Neville al Dalai Lama. "La estimulación no marcó ninguna diferencia porque ellos no le estaban prestando atención". Pero en los monos que prestaron atención a los golpecitos en sus dedos, el estado de su mente presentó una diferencia enorme: la cantidad de área cortical dedicada a los dedos se incrementó entre dos y tres veces.

Lo mismo sucedió cuando los monos escucharon; en los que prestaron atención a los sonidos, la región de la corteza auditiva que procesa la frecuencia con que escuchaban aumentó. Pero en los monos que oyeron exactamente los mismos sonidos pero concentraron su atención en los golpecitos en los dedos, su corteza auditiva no mostró cambios. "Es un experimento hermoso porque muestra el efecto puro de la atención", dijo Neville. "La estimulación era la misma; lo único que cambió fue el centro de atención de los monos. Y demuestra que la atención es muy necesaria para la neuroplasticidad".

Al pensar retrospectivamente en el descubrimiento de la importancia que tiene la atención en la neuroplasticidad, Merzenich y un colega escribieron en 1996: "El patrón de actividad neuronal en las zonas sensoriales puede alterarse por los patrones de atención... la experiencia acompañada de atención produce cambios físicos en la estructura y funcionamiento del sistema nervioso. Esto nos deja la evidencia de un hecho fisiológico claro... que constantemente escogemos la forma en que funcionarán nuestras mentes siempre cambiantes, elegimos lo que seremos al momento siguiente en un sentido muy real, y estas elecciones están estampadas físicamente en nuestras identidades materiales". El budismo había enseñado desde hace mucho tiempo que el entrenamiento mental en el que la concentración es la clave puede alterar la mente, y los monos de Merzenich confirmaron esto.

Neville también demostró la realidad física de la atención. "Si te digo que te sientes aquí, leas este libro y le prestes atención, mientras que yo pongo música que sale por un parlante, el cerebro tendrá una respuesta muy débil al sonido", le dijo ella al Dalai Lama. "Pero si te digo que dejes este libro a un lado, escuches los sonidos y detectes los cambios de frecuencia, tendrás una señal mucho más potente en la corteza auditiva. Esto sugiere que la atención funciona como una puerta que hay que abrir para dejar pasar más información neural. La gente cree que la atención es un tipo de construcción psicológica, pero es completamente palpable; tiene una anatomía, una fisiología y una clínica".

"En los textos budistas de corte epistemológico, las distinciones específicas se establecen entre la escucha atenta —cuando se presta atención— y la escucha distraída", dijo Jinpa.

"El entrenamiento en la atención es muy importante para el budismo, y también para los científicos", añadió Richie Davidson. "En muchos sentidos, el entrenamiento en la atención puede asumirse como la puerta a la plasticidad".

La atención parece desarrollarse en el transcurso de muchos años, añadió Neville. El desarrollo intencional es el sello de un sistema cerebral que muestra altos niveles de neuroplasticidad. Por lo tanto, la atención debe ser entrenable, así como la extensa región del desarrollo de la corteza auditiva hace que sea entrenable con información como la de Fast ForWord en niños disléxicos. "La capacidad de prestar atención de manera selectiva, y de ignorar distracciones, se desarrolla a lo largo de la infancia y al menos hasta la adolescencia", dijo Neville. "Lo mismo sucede con la capacidad para concentrar la atención de manera rápida y eficaz". De hecho, la fortaleza de las señales cerebrales asociadas con la percepción de algo a lo que no se le presta atención disminuye con la edad, reflejando una mayor capacidad de suprimir la información ignorada.

Mientras la sesión de la tarde se aproximaba a su final, los científicos y budistas asistentes acordaron dejar sin respuesta la pregunta de si la voluntad, el esfuerzo, la atención y otros estados mentales pueden afectar físicamente el cerebro o, si por el contrario, se trata de una propiedad exclusiva de los factores cerebrales —como la actividad eléctrica, los neuroquímicos liberados por una neurona y recibidos por otra— que influyen en los factores mentales. En términos prácticos, aunque la mente actúe directamente sobre el cerebro para cambiarlo, o aunque las señales eléctricas que van de una neurona a otra lo hagan, realmente no importa; con o sin un intermediario físico, se está haciendo claro que el pensamiento, la meditación y otras manifestaciones de la mente pueden alterar el cerebro, algunas veces de manera perdurable.

Capítulo 7

Naturaleza a través de la crianza

Activando los genes del cerebro

L a caída de los regímenes totalitarios en el antiguo imperio sovié-
tico a finales de los años ochenta reveló innumerables horrores
que la Cortina de Hierro le había ocultado al mundo exterior.
Pero pocos fueron tan desgarradores como el de los huérfanos rumanos. Los padres pobres o abrumados, víctimas del decreto del dictador
Nicolae Ceausescu, el cual promulgaba que toda mujer debería tener
al menos cinco hijos o de lo contrario estaba obligada a pagar fuertes
multas, habían dejado a sus hijos al cuidado de instituciones estatales,
en las que, según le aseguraba el Gobierno al público, serían forma-
dos para dirigir el futuro de Rumania. Pero cuando los científicos
occidentales, las visitas de otros gobiernos y las misiones humanita-
rias visitaron algunos de los orfanatos en 1990, poco después de que
Ceausescu fuera derribado del poder y ejecutado, se toparon con unas
condiciones propias de una novela de Dickens.

Los bebés pasaban de dieciocho a veinte horas diarias acostados en
sus cunas. Tenían pocas cosas que mirar y no mucho para escuchar,
pues lloraban muy poco y las personas que supuestamente deberían

cuidarlos casi nunca les hablaban, y mucho menos jugaban con ellos; acudían a los niños únicamente para llevarlos a otro sitio, y los que ya deberían caminar, escasamente habían salido de sus cunas y tenían muchas dificultades para hacerlo. Los niños más grandes nunca habían aprendido a jugar. Una avalancha de solidaridad hizo que cientos de padres norteamericanos y de muchas otras naciones adoptaran huérfanos rumanos. Gracias a esto, se inició un experimento sobre los efectos de la privación temprana y su reversibilidad.

Los psicólogos y otros expertos en el desarrollo infantil estudiaron a los niños en sus nuevos hogares. Algunos esperaban que el abandono que habían sufrido desapareciera con el amor y el cuidado de sus padres adoptivos, al menos en aquellos que habían sido adoptados a una edad tierna, pero otros se preguntaron si los varios años de privación les dejarían una marca perdurable. Según las pruebas de cognición, casi todos los niños huérfanos tenían retrasos de desarrollo. Muchos progresaron con rapidez, y los adoptados a una edad más temprana lograron los mejores resultados, mientras que los adoptados a una edad más avanzada aprendieron más despacio. Sin embargo, lo que los marcó más profundamente fue su desarrollo social y emocional. Generalmente, eran retraídos y ansiosos, y realizaban movimientos repetitivos como mecerse, o miraban con los ojos extraviados y desprovistos de expresión; casi siempre evitaban a los otros niños. Después de tres años de adopción, algunos huérfanos no habían olvidado su pasado; tenían problemas para relacionarse, y mientras más años habían pasado en un orfanato, más problemas de conducta tenían. Aunque casi una tercera parte de los niños no tenía problemas serios, otro 30% tenía un cociente intelectual inferior a 85, serios problemas de conducta, vínculos emocionales más débiles que el 95% de la población general infantil, y comportamientos persistentes, como mecerse en las sillas. El otro 35% tenía uno o dos de los cuatro problemas mencionados. Algo en lo que casi todos los padres adoptivos coincidieron en observar fue que estos niños no establecían vínculos emocionales cercanos y seguros con sus madres. Cuando los adoptados tenían seis años, un estudio sobre niños rumanos adoptados por familias británicas concluyó en el 2004 que "persistían deficiencias importantes en una minoría substancial" de ellos. Los científicos atribuyeron esto a "algún tipo de programación biológica temprana o daño neural debidos a las condiciones de privación institucional con las que crecieron en los orfanatos".

Parecía que había un largo camino desde el abandono de los niños rumanos hasta las ratas de la Universidad McGill, en Montreal, pero el neurocientífico Michael Meaney comenzó a disentir.

La experiencia de una madre

En aquella mañana del Encuentro de la Mente y la Vida, Meaney se sentó al lado del Dalai Lama y recogió algo del suelo. "Le traigo un pequeño ícono de mi país con ciertas connotaciones religiosas", dijo, mientras desempacaba el regalo. "Es una camiseta del equipo de jockey de Canadá".

Cuando los asistentes dejaron de sonreír, Meaney relató su historia. Desde los años ochenta, él y sus colegas de la Universidad de McGill habían documentado la forma en que la conducta de las ratas afectaba a sus camadas. Esto parecía ser muy prosaico, pero la investigación abordaba una de las preguntas más acuciantes sobre el desarrollo psicológico humano: en qué medida aquello que somos es un reflejo de los genes que heredamos de nuestros padres, y qué tanto refleja el ambiente en el que crecimos. El debate entre la naturaleza versus aprendizaje tiene un largo historial marcado por la política, al asegurar que los genes son la mayor influencia en las personas —en su inteligencia, personalidad, carácter, amabilidad— lo que equivale a minimizar la influencia que tienen los padres, la educación escolar o el ambiente cultural en la determinación de estos rasgos. Pero en los años noventa, surgieron evidencias en el sentido de que la educación en lo referente a las experiencias que tenemos y el ambiente en el que vivimos influye sobre la naturaleza y sobre los genes de un organismo.

Meaney le habló al Dalai Lama de las pulgas de agua. Algunos miembros de esta especie diminuta tienen una cola larga y espinosa, y una especie de casco, mientras que otras carecen de estas características. Esto parece ser tan poco sorprendente como el hecho de que algunas personas tengan sangre tipo A y otras no, debido a los genes que determinan el tipo sanguíneo. Pero lo extraño con las pulgas acuáticas es que dos individuos que tienen el mismo material genético pueden ser opuestos cuando se trata de las colas y la cabeza en forma de casco, algo que no puede observarse con los tipos sanguíneos. Si dos personas tienen genes idénticos de tipo sanguíneo, necesariamente tendrán el mismo tipo de sangre.

Si se deja a una pulga de agua joven en un acuario en el que no hay predadores, explicó Meaney, permanecerá desprotegida, pues no tiene casco ni cola espinosa. Pero si se deja un clon genéticamente idéntico en un acuario al que se le ha agregado un olor químico a pescado, la pulga desarrolla un casco y una cola larga y espinosa. "Todo esto ha ocurrido porque el animal ha estado expuesto a la percepción de una amenaza, lo cual es una señal del ambiente", dijo Meaney. Pero el aprendizaje no termina con el caso de las pulgas acuáticas. Si se deja a una pulga con casco y cola en un acuario donde no perciba el olor de un predador, sus guarniciones defensivas desaparecen.

Hasta aquí, la historia no es muy sorprendente. Desarrollar un casco y una cola agresiva no parece ser muy diferente, por ejemplo, a que un yak desarrolle un pelaje más grueso en respuesta a las bajas temperaturas. "Pero lo fascinante de este caso, y lo que llegó a ser relevante para nuestra discusión, es que si se trata de pulgas hembras y se pasan a un acuario sin predadores y les permiten que pongan sus huevos, los vástagos de la madre que anteriormente había visto u olido a un predador tendrán una casco más grande, aunque no hayan visto ni olido a un predador", explicó Meaney. "La experiencia de la madre es transmitida a sus descendientes".

Este es un proceso que se ha presentado en la naturaleza en más de una ocasión. Las lagartijas, que son muy perseguidas por las serpientes, tienen una probabilidad mucho mayor de ser engullidas si tienen colas pequeñas y cortas, y reaccionan con lentitud al olor de la serpiente. Si una madre lagartija está expuesta a este olor, incluso si pone sus huevos en un ambiente libre de serpientes, su cría desarrollará colas grandes y largas para reaccionar con mayor eficacia a los olores de las serpientes que aquellas cuyas madres nunca olieron una serpiente. Tanto para las pulgas acuáticas como para las lagartijas, "el ambiente de la madre influye en la activación de respuestas defensivas en los vástagos", dijo Meaney. "Yo sugeriría que estos procesos también pueden ocurrir en mamíferos y humanos".

Ratas: manipule con cuidado

Meaney recurrió a algunos estudios antiguos para descubrir de qué manera la conducta materna afecta a la de sus crías. A finales de los años cincuenta y a comienzos de los sesenta, los psicólogos notaron que si las ratas que nacían en laboratorios eran retiradas todos los días de sus jaulas durante veintiún días a partir de su nacimiento, se presentaba un cambio notable y permanente en su conducta y disposición. En un experimento típico, los científicos alejaron a los recién nacidos de sus madres y los dejaron en un envase pequeño. Unos quince minutos después, los críos eran llevados de nuevo al lado de su madre; esta rutina se repitió al día siguiente.

Aunque este procedimiento duraba tan solo unos minutos, los científicos comenzaron a observar que sus efectos se prolongaban a lo largo de la vida. Cuando estas ratas crecieron, su respuesta al estrés fue mucho más controlada que el de las ratas que no habían sido manipuladas. Cuando las ratas manipuladas frecuentemente fueron sometidas a descargas eléctricas, liberaron las habituales hormonas del estrés llamadas glucocorticoides, que conminan al cuerpo a huir o a pelear. Sin embargo, la cantidad liberada fue muy poca. En contraste, las ratas que no habían sido alejadas de sus madres secretaron una gran cantidad de hormonas del estrés al recibir la descarga eléctrica. La diferencia se presentó hasta que las ratas tenían dos años, una edad muy avanzada para esta especie. Aunque la única diferencia entre las ratas era el haber sido apartadas de sus madres únicamente quince minutos diarios durante su infancia, el efecto de alejarlas tuvo resultados positivos, pues no se estremecían ante el estrés. "Las ratas más manipuladas durante su infancia son más exploradoras, menos temerosas y reactivas al estrés cuando son adultas", dice el biólogo Robert Sapolsky de la Universidad de Stanford, quien estudia la neurobiología de la respuesta al estrés.

A través de los años, los científicos se dedicaron a estudiar el papel de la bioquímica en el efecto de la manipulación de las ratas. En 1989, Meaney y sus colegas observaron que las ratas manipuladas son mucho más sensibles a los efectos de los glucocorticoides que las otras ratas. Estas sustancias tienen lo que se denomina bucle de retroalimentación negativo, donde el exceso de una sustancia genera una menor producción, y donde una cantidad insuficiente suscita una mayor producción. La calefacción y los hornos son un ejemplo simple de bucle de retroalimentación negativo. Cuando la calefacción aumenta la temperatura de una casa (suponiendo que el termostato está funcionando), la producción de calor disminuye. Lo mismo sucede con los glucocorticoides. Cuando el cuerpo está lleno de ellos, produce una menor cantidad. Meaney encontró que en las ratas manipuladas, el bucle de retroalimentación negativo es mucho más sensible que en las ratas no manipuladas, y basta que las primeras produzcan una gota de glucocorticoides para que su producción disminuya ostensiblemente. Es como si el termostato del estrés de las ratas estuviera programado en doce grados centígrados; apenas sale la primera ola de calor, el horno se apaga. Gracias a este bucle de retroalimentación negativo, las respuestas al estrés desaparecen.

Meaney intentó descifrar por qué el "termostato del estrés" disminuye tanto. En las ratas manipuladas, hay una profusión de "receptores" del glucocorticoide en el hipocampo de sus pequeños cerebros: los receptores hacen lo que sugiere la palabra, y reciben los glucocorticoides. Cuando una molécula de glucocorticoide sale de su cauce, el receptor la lleva a su interior. Allí, el glucocorticoide produce varias reacciones bioquímicas que se suman a la respuesta que las hace oponer resistencia o huir. "Los receptores interpretan las señales que hay afuera de la célula", le explicó Meaney al Dalai Lama. "De algún modo, es la forma en que las células escuchan lo que sucede alrededor. Y mientras más receptores tenga, más sensible es a la detección de esa señal".

"Es como la cantidad de antenas que tienes tú", dijo Jinpa.

Continuando con la analogía de la calefacción y del termostato, es como si hubiera una docena de termostatos en cada habitación de una casa, y cuando una registra mayor señal de calor, le ordena al horno que se apague. Mientras más termostatos haya, habrá una mayor probabilidad de que uno de ellos detecte el calor, así sea en un lugar cercano al radiador. Lo mismo sucede con los cerebros de las ratas; si hay una gran profusión de receptores de glucocorticoides, unas pocas moléculas extraviadas de esta sustancia que se dirijan al hipocampo bastarán para detener la producción de esta hormona. Cuando los actores son numerosos, el hipotálamo envía órdenes para secretar más glucocorticoides, los cuales entran a las células, por lo cual no hay necesidad de liberar más. Pero también sucede lo contrario. Si el hipocampo tiene pocos receptores de glucocorticoides, el mensaje es muy diferente: son pocos los glucocorticoides que entran a estas células y entonces se envían señales para que entren más.

Este bucle de retroalimentación negativo es una adaptación inteligente en términos evolutivos. Mientras que una cantidad suficiente de glucocorticoides entre a las células del hipocampo gracias a la abundancia de receptores de glucocorticoides, no hay necesidad de secretar muchas hormonas del estrés, pues se ha cumplido con la misión de lograr que entren suficientes glucocorticoides al hipocampo. De manera inversa, si hay una escasez de receptores, lo más apropiado será inundar al hipocampo con glucocorticoides. De este modo, por lo menos algunos de ellos entrarán en las células.

Lamer y acicalar

Si las diferencias en las respuestas de las ratas al estrés y las diferencias permanentes en sus cerebros parecen una consecuencia desmedida por el hecho de haber sido manipuladas durante unos pocos minutos al día, lo cierto es que Meaney pensaba lo mismo. Después de todo, la única diferencia entre las ratas manipuladas y las que no lo eran consistía en ser arrojadas a un envase y luego al lado de su madre. Esto parecía ser muy efímero e irrelevante como para tener efectos tan fuertes y perdurables. Pero desde los años sesenta, un número de científicos había especulado que las ratas tratan a sus crías manipuladas de un modo diferente a las que no lo han sido. Es decir, aunque las crías habían sido manipuladas por unos pocos segundos y solo habían estado alejadas de sus madres durante quince minutos, estas las trataban de un modo diferente a como lo hacían con las crías que nunca habían salido de la jaula.

Fue por esto que a mediados de los años noventa, Meaney decidió investigar la causa de este comportamiento. Durante los primeros doce días de nacidas, él o algún colega sacaban algunas crías de la jaula, las introducía en un envase durante quince minutos, y luego las regresaba al lado de su madre, y observaba lo que esta hacía. "La forma en que estudiamos las diferencias individuales en la interacción madre— cría fue a través de la observación", le dijo Meaney al Dalai Lama. "Lo hicimos ocho horas diarias durante los primeros doce días después de nacidas, lo cual es una actividad perfecta en los prolongados inviernos canadienses".

Sin embargo, esta actividad no ofrecía muchas oportunidades de soñar despiertos. Cada cuatro minutos, los científicos "le asignaron puntos" al comportamiento de la madre, luego de observar si ella alimentaba a sus crías, las lamía, las acicalaba o las ignoraba. ("Doce días" es el llamado período crítico en el que la manipulación había demostrado afectar el sistema del estrés de las ratas y el equilibrio complejo de los receptores de glucocorticoides y otras hormonas). Algunas ratas lamían y acicalaban concienzudamente a sus crías, mientras que otras evadían sus responsabilidades maternas, limitándose casi exclusivamente a alimentarlas.

"Lo que vimos luego de observar esta conducta durante un tiempo considerable fue que aunque todas las ratas lamen y acicalan a sus crías, algunas lo hacen mucho más que otras", dijo Meaney. Surgió un patrón: las madres de las ratas manipuladas, informó él en 1997, solían meterlas debajo de ellas, lamiéndolas y acicalándolas. Esa fue la solución al misterio. No se trataba exclusivamente de que las crías fueran manipuladas por los científicos; esta manipulación hacía que las madres las trataran de un modo diferente cuando regresaban a la jaula, donde las lamían y acicalaban frenéticamente, como si trataran de recuperar el tiempo perdido. (Si el lector se pregunta por qué las madres acicalaban tanto a las crías manipuladas, es por lo siguiente: una cría emite vocalizaciones ultrasónicas cuando es alejada de su cálido nido para ser arrojada a un recipiente. Los humanos no pueden oírla, pero una rata madre sí, y responde de la misma forma como lo hace una madre humana cuando oye llorar a su bebé). Meaney se concentró en esto: en la forma en que la conducta materna afecta a la cría.

Es muy normal que algunas ratas laman y acicalen a sus crías con frecuencia, mientras que otras no lo hacen con tanta dedicación. Esta diferencia en la conducta materna es independiente de si las crías han sido manipuladas o no por científicos. En un laboratorio con muchas crías de ratas que no hayan sido manipuladas, algunas madres las lamen y acicalan, mientras que otras lo hacen con menor frecuencia. "La variabilidad es sustancial", le explicó Meaney al Dalai Lama. "Tomamos a las madres que lamían poco a sus crías, y a las que lo hacían con frecuencia, y estudiamos a sus crías cuando eran adultas. En esta etapa, simplemente correlacionamos las diferencias individuales del cuidado materno en la primera semana de vida, con la respuesta al estrés que tienen las crías cuando alcanzan la edad adulta y descubrimos que esta respuesta es alterada por la frecuencia con la que la cría había sido lamida y acicalada".

Ratas apacibles

Las crías lamidas y acicaladas continuamente tuvieron una respuesta débil al estrés, informó Meaney en 1997. Eran roedores curiosos, apacibles y bien adaptados, que exploraban nuevos ambientes sin exhibir mucho estrés. En contraste, las crías de madres descuidadas fueron posteriormente adultas temerosas, estresadas y neuróticas. Se estremecían ante la menor señal de estrés y se sentían temerosas en lugares poco familiares, se asustaban bastante en ambientes extraños, mostraron poca inclinación a explorar, y por sus venas circulaban más hormonas del estrés que ginebra por las venas de un alcohólico. "Mientras mayor era la frecuencia de cuidados maternos durante la infancia, menor era la respuesta al estrés en la edad adulta", informaron Meaney y sus colegas.

Las diferencias se manifestaron en la conducta de las crías cuando estas se convirtieron en madres. Las que recibieron pocos cuidados hicieron lo mismo con sus camadas, perpetuando el ciclo de abandono materno y de angustia durante la infancia. Las hijas de las madres atentas lamían y acicalaban con esmero a sus crías. Los resultados reproducían lo que una larga lista de estudios había observado en los efectos de la conducta materna: que las madres temerosas engendran crías temerosas y estresadas (los padres de las ratas no participan en la crianza). "Uno es como su madre", le dijo Meaney al Dalai Lama, agregando con una sonrisa que esta frase siempre "les producía escalofríos a los asistentes".

Y esta es "una plasticidad que ocurre naturalmente", agregó Meaney. Parece ser la forma que tiene la naturaleza de equipar lo mejor posible a los animales para el mundo en el que vivirán. Como la mayoría de los animales pasan su vida adulta en un ambiente muy semejante al que nacieron, "programar" la respuesta al estrés es algo que tiene sentido. Una madre nerviosa que viva en un ambiente peligroso descuidará a sus crías, activando la reducción del número de receptores de glucocorticoides en el cerebro, y produciendo crías asustadizas. Una madre apacible que cuide mucho a sus crías activará una profusión de glucocorticoides en el cerebro y sus crías serán apacibles también, lo que supone una forma razonable de estar en un mundo seguro y abundante en recursos.

El lector podrá preguntarse: "¿Y qué tiene eso de particular?". Todos conocemos el poder de la herencia genética; por supuesto que no es una sorpresa que las ratas madres que son distantes, asustadizas y que descuidan a sus crías tendrán una camada igual a ellas. En una época marcada por el determinismo genético, sería apenas natural suponer que lo observado por Meaney fue el resultado de genes heredados, es decir, que algunas ratas tienen genes que las hacen ser nerviosas y temerosas y, como en el caso de las hembras, ser madres descuidadas. Estas les transmiten sus genes a sus crías, las cuales crecen con las mismas características.

La forma de evaluar esta posibilidad era obvia: tomar las crías de madres descuidadas y hacer que fueran criadas por madres más atentas; y tomar crías de madres atentas y dárselas a madres descuidadas. Este tipo de estudio sobre la adopción separa claramente los efectos de los genes de aquellos que tiene el ambiente, es decir, que separa la naturaleza de la crianza. Meaney hizo esto y observó que los genes no equivalen al destino. Cuando las ratas crecieron, las hijas de madres descuidadas que fueron criadas por madres atentas y cuidadosas fueron indistinguibles de las crías biológicas de estas madres. Eran mucho menos temerosas cuando las introdujeron en un ambiente desconocido y pudieron soportar el estrés tanto como las ratas no adoptadas y criadas por madres atentas. Lo contrario también fue evidente: que las hijas de madres atentas que fueron criadas por madres descuidadas fueron adultas neuróticas y estresadas.

Una vez más, la razón fue el número de receptores de glucocorticoides en los cerebros de las ratas. En el caso de las hijas de madres descuidadas y adoptadas por madres atentas, los cerebros presentaban tantos receptores de glucocorticoides como los de las hijas de madres atentas. Asimismo, las hijas de madres atentas criadas por madres descuidadas tenían los mismos receptores de glucocorticoides que las ratas nacidas y criadas por madres desatentas, informaron Meaney y sus colegas en 1999. Cualquier tendencia que hubieran podido heredar las ratas para ser madres apacibles, atentas y bien adaptadas, fue opacada por el efecto de la crianza: la falta de atención materna se traducía en un menor número de receptores de glucocorticoides en el hipocampo, y una mayor reacción fisiológica a las situaciones estresantes. La madre biológica no generaba efectos en los receptores de glucocorticoides de sus crías. Lo que importaba realmente era quién las había criado y en qué forma. Las madres atentas eran sinónimo de muchos receptores y una respuesta reducida al estrés; las madres desatentas eran sinónimo de pocos receptores y de una alta respuesta al estrés.

Las ratas madres crían literalmente a sus camadas para que tengan sus mismas cualidades. Las ratas jóvenes heredan la conducta materna. Si una cría es adoptada por una madre atenta, será igual a ella sin importar su madre biológica. Incluso las crías de madres descuidadas fueron madres atentas tras ser criadas por una madre que las acicalaba.

"Eso significa entonces que no se trata de algo inmodificable", interpuso el Dalai Lama.

"En absoluto", respondió Meaney. Lo que altera de manera permanente la respuesta de las crías al estrés es la conducta materna y no los genes trasmitidos a una camada por medio del azaroso proceso de la concepción.

Como uno de los objetivos del experimento era investigar la transmisión de la conducta materna a través de varias generaciones, los científicos dejaron que algunas de las ratas adoptadas se aparearan para ver cuál sería su comportamiento materno. Las nuevas madres hijas de ratas descuidadas pero criadas por madres atentas se asemejaban más a sus madres adoptivas que a las biológicas. De hecho, eran indistinguibles de las crías e hijas de madres atentas. En contraste, las hijas de madres atentas pero criadas por ratas descuidadas eran tan desatentas y descuidadas como sus madres adoptivas. Y así, el ciclo se perpetuó, y la generación criada por madres descuidadas fueron adultas temerosas y estresadas que descuidaron a sus crías, y la generación criada por madres atentas fueron adultas bien adaptadas y apacibles que cuidaron bien a sus propias camadas.

El Dalai Lama se preguntó por qué lamer y acicalar tenía un efecto semejante en las crías. ¿Se trataba de un proceso puramente físico del contacto de la lengua materna con el cuerpo de la cría? ¿Sería algo químico, debido tal vez a la saliva que tocaba la piel? ¿Era necesario el afecto?

"Si usted ve las áreas del cerebro que son activadas cuando la cría es lamida, hay áreas que se activan cuando un animal experimenta una sensación agradable", dijo Meaney. "Es razonable suponer que la experiencia de ser lamida va más allá de un simple contacto".

"Así que no es solo una función de transferir moléculas en la saliva", anotó Jinpa.

"No", respondió Meaney. "La evidencia sugiere que lo realmente importante es el contacto físico y la interpretación de esa experiencia sensorial".

"Sería interesante ver si el componente mental de la madre es realmente crucial, o si se puede obtener el mismo resultado al lamer o acicalar a una cría con un aparato mecánico", comentó Alan Wallace. "Esta es la esencia de lo que quiere decir Su Santidad".

La conducta heredada

"La pregunta crítica es: ¿De qué manera estos efectos maternos que no son genéticos no solo perduran a lo largo de toda la vida, sino que son transmitidos a otras generaciones?", continuó Meaney. A fin de investigarlo, él y sus colegas comenzaron a medir meticulosamente la actividad del gen que produce el receptor de glucocorticoides en el hipocampo. "Lo que se observa es que en el hipocampo de las ratas adultas, el gen de las crías de una madre cuidadosa está activo casi dos veces más que en las criadas por una madre descuidada", explicó. "Así que el gen produce más receptores". Por supuesto, mientras más receptores tengan las ratas, más apacibles serán. "Estos estudios sugieren que la calidad del cuidado materno altera la actividad de un gen específico en una región particular del cerebro, influyendo en la forma en que responden las crías al estrés cuando alcanzan la edad adulta", le dijo Meaney al Dalai Lama.

Pocos meses antes de asistir al encuentro, Meaney había descubierto con exactitud cómo el cuidado materno influye en la actividad del gen que produce el receptor de glucocorticoides. Los lamidos de una madre producen un aumento en una molécula, llamado factor de transcripción, que incrementa la producción de los receptores de glucocorticoides en el hipocampo. "Parece que hay una explicación considerablemente satisfactoria sobre la forma en que los lamidos de una madre pueden aumentar la producción de receptores de glucocorticoides", le dijo al Dalai Lama. "Las ratas criadas por madres que las lamen mucho producen un mayor factor de transcripción, el cual hace que su cerebro produzca más receptores de glucocorticoides".

Esto suponía otra confirmación más de la importancia de la crianza sobre la naturaleza. Los genes de las ratas apacibles son idénticos a los de las ratas neurológicas, al menos en los términos en que la genética define tradicionalmente el término "idéntico", es decir, la secuencia de moléculas que eran el "Santo Grial" del Proyecto del Genoma Humano. Sin embargo, esta secuencia no representa las órdenes de la naturaleza, y más bien es como una sugerencia; esa secuencia puede amplificarse o silenciarse, dependiendo del tipo de ambiente donde se encuentre la criatura, con efectos diametralmente opuestos sobre la conducta y el temperamento.

"Los genes pueden ser silenciosos o ser muy activos", le explicó Meaney al Dalai Lama. "Lo que determina la actividad del gen es el ambiente, que es precisamente lo que se modifica por el cuidado materno, es decir, el ambiente químico en el que funcionan los genes. La pregunta siempre había sido: '¿Cómo?' Tardamos cuatro años, pero hemos demostrado que el cuidado materno altera la actividad del gen en el cerebro de sus crías, y esto influye en la forma en que estas responden al estrés". Como resultado de las alteraciones en la expresión del gen, continuó Meaney, "la influencia de los padres puede perdurar durante toda la vida de la cría. Esta plasticidad no se aplica a las conexiones entre las neuronas; las modificaciones ocurren al nivel del gen. Si una rata ha sido criada por una madre que la consienta poco, el gen del receptor del glucocorticoide siempre estará silenciado, pero si es criada por una madre cuidadosa, casi nunca lo estará. Esto significa que podemos decir que es posible crear un ambiente que afecte el ADN y, por lo tanto, la forma en que el animal responda al estrés".

Las madres y los padres les pasan los rasgos a sus hijos de dos formas. La primera, por supuesto, es a través de los genes presentes en el esperma y el óvulo, a partir de los cuales se desarrolla el niño; es la parte "natural" de la dicotomía crianza-naturaleza. La segunda forma es mediante la conducta. Desde que los científicos han estudiado la transmisión social de rasgos, han supuesto que solo ocurre cuando los niños se modelan —de manera consciente o inconsciente— a semejanza de sus padres, adoptando (o rechazando) la pasión de estos por el béisbol, la adherencia a un credo particular, su generosidad o su paciencia, sus valores o su personalidad. Ahora es claro que el comportamiento de los padres puede modificar el de sus hijos al alterar la química de los genes. Meaney descubrió que el comportamiento de una rata puede alterar la expresión genética de su camada, y tener un efecto a largo plazo en la conducta y temperamento. Las experiencias tempranas pueden tener consecuencias que perduren toda la vida. "Creo que este es un mensaje optimista", dijo Meaney. "Solo podemos imaginar qué tipo de situaciones puedan producir alteraciones en la química del ADN. Quizá un día hablaremos de estos cambios en los mismos términos con los que nos referimos a los que tienen lugar entre las conexiones neuronales".

Por ahora, debería ser claro que incluso el estado de un gen hace que las ratas sean apacibles y curiosas, o neuróticas y temerosas. De hecho, Meaney logró revertir la condición de "encendido-apagado", propia del gen del receptor del glucocorticoide, al inyectarles a las ratas un químico que lo silencia. Aunque fue una intervención artificial, supuso una prueba crucial de que el sistema que actúa como el termostato del temperamento de las ratas es plástico, y no grabado en piedra (o por el ADN). Pero ¿hay situaciones en el mundo de las ratas —o de un niño— que puedan producir los mismos resultados, revirtiendo los efectos nocivos del descuido materno, o los benéficos de la atención de la madre?

No es ninguna sorpresa que la respuesta a esta pregunta sea afirmativa. Como mencioné anteriormente, las ratas cuyas madres las lamían y acicalaban con frecuencia se comportaron de igual manera con sus crías, así como sus contrapartes se comportaron a semejanza de sus madres. Podría pensarse que se trata del efecto biológico de la abuela, pues la conducta de esta afecta a sus crías de una forma que hace que ellas traten a sus camadas del mismo modo. Pero cuando Meaney tomó ratas adultas que fueron criadas por madres atentas que habían tratado a sus crías con el mismo cuidado y atención, y las expuso al estrés, fue como si les hubieran realizado un transplante de personalidad. Las madres que fueron muy atentas con su primera camada, lamiéndolas y acicalándolas todo el tiempo, sufrieron serios trastornos y sus crías los sintieron: produjeron pocos receptores de glucocorticoides y se volvieron completamente neuróticas.

"La calidad del ambiente influye directamente en la calidad del cuidado materno", dijo Meaney. "El cuidado materno influye entonces en el desarrollo del cerebro y, en particular, altera el desarrollo de genes específicos, lo cual sienta las bases para las diferencias en la forma en que los individuos responden al estrés y cuidan a sus crías. El mensaje resultante de nuestros estudios es que cuando expones a la madre al estrés o a la adversidad, la cría mostrará una mayor respuesta al estrés en la edad adulta".

Irónicamente, esta puede ser la estrategia adecuada para sobrevivir. Las ratas madres reducen la atención a sus crías bajo condiciones estresantes, como cuando los alimentos escasean. La conducta del "dejar hacer": lamer y acicalar en mínima medida a las crías produce una camada nerviosa y neurótica. Pero ¿necesariamente son malas cualidades? En una época obsesionada con la reducción del estrés, parecería que fuera así. Pero hay condiciones en las que un cerebro y un cuerpo inundados por hormonas del estrés tiene ventajas sobre un cerebro y un cuerpo más apacible. Las hormonas del estrés incrementan el miedo y la vigilancia, y hacen que el animal sea más rápido y diestro en aprender aquello que es peligroso o en cuáles señales preceden a una amenaza letal (algo que se conoce como aprendizaje de la evasión y condicionamiento del miedo, respectivamente). Las ratas que nacieron en ambientes de mucho estrés tienen mayores probabilidades de sobrevivir si son extremadamente alertas y reaccionan a la menor señal de peligro. Un ambiente con mucho estrés también influye sobre las madres para que cuiden menos a sus crías. Es una mezcla perfecta: las madres agobiadas por el estrés descuidan a sus crías, las que debido a esto, se vuelven completamente alertas y temerosas, adaptadas por lo tanto a un mundo difícil.

La naturaleza también ha dispuesto que las principales hormonas del estrés (los glucocorticoides y la noradrenalina) protejan a los animales contra el hambre (y la escasez de alimento es el sello distintivo de los ambientes de mucho estrés). En los animales privados de alimento por largos períodos de tiempo, las hormonas del estrés aumentan la disponibilidad de energía producida por el metabolismo de grasas y azúcares, perturbando el sueño y las funciones cognitivas y emocionales, predisponiendo a una rata (o a una persona) a enfermedades crónicas, como diabetes o enfermedad cardiovascular. Sin embargo, por malo que sea esto, obviamente es preferible a ser engullida por un gato debido a su falta de atención, o a morir de hambre porque su organismo no puede activar el metabolismo preservador de la energía ante la escasez de alimento. Estos dos últimos casos suelen ser letales, mientras que una diabetes o enfermedad cardiovascular no siempre causa la muerte, trátese de ratas o de personas. En un mundo de privación y escasez, de peligros y amenazas, es probable que la apacibilidad sea un lujo que no pueden permitirse ni una rata pequeña ni un niño. "En condiciones de escasez, los animales que tienen la mayor probabilidad de sobrevivir son aquellos que presentan una respuesta exagerada al estrés", dijo Meaney. "Entonces se hace importante reinterpretar la conducta de la madre. El hecho de que lama poco a la cría puede ser una adaptación a fin de preparar a su camada para lo que ella supone que será un ambiente muy estresante. Pensamos que la selección natural ha hecho que las crías interpreten la conducta materna —fisiológica y no conscientemente— como un indicio de las condiciones ambientales que probablemente enfrentarán cuando salgan de su nido y tengan que defenderse solas".

La pobreza se cuela debajo de la piel

Lo que se aplica para las ratas también es válido para las personas. Entre los niños que crecen en medio de la pobreza y en sectores con altas tasas de criminalidad, aquellos que obtienen los mejores resultados —que terminan sus estudios y no son delincuentes— son tan temerosos y reactivos al estrés como las ratas de madres descuidadas. Según una interpretación, estos jóvenes eran demasiado tímidos y retraídos como para involucrarse con pandillas y actividades criminales. También tenían un "radar" interno muy afinado que les avisaba de los posibles peligros provenientes de un padrastro o madrastra abusiva, o de un desconocido.

Estos hallazgos sugieren que la pobreza, como dice Meaney, puede colarse debajo la piel y dentro de tu cerebro. Es bien sabido que las personas de clases sociales más privilegiadas disfrutan de una mejor salud física y mental que las que viven en la pobreza y en hogares conflictivos, donde los cobradores siempre están tocando la puerta y la posibilidad de no tener un hogar asoma cuando se debe un mes de renta. Los investigadores han propuesto varios mecanismos para explicar la asociación entre la condición socioeconómica y la salud, y una muy plausible es la del estrés. Se ha mostrado que aquellos individuos con una condición socioeconómica más baja tienen una mayor exposición a condiciones estresantes que los más acomodados. Estos niños tienen mayores niveles de hormonas del estrés que el de aquellos que viven mejor, algo que puede determinar sus cerebros de una forma poco deseable, conduciendo a una cognición y a un control emocional más deficiente.

"Las formas específicas de las primeras experiencias familiares conducen a alteraciones en la manera como los niños responden al estrés", le dijo Meaney al Dalai Lama. "Los niños expuestos al abuso o al abandono reaccionan más al estrés. Incluso variaciones muy sutiles dentro del rango normal del cuidado parental pueden alterar el desarrollo de una forma muy dramática. En las ratas, la forma en que la madre cuida a sus crías puede programar sus respuestas al estrés por el resto de sus vidas, afectando la expresión de los genes en las regiones cerebrales encargadas de responder al estrés. Creemos que esto ofrece una explicación plausible para la forma en que el cuidado parental influye en la vulnerabilidad o resistencia al estrés, y a las enfermedades asociadas con esta condición que tengan las ratas a lo largo de sus vidas".

Esto podría explicar los efectos de unas condiciones socioeconómicas pobres. Si hemos venido hablando hasta ahora sobre las ratas, es porque a Meaney le interesan fundamentalmente las personas. Se ha documentado muy bien en cómo la adversidad aumenta los niveles de ansiedad de los padres. La preocupación por el desempleo, o la pérdida del hogar, la incertidumbre frente a la consecución de los recursos para asegurar el alimento, no contribuyen de manera positiva al cuidado parental; al contrario: la ansiedad y la depresión inducidas por las condiciones difíciles tienden a hacer que los padres sean duros y apliquen medidas disciplinarias inconsistentes, y que sean incluso descuidados y abusivos. (Esto no quiere decir que todos los padres que vivan en la pobreza o en la enfermedad, o en condiciones peligrosas, reaccionen de este modo). Estos son precisamente los tipos de padres, explica Meaney, que pueden estimular la reacción al estrés de un niño: "La ansiedad de los padres es transmitida a los hijos". Ser pobres, no tener empleo u hogar, induce en los adultos una respuesta fisiológica al estrés que de algún modo es transferida a los niños. Aunque el término "de algún modo" aún está por precisarse, las dos décadas que Meaney ha dedicado a los estudios acerca de cómo la conducta materna en las ratas influye en el temperamento de sus crías, apunta en otra dirección: la conducta parental puede alterar la expresión de los genes en sus hijos. De este modo, dice Meaney, "los efectos de la pobreza en el desarrollo emocional e intelectual de los niños están mediados por los padres".

Es obvio que somos más complejos que las ratas. Para los animales de laboratorio que pasan todas sus vidas en una jaula, las oportunidades de ser moldeados por algo ajeno a la madre que los cría, y en un menor grado, por los compañeros de camada con los que crecen, son muy limitadas. Incluso los niños que viven en las peores situaciones tienen una tabla de salvación: un profesor amable, un sacerdote o un consejero, un abuelo o algún familiar que compensa parcialmente el abandono al que los han sometido sus padres.

El Dalai Lama se preguntó si los efectos de la pobreza y del abandono están mediados por el contexto en el que ocurren. "Por ejemplo, uno puede suponer que hay una diferencia entre las condiciones de un país pobre, donde el sentido de la precariedad no es tan dramático, en oposición a países más prósperos con altos niveles de vida que hacen que, por el contraste, las familias pobres tengan una mayor conciencia de su pobreza", tradujo Jinpa.

"Las peores consecuencias ocurren cuando una persona muy pobre vive en un país muy rico", coincidió Meaney. "En los países donde hay una gran diferencia entre los salarios más bajos y los más altos, los pobres tienen una salud más precaria, mientras que los habitantes de países donde no hay semejante discrepancia tienen una mejor salud y viven más años".

"Su Santidad se pregunta", dijo Jinpa, "si existe una diferencia a nivel bioquímico y cerebral entre un niño concebido voluntariamente por su madre y otro que lo ha sido involuntariamente o por accidente".

"Por supuesto", respondió Meaney. "El bienestar emocional de la madre determina su estado hormonal. Las madres deprimidas y ansiosas producen más hormonas del estrés, lo que afecta el crecimiento del feto. El mejor factor para predecir el crecimiento del bebé consiste en preguntarle a la madre: ¿Deseabas este hijo?

Un legado victoriano

En otoño del 2005, los científicos de la Universidad de Wisconsin-Madison divulgaron un estudio que mostraba lo que puede sucederles a los niños cuyas madres respondieron negativamente a la pregunta anterior. Los investigadores estudiaron niños que fueron "criados en ambientes sociales extremadamente aberrantes, donde fueron privados de los cuidados típicos de nuestra especie". En términos más amables, eso significa que las doce niñas y los seis niños entre los siete meses y los cuatro años de edad que habían vivido en orfanatos rusos o rumanos considerados por la Organización Mundial de la Salud como malos o pésimos, los huérfanos de facto (pues muchos fueron abandonados por sus padres) pasaban días enteros en cunas sin juguetes, recluidos en salones desolados. Los adultos que supuestamente velaban por su bienestar interactuaron tan poco con ellos, que Seth Pollack, de la Universidad de Wisconsin, dijo durante el encuentro anual de la Asociación Americana para el Avance de la Ciencia realizada en 2003, "que los ambientes estaban desprovistos generalmente de estimulación y de interacción humana". Particularmente, los niños casi nunca recibían amor ni cuidado por parte de los adultos que supuestamente deberían reconocer y responder a sus necesidades.

Los niños fueron adoptados por familias norteamericanas. Al cabo de un año, casi todos sus problemas médicos desaparecieron —infecciones del oído, problemas estomacales, desnutrición y retraso en el crecimiento—, aunque no el legado del abandono. Muchos fueron diagnosticados con problemas emocionales e incapacidad para establecer lazos emocionales con las personas más cercanas a ellos.

En los animales de laboratorio, varios años de estudios habían identificado dos hormonas cerebrales que son cruciales para establecer los vínculos sociales y la regulación de la conducta emocional. La oxitocina y la vasopresina están relacionadas con la emergencia de vínculos sociales y el cuidado parental. Cuando los niveles de estas hormonas aumentan, los animales establecen vínculos sociales con mayor facilidad; los pequeños se aferran más a sus padres, y estos a sus crías. La oxitocina en particular parece ser la hormona social del cerebro. Los niveles aumentan cuando se tiene un contacto físico cálido con alguien cercano, generando un sentido de seguridad que sienta las bases para que la persona (o el animal de laboratorio) interactúe socialmente. En las personas, esto equivale a conseguir amigos y establecer vínculos emocionales cercanos. La vasopresina es la hormona del reconocimiento, y se activa cuando un animal reconoce a alguien familiar. ¿Qué otros sistemas es posible investigar en los niños huérfanos, pensó Pollack, si no los de la oxitocina y la vasopresina?

El trabajo de Meaney había sugerido que las experiencias tempranas en la vida —para la mayoría de los animales, incluyendo a la especie humana, que tanto cuidado y atención recibe de su madre o de la persona a cargo— pueden alterar los niveles de hormonas del estrés en el cerebro. Algunos estudios habían sugerido que estos niveles inciden en la efectividad con la que los receptores procesaron o absorbieron la oxitocina y la vasopresina. Si los receptores no captan con eficacia estas hormonas, no podían surtir efecto. Pollack se preguntó qué pasaría con estas dos hormonas en los niños huérfanos, incluso tres años después de haber sido adoptados por familias cariñosas.

Él y sus colegas monitorearon a dieciocho de ellos que vivían en Wisconsin. Los científicos tomaron dos muestras de orina de cada niño con una o dos semanas de diferencia, poco después de que sus madres o de una de las investigadoras los cargaran. Durante los treinta minutos de juego, la madre o la científica les susurraban cosas a los niños, les acariciaban la cabeza, les hacían cosquillas, les contaban los dedos y permitían que hicieran lo mismo con ellas. En los animales de laboratorio, esta estimulación sensorial e interacción social aumenta los niveles de oxitocina y vasopresina. Durante cuatro mañanas, los científicos tomaron varias muestras de orina para calcular los niveles iniciales de estas dos hormonas y evaluar con mayor efectividad si el contacto humano las aumentaba.

Los niños huérfanos tenían menores niveles iniciales de vasopresina, sugiriendo que "la privación social puede inhibir el desarrollo del sistema de esta hormona", informaron Pollack y sus colegas en el 2005. Los niveles de oxitocina de los niños después de jugar con su madre o con una extraña arrojaron resultados aún más serios. No se esperaba que los niveles de esta hormona social aumentaran luego de la interacción con una persona extraña, como de hecho sucedió, tanto en los niños huérfanos como en los de control. Sin embargo, los hijos de padres cariñosos se sentaron en las piernas de sus madres y sus niveles de oxitocina aumentaron, aunque no en los niños huérfanos. La oxitocina es una sustancia que establece los vínculos entre los niños y las personas de los aman, produciendo una sensación de calma y bienestar que les permite adaptarse al mundo, establecer amistades durante la infancia, y consolidar relaciones en la edad adulta. En los niños huérfanos, este sistema no era como debía ser.

Los descubrimientos de Meaney sugieren que las vidas que llevamos y la conducta de las personas que nos cuidan pueden alterar la química del ADN. Los genes no son nuestro destino. Nuestros genes, y su efecto en el cerebro, son mucho más plásticos de lo que habíamos pensado.

Un aspecto importante señalado en el estudio de Meaney es que "la influencia parental tiene un efecto dramático sobre los hijos", como lo señaló Richie Davidson. "Su trabajo nos muestra de una manera hermosa los mecanismos por los cuales la influencia materna puede presentarse, y cómo puede afectar la expresión de los genes. Esta es una evidencia contundente del impacto de los padres en la capacidad de cambiar el cerebro, lo cual pone de relieve el tema de cómo podemos forjar mejores padres".

"Yo he estado muy interesado en el tema, desde hace varios años", dijo el Dalai Lama en inglés, idioma que utiliza cuando no quiere esperar una traducción. "Puede haber algo determinado en nuestro cerebro que sea muy difícil de transformar", dijo sonriendo. "Pero debemos mostrarle a esta generación cómo ser individuos pacíficos. Esto contribuirá a crear una familia pacífica, una comunidad pacífica, y gracias a esto, un mundo pacífico.

"La clave está en tener una mente pacífica. Es claro que la rabia, el odio, los celos y el miedo, no son útiles para alcanzar la paz mental. El amor, la compasión y el afecto son las bases de la paz mental. Pero ¿cómo promover esto? No a través de la tradición budista, sino de lo que yo denomino ética secular. No estoy hablando del cielo, del nirvana o de la esencia del Buda, sino de una vida feliz para este mundo. Independientemente de si hay otra vida o no. No importa. Es un asunto individual".

Después de hablar con el Dalai Lama en tibetano, Jinpa dijo: "Su Santidad estaba diciendo que su perspectiva en estos asuntos, particularmente ante la pregunta de cómo promover la apreciación por la bondad humana y valores como la compasión en la sociedad, no consiste tanto en presentar estas ideas como espirituales o religiosas, sino como valores humanos universales que trascienden las divisiones de diferentes tradiciones religiosas".

Meaney coincidió con él. "Nuestro reto no es simplemente prevenir la enfermedad, sino ayudarle a la gente a ir más allá de la patología e incrementar la capacidad humana hacia el bienestar social, y aumentar la felicidad del individuo. Este es un aspecto en el que podríamos ayudar un poco".

La mayoría de los científicos no estudian a las ratas por un interés apasionado en estos roedores, sino por lo que pueden decirnos acerca de las personas. Y aunque en muchos casos los descubrimientos con ratones de laboratorio no se pueden aplicar a los seres humanos (por ejemplo, las ratas paralizadas que han vuelto a caminar, o las que sufrían una variedad de Alzheimer y recuperaron la memoria), afortunadamente, el descubrimiento de cómo puede afectar el cuidado materno —en sus diversas formas— la reacción de los niños al estrés, no es uno de ellos.

En el 2006, científicos de la Universidad de Maryland dieron a conocer una versión humana de los estudios con ratas realizados por Meaney. Al observar un grupo de 185 madres con sus respectivos hijos, las clasificaron de acuerdo a los cuidados que les daban al momento de alimentarlos, cambiarles la ropa, aplicarles la loción, o simplemente mientras estaban ocupadas en la cocina con el bebé a su lado. Las interacciones fueron filmadas para analizar la frecuencia con la que la madre abrazaba o besaba al bebé, sonreía con él, o lo ignoraba.

Al examinar los dos extremos de la conducta materna —madres extremadamente cariñosas y otras extremadamente distantes, comparables a las ratas de Meaney—, los científicos encontraron que los bebés que reciben menos cuidados maternos mostraron mayor temor (especialmente cuando estuvieron expuestos a escenas, sonidos, objetos y personas que no habían visto nunca), reaccionaron más al estrés, se concentraron menos en lo que hacía su mamá, presentando una mayor asimetría en la actividad de las regiones frontales del cerebro (huellas de timidez, angustia, poca sociabilidad e infelicidad) que los infantes que recibieron cuidados maternos de alta calidad. El efecto de las variaciones en el nivel de cuidados que una madre le brinda a su bebé "puede influir en la expresión de sistemas neurales relacionados con la reacción al estrés en infantes humanos". Los científicos concluyeron que su trabajo "respalda las investigaciones de Meaney y sus colegas, quienes han demostrado que las variaciones naturales en la conducta materna de las ratas tienen consecuencias sustanciales (...) y que el temperamento y la conducta materna actúan en concierto para moldear el desarrollo".

La forma en que nos traten durante la infancia realmente moldea al menos algunos aspectos de nuestro temperamento. Rasgos tan básicos como el temor, la curiosidad, la apertura a nuevas experiencias y la neurosis, no están asociados de manera inmutable a nuestro ADN, a pesar de los continuos descubrimientos sobre los genes. Ni tampoco están grabados de manera irrevocable en nuestros circuitos cerebrales, como demostraría otro de los invitados del Dalai Lama en aquella semana de octubre.

Capítulo 8

¿Debemos culpar a mamá?

Reprogramados para la compasión

Si leemos muchos de los artículos publicados sobre estudios de psicología social, probablemente no tendremos una imagen muy agradable de la humanidad: racismo, agresión, un conformismo sin sentido, reticencia a ayudarle a alguien con problemas, un sentido desmedido de la autoestima, prejuicios contra cualquiera que no pertenezca a nuestro grupo étnico, religioso o socioeconómico; adicionalmente, es probable que veamos a los miembros de nuestro grupo bajo una óptica donde todo es color de rosa y los sentimientos como la compasión, la solidaridad, la tolerancia, la amabilidad y las percepciones objetivas sobre nosotros y los demás brillen por su ausencia.

Para oscurecer aún más este panorama, los psicólogos sociales que estudian el comportamiento y la interacción entre las personas son particularmente partidarios de explicar por qué estas características tan poco nobles son naturales, hasta el punto que se hacen casi inevitables y universales. Según su teoría, tenemos una necesidad innata tan fuerte de sentirnos superiores, que buscamos los pretextos más débiles para justificar esta ilusión. Aun más, imaginamos que existen diferencias importantes de carácter, integridad, amabilidad y otras cualidades entre "las personas como yo" y "las diferentes a mí". Suponer lo que realmente son diferencias ilusorias nos ayuda a mantener nuestra opinión de que nuestro grupo es mejor que los demás, allanando el camino para los prejuicios, la agresión, la autoestima irreal y la falta de solidaridad y compasión.

Phillip Shaver tenía otra opinión. A comienzos de los años noventa, comenzó a preguntarse si el deprimente retrato de la humanidad ofrecido desde tiempo atrás por la psicología social —que los seres humanos somos inseguros, de mentalidad cerrada, que vivimos engañados, predispuestos, que somos egoístas y estamos a la defensiva— no suponía una descripción acertada de la naturaleza humana, y se preguntó si esto se aplicaría tan solo a algunas personas.

Shaver comenzó a especular si la psicología social había concentrado involuntariamente gran parte de su atención en los comportamientos y actitudes de personas que tenían una historia turbulenta; concretamente, una historia de incapacidad para contar con el amor y apoyo de las personas importantes en sus vidas. Si era así, entonces el retrato ofrecido por la psicología social no consigue influir en las personas que tienen una historia muy diferente, quienes han podido recurrir a sus seres queridos y encontrar bienestar, apoyo y amor. Y si esto era cierto —que la experiencia de la profunda decepción que sentimos cuando las personas más cercanas a nosotros nos desilusionan, o nos dejan secuelas mentales tan perdurables que afectan para siempre la forma en que interactuamos con los demás y la manera en que vemos el mundo— entonces la pregunta era obvia: ¿Las nuevas experiencias o el entrenamiento mental pueden reprogramar esta herencia neuronal, haciendo que quienes sufren las secuelas de los sufrimientos pasados puedan superar lo que la psicología social ha considerado como un aspecto inevitable de la condición humana?

Esto fue lo que llevó a Shaver a Dharamsala: la idea de que la neuroplasticidad podría ofrecer los medios para cambiar los circuitos cerebrales de aquellas personas cuyo pasado las ha encaminado hacia el egoísmo, los prejuicios, la actitud defensiva y otros males de la humanidad. Shaver era un gran estudioso de la historia y la filosofía budista. Había leído *Libertad en el exilio*, la autobiografía del Dalai Lama, así como su libro *Ética para un nuevo milenio*, además de numerosos libros sobre el budismo, incluyendo *Un final para el sufrimiento: el Buda en el mundo*, de Pankaj Mishra; *Disolviendo el materialismo espiritual*, de Chögyam Trungpa; y *Los cuatro inconmensurables: cultivando un corazón ilimitado*, de Allan Wallace. La espiritualidad tampoco era completamente ajena para Shaver —quien había contemplado la posibilidad de ser un monje trapense cuando estudiaba secundaria.

Constantemente encontraba múltiples consonancias y paralelos entre el budismo y su trabajo. La compasión es la principal virtud en todas las religiones, pero en ninguna más que en el budismo, cuyo postulado central dice "que el sufrimiento de todos los seres sensibles sea eliminado", lo cual es la definición misma de la compasión. Una de las principales modalidades de entrenamiento mental para los monjes, yoguis y otros practicantes es la meditación de la compasión, en la que se entrena la mente para sentir una empatía profunda y permanente con todos los seres sensibles. Pero aunque la llamemos compasión, empatía, altruismo o conducta prosocial (como lo hacen los psicólogos sociales), se trataba de algo que estaba en sintonía con la pregunta en torno a la cual giraban las investigaciones de Shaver: saber hasta qué punto cuando una persona actúa compasivamente no lo hace como reflejo de su sentido de seguridad emocional. Las personas que son emocionalmente seguras y que sienten que pueden recurrir a alguien en tiempos de necesidad son más sensibles al sufrimiento de los demás, observó Shaver, y no solo están más capacitadas para percibir cuándo alguien necesita ayuda, sino también más dispuestas a ofrecérsela. En contraste, las personas que carecen de esta cualidad y no tienen a quién recurrir son menos propensas a sentir empatía y compasión.

Fue allí donde Shaver vio un rayo de esperanza. Sí: el sentido de seguridad emocional de las personas está fuertemente moldeado por las experiencias que han tenido en la infancia con la persona más cercana a ellas. Pero cuando decimos "fuertemente moldeado", es algo más que una metáfora. Si las personas tienden a sentirse y a comportarse de cierta manera, es porque sus circuitos cerebrales también están organizados de cierta manera. Y si algunos de esos circuitos pueden alterarse, como lo demostraron una y otra vez los estudios de los monos de Mike Merzenich, de los pacientes de derrame de Edward Taub y los niños ciegos o sordos de Neville, entonces era probable que los circuitos que reflejan o son responsables de la seguridad emocional también pudieran alterarse.

Shaver dice que lo que buscaba era una manera de aumentar la compasión y el altruismo en el mundo real. "En un mundo azotado por los conflictos internacionales, interétnicos e interpersonales, todas las personas de buena voluntad quisieran poder estimular la compasión y la voluntad de ayudar a los demás, en lugar de ignorar sus necesidades y exacerbar su sufrimiento", dice él. "Muchos individuos pensaban que si los demás pudieran sentirse más seguros y menos amenazados, tendrían mayores recursos psicológicos para percibir el sufrimiento de los demás y hacer algo para ayudarles. Yo pensé: si podemos aumentar la seguridad emocional, así sea temporalmente, ¿podremos fomentar la compasión y el altruismo?".

La teoría del vínculo

Esta teoría fue propuesta a mediados del siglo XX por el psiquiatra inglés John Bowlby para explicar las raíces de la infelicidad, la ansiedad, la rabia y la delincuencia en la infancia. Se concentra en el sentido de seguridad o inseguridad emocional que un niño desarrolla en los primeros años de vida. En términos simples, algunos niños sienten que la persona que los cuida es una fuente confiable de seguridad

y bienestar; mientras que otros la perciben como alguien impredeci-
ble que a veces les ofrece consuelo, y en otras ocasiones está ausente
o los rechaza. Inicialmente, la teoría del vínculo se propuso explicar
la conducta de niños muy pequeños —particularmente la manera en
que los bebés establecían un vínculo emocional con su madre, en el
sentido de depender de ella para su protección y bienestar—. Aunque
el "vínculo" es un concepto problemático en el budismo —pues tiene connotaciones de aferrarse y ser emocionalmente dependiente, de
una manera malsana—, en la teoría del vínculo es considerado como
una señal de salud emocional, y supone ver a la otra persona como un
"refugio" emocional, o como lo expresó el Dalai Lama, "aquello en lo
que depositamos nuestras esperanzas".

Tal como lo propuso la psicóloga americana Mary Ainsworth, la
teoría del vínculo explica por qué los niños reaccionan de un modo
diferente al sentirse solos, por ejemplo, con un desconocido. En lo
que ella denominó "la situación extraña", Ainsworth hizo que una
madre y su bebé de poco más de un año estuvieran en un cuarto con
juguetes desconocidos, una situación que se ha reproducido muchas
veces en los laboratorios de psicología. Inicialmente, el niño comienza
a jugar con los juguetes, y mira ocasionalmente a su madre para asegurarse que esté allí y le preste atención. Luego la madre sale y entra
una persona extraña. En este caso, dos de las tendencias naturales del
niño —buscar seguridad y explorar su curiosidad— entran en pugna.
Cuando el niño está asustado, predomina la necesidad de seguridad, y
el resultado es que él pierde su curiosidad y los deseos de jugar. "Si se
siente amenazado, lo primero que hace es buscar protección, y todos
los demás impulsos son inhibidos", le dijo Shaver al Dalai Lama. Si
la madre regresa pocos minutos después, un niño normal la saludará,
se dirigirá a ella y se sentirá relajado. Si el niño juega de nuevo, ha
controlado su estrés y su curiosidad se ha despertado de nuevo, lo
más probable es que se sienta seguro. "Al conectarse de nuevo con su
madre, percibe que todo está bien y seguro; y vuelve a sentir curiosidad", explicó Shaver. "Tan pronto se siente seguro y protegido, deja

de recurrir a la figura del vínculo y se vuelve curioso, involucrado, de buen humor y juguetón".

A través de los años, Ainsworth y sus estudiantes observaron que los niños que parecen seguros en la "situación extraña" —que tienen la confianza de que alguien estará a su lado y que la persona de la que dependen es sensible, interesada y responde adecuadamente— tienen una mayor propensión al bienestar. Pero si se enfadan, se relajan tan pronto ven que alguien se dispone a cuidarlos. Y eso fue lo que más le intrigó a Shaver: "A la edad de tres años, estos niños ya son más seguros y juegan con más creatividad", dijo. "La forma como está estructurada su mente muestra todo un rango de conductas a través del tiempo. Creemos que la experiencia de padres y de otras personas sensibles y seguras hace que el niño tenga más confianza, menos inclinaciones al estrés, y una gran cantidad de aspectos positivos".

Tres estilos de vínculo

La teoría del vínculo, depurada a través de las décadas, sostiene que los "estilos" de vínculo se forjan en las primeras etapas de la vida, como consecuencia de la forma en que un niño interactúe con las personas que lo cuidan. (Para que no se piense que todo está grabado de manera indeleble al final de la infancia, basta saber que las interacciones a lo largo de la vida con las personas que son importantes para nosotros son las que moldean nuestro estilo de vínculo. Lo que experimentamos sobre la sensibilidad, receptividad y buena voluntad de nuestros seres queridos determinará si podemos contar o no con ellos). Si la persona más cercana al niño —digamos que la madre, en aras de la simplicidad— está disponible, es receptiva y lo consuela, el niño adquiere la certeza de que las personas más importantes en su vida estarán disponibles y lo apoyarán cuando las necesite. En otras palabras, desarrolla lo que se llama estilo de vínculo "seguro".

Un niño que perciba con frecuencia que las personas más cercanas a él son una fuente de bienestar desarrolla una sensación de que el mundo es un lugar agradable, poblado por personas de buena voluntad. Ese niño podrá recordar incluso varias décadas después, no solo los recuerdos positivos sino también los dolorosos, que Shaver ilustró con un fragmento de la autobiografía del Dalai Lama, donde recordaba que cuando era pequeño, había tropezado con un libro religioso en el que un tío monje leía unas plegarias. "Me abofeteó con fuerza", recordó el Dalai Lama unos 50 años después. "Desde aquel entonces, sentí mucho miedo cuando lo veía".

"Es extremadamente importante poder recordar esa experiencia con libertad", dijo Shaver, pues "significa que no se han suprimido las experiencias negativas como un mecanismo de defensa".

Estas experiencias tempranas, así como las que se tienen a lo largo de la vida, dejan una huella profunda en la personalidad, actitudes y conducta de un niño, así como los rasgos que tenga cuando sea adulto. Las personas que son emocionalmente seguras y se sienten cómodas con la cercanía y la interdependencia confían que encontrarán tranquilidad en las personas más cercanas a ellos. Pero el sentido de seguridad emocional va más allá de las relaciones personales. Las personas que sienten un vínculo seguro tienden a pensar que los problemas de la vida son manejables y, por lo tanto, a ser optimistas. Creen que los obstáculos que ofrece la vida pueden superarse; tienden a reaccionar a los eventos estresantes en la vida de una manera menos amenazadora que las personas inseguras, pues fueron amados y valorados cuando eran niños, y se consideran a sí mismos no solamente como personas fuertes y competentes —la faceta del carácter de donde se deriva el optimismo— sino también valiosas, especiales y dignas de amor. Sienten que pueden solucionar sus problemas y su malestar con sus actos, y que si esto resulta infructuoso, pueden acudir a los demás. Se sienten generalmente seguros y protegidos, tanto por su fortaleza y competencia, como por la confiabilidad y disponibilidad de sus seres queridos.

En las personas que sienten vínculos seguros, la autoestima es considerablemente alta y no está sujeta a los pequeños avatares de la suerte; pueden mantenerla sin atropellar a los demás. Sus relaciones personales y profesionales tienden a ser maduras, satisfactorias, basadas en la ayuda mutua, y son personas seguras, antes que defensivas o llenas de sospechas. Las personas con vínculos seguros tienen una opinión relativamente positiva de la naturaleza humana, y consideran que sus congéneres son bondadosos (a menos que encuentren evidencias irrefutables de lo contrario) y esperan que su pareja se comporte de un modo honesto y amoroso. Creen en la existencia del amor romántico y en la posibilidad de sentir un amor intenso y profundo durante mucho tiempo, muchas veces "hasta que la muerte nos separe". Creen en la buena voluntad de los demás, y que deben asumir las relaciones con confianza, gratitud y afecto, así como con tolerancia y perdón a la conducta de la pareja que ocasionalmente deja de estar a la altura de lo esperado. Como cuentan con la aprobación de sus seres queridos, pueden cuestionar creencias erróneas sin sentirse subestimados o rechazados. Las reservas interiores a las que una persona con un vínculo seguro puede recurrir en tiempos difíciles hace que sea menos necesario apelar a métodos neuróticos de imitación, como despreciar irracionalmente a los demás, por ejemplo, o sucumbir al autoengaño o a una actitud defensiva.

Algunos niños tienen experiencias muy diferentes. Cuando se sienten asustados, no encuentran consuelo en las personas que los cuidan. Cuando las personas más cercanas a un niño, y a quienes él necesita recurrir, no están disponibles ni son sensibles a sus necesidades, el niño se siente incómodo y solo, e inseguro con el amor y atención de la persona que lo cuida. Continuamente sufre dolor a causa de la soledad, y aprende que no puede contar con las personas más cercanas a él. Cuando esto se repite una y otra vez durante los primeros años de vida, surgen dudas profundas acerca de la existencia de refugios seguros y confiables en el mundo, o de que se pueda confiar en las personas. "El sentido de vulnerabilidad e incertidumbre resultante puede interferir drásticamente todo un rango de actividades", dijo Shaver. El efecto más inmediato es que, luego de sufrir experiencias dolorosas, el individuo aprende que las personas más cercanas a él no son fuentes confiables de bienestar emocional, y debe optar por un plan alternativo que Shaver expresa como "lo mejor que puede hacer una persona en circunstancias difíciles". Lo "mejor" es alguno de los dos mecanismos compensatorios, según estudios realizados durante varios años que han relacionado las conductas de niños mayores, adolescentes y adultos con la relación que tuvieron con sus seres queridos en su infancia.

Especialmente si la experiencia de un niño es deficiente, pues si la persona que lo cuida lo consuela algunas veces y lo abandona en otras, el niño probablemente desarrollará lo que se llama estilo de vínculo "ansioso". "Ese tipo de padres hace que el niño sea ansioso, en parte porque no puede relajarse cuando ignora si tendrá o no un refugio seguro", dijo Shaver.

Un niño como este, generalmente intenta a toda costa acercarse a la gente, tratando ansiosamente de llamar su atención y de obtener su protección. En lugar de renunciar a encontrar un bienestar emocional, la persona emocionalmente ansiosa intensifica sus esfuerzos para obtenerlo al intentar coaccionar el amor y el apoyo. Cuando sea adulto, tendrá una necesidad acuciante de cercanía afectiva, y se preocupará ante la posibilidad de perderla o de no tenerla. Estas personas desconfían de sus parejas y sienten temor de no poder contar con su ayuda en los momentos difíciles, o incluso de que van a ser abandonadas. Por lo tanto, siempre están atentos a cualquier señal de que sus seres queridos van a abandonarlos, y serán hipersensibles al menor indicio de rechazo o abandono. Ven síntomas de distancia, rechazo y falta de disponibilidad en muchos comportamientos de sus seres queridos, como por ejemplo, si no están disponibles de manera inmediata e incondicional cuando los necesitan. Serán personas "pegajosas": excesivamente dependientes de su pareja para sentir bienestar, generalmente tienen poca confianza en sus capacidades y destrezas para superar penas o problemas, exigen atención y cuidados de manera constante, y tienden a presentar una conducta manipuladora, con el propósito de asegurar el afecto y apoyo de su pareja. Hacen verdaderos dramas. Las personas emocionalmente ansiosas describen sus relaciones románticas "en términos de obsesión y pasión, de una fuerte atracción física, del deseo de unirse con la pareja, y muestran una tendencia a enamorarse con rapidez e indiscriminadamente", dice Shaver. "Al mismo tiempo, tipifican a sus amantes como poco dignos de confianza, poco compasivos, y sienten intensos episodios de celos y rabia hacia su pareja, así como preocupación por un posible rechazo y abandono".

Una persona con un vínculo ansioso prefiere trabajar con los demás, pero se siente excluida por sus compañeros de trabajo. Su fuerte sensibilidad frente a la posibilidad de un rechazo, la sume en un estado de debilidad personal, la hace recordar antiguos fracasos y le genera problemas en su autoestima. Es una persona extremadamente defensiva que considera las ideas nuevas como amenazantes y potencialmente desestabilizadoras. Detesta la confusión y la ambigüedad, y en consecuencia, suprime todo lo que desafíe su punto de vista. A diferencia de quien tiene un vínculo seguro, esta persona no confía en poder encontrar ayuda en un ser querido si llega a tener un problema o se siente mal. No confía en poder recurrir a otras personas para encontrar alivio y bienestar.

Las personas también tienen otra forma de reaccionar y de sobrellevar la sensación de no ser amadas y cuidadas por otras personas. En algunos aspectos, es exactamente lo opuesto al vínculo ansioso: renuncian a los demás en términos emocionales y psicológicos; sus instintos para buscar amor y compañía desaparecen. Las personas que actúan de este modo tienen un estilo afectivo llamado vínculo "evasivo". Un niño emocionalmente evasivo llora poco a pesar de la ausencia de su madre en una "situación extraña". Cuando ella abandona el cuarto, él actúa como si no le importara; no llora ni trata de seguirla (aunque indicadores confiables como el pulso cardiaco muestren que él experimenta un estrés intenso). "Es como decir 'no demostraré que necesito algo'", le explicó Shaver al Dalai Lama. "En esos casos, a la madre generalmente no le gusta tener contacto físico con su hijo o enfrentarse a la dependencia de este, apelando a diversos métodos no verbales para mantener alejado al niño".

Una persona emocionalmente evasiva cree que acercarse a los demás no aliviará su malestar. No es absurdo entonces que tienda a mantener una gran distancia emocional frente a los demás y que no sienta necesidad de las personas, pues se siente incómoda con su cercanía. Se esfuerza por alcanzar una independencia emocional y confianza en sí misma: "no necesito a nadie". Para hacer que esto funcione, presta oídos sordos a sus defectos o debilidades personales, pues reconocerlas supone una amenaza al evidenciar la necesidad que siente por aquellas personas en las que ya había decidido que no podía confiar. Estos sentimientos hacen que sea desprendida y que establezca relaciones superficiales desprovistas de un verdadero afecto e intimidad. Como una persona evasiva necesita y tiende a no confrontar los problemas en una relación, deja los conflictos irresueltos. Y como rechaza constantemente el pedido de intimidad y de afecto de su pareja, sus relaciones íntimas suelen ser complicadas. Confía compulsivamente en sí mismo, prefiere trabajar solo y se refugia en el trabajo para evitar compromisos sentimentales. Desconfía inicialmente de las personas cercanas a él (padres y hermanos), y luego de sus amigos y otras personas. Como ha suprimido su dependencia de otras personas, es probable que sea ajena a sus manifestaciones de afecto y solidaridad.

El estilo de vínculo de una persona puede evaluarse de manera confiable por medio de una prueba que examine sus creencias y esperanzas, así como su historial de relaciones. En la Prueba sobre el Vínculo Adulto, las personas respondieron durante casi una hora a las preguntas sobre las relaciones afectivas con sus padres. El recuerdo de su infancia representa un fuerte indicio de su seguridad emocional actual y de todo lo que ello comporta. Por ejemplo, si la persona describe relaciones positivas con sus padres de una manera clara, convincente y coherente, probablemente tiene un estilo de vínculo seguro, le explicó Shaver al Dalai Lama, y le leyó lo siguiente: "Sin duda alguna, mi madre fue una de las personas más amables que he conocido; era realmente maravillosa, y estoy seguro de que todos los que la conocieron la amaron. Era muy compasiva". El Dalai Lama exclamó en tibetano: "¡Es mi madre!".

Shaver continuó leyendo la autobiografía del Dalai Lama: "La vida en el monasterio me ofreció dos consuelos. Mi hermano mayor ya estaba allí y se encargó de velar por mi bienestar".

Aunque el joven se encontró en un mundo extraño, e incluso asustador, la presencia de una persona bondadosa le ofreció un refugio y una base segura, explicó Shaver: "Cuando una persona crece en estas condiciones, tiende a creer que los demás son bien intencionados y amables".

En la prueba sobre el vínculo, las personas emocionalmente seguras tienden a responder: "Me parece relativamente fácil acercarme a los demás", "Me siento bien dependiendo de los demás" y "No me preocupa mucho sufrir un abandono o ser muy cercano a alguien". Poco más de la mitad de los jóvenes adultos norteamericanos presenta un vínculo "seguro".

Si por otra parte, las personas responden a las preguntas como si les restaran importancia a las relaciones cercanas o idealizándolas, es porque probablemente tienen un estilo evasivo. "Procuro no acercarme demasiado a mi pareja", "Prefiero no expresarle a mi pareja lo que realmente siento" y "Casi nunca recurro a mi pareja para sentirme bien y recibir consuelo" son algunas de las respuestas. También señalan que: "Me incomoda la cercanía con otras personas", "Me parece difícil confiar incondicionalmente en ellas, y me cuesta depender de ellas", "Me siento nervioso cuando alguien se acerca demasiado a mí o cuando mi pareja me pide un mayor compromiso emocional y afectivo". Estas personas dicen ser frías en las relaciones románticas; que no se involucran emocionalmente, y que el amor desaparece con el tiempo. Shaver dijo que casi el 25% de los estudiantes universitarios y adultos norteamericanos presenta este estilo evasivo.

Si alguien tiene sentimientos conflictivos con sus padres y tiende a sentir rabia y ansiedad al evocar sus recuerdos de infancia (especialmente cuando acudió a sus padres en busca de bienestar), es muy probable que sea emocionalmente ansiosa. Esta persona se identifica con frases como: "Necesito que mi pareja me demuestre constantemente que me ama", "Me preocupa mucho que me abandonen" y "Me siento frustrada si mi pareja romántica no está disponible cuando la necesito"; y también con: "Mi pareja no me ama realmente o no quiere permanecer a mi lado" y "Quiero estar muy cerca de mi pareja, y esto la asusta". Aproximadamente el 20% de los jóvenes adultos norteamericanos tiene un estilo de vínculo ansioso.

Estas cifras, en las que un poco más de la mitad de la población presenta vínculos seguros, casi una cuarta parte presenta vínculos evasivos y una quinta parte presenta vínculos ansiosos, corresponde con las cifras de bebés en "situaciones extrañas" evaluadas por Mary Ainsworth.

El hijo es el padre del hombre

El estilo de vínculo está activo durante toda la vida, determinando la forma en que interactuamos con los demás, los tipos de relaciones que establecemos, y la forma como reaccionamos a las amenazas y al peligro. Determina en gran medida nuestra estabilidad emocional, la imagen que tenemos de nosotros mismos, nuestras actitudes hacia los demás y, obviamente, la manera en que respondemos al estrés o al trauma. Si podemos recurrir a alguien cercano y encontrar apoyo y bienestar en esa persona, tendremos mayor probabilidad de sobrellevar un problema y recuperarnos, que si nos sentimos emocionalmente solos. En la infancia, las amenazas y las dificultades hacen que el niño recurra físicamente a la figura con la que ha establecido un vínculo, aferrándose a sus brazos, y pidiendo con llanto o en silencio ayuda y consolación. Sin embargo, cuando un adulto se siente incómodo o amenazado, no siempre busca físicamente a la persona más cercana, sino que se consuela pensando en ella o recordando a alguien que una vez le brindó amor, o que aún lo hace. Esto puede crear el mismo sentido de seguridad al que encuentra un niño en los brazos de su madre, con el resultado de que el adulto puede sobrellevar mejor el estrés o la amenaza. Como dice Shaver: "La representación mental de las figuras del vínculo puede ser una fuente simbólica de protección".

Esta capacidad es importante justamente porque nos permite sobrellevar el estrés y las amenazas, pero también por otro aspecto: cuando nos encontramos frente a una amenaza, tendemos a concentrarnos tanto en nuestra ansiedad, que difícilmente podemos hacer bien otra cosa. A excepción de nuestras necesidades, todo lo demás queda relegado a un segundo plano. Alguien que sienta un malestar emocional, seguramente no se interesará ni percibirá las necesidades de otra persona. Solo al encontrar consuelo y restaurar su sentido de la seguridad, puede dedicar su atención y energía a los demás.

La implicación es clara: una persona que encuentre consuelo al pensar en alguien recobrará su equilibrio emocional y exhibirá una actitud más amable que la de alguien que se aferra a toda costa a una idea o recuerdo para mitigar su temor o malestar. El poder que tiene la mente de evocar la imagen de una figura con la que se ha establecido un vínculo demostraría jugar un papel crucial en la búsqueda de Shaver para ver si alguien que inicialmente no ha podido encontrar este bienestar podría hacerlo con intervención o entrenamiento mental; esto supondría una gran diferencia en la forma en que una persona interactúa con los demás.

Por ejemplo, las personas que son emocionalmente evasivas suprimen los pensamientos negativos que tienen de sí mismos, los sentimientos de debilidad e imperfección y los recuerdos de fracasos personales. Este resultado supone un aumento defensivo de la autoestima (ilusorio por lo demás). Además de esta estrategia, la persona intenta convencer a los demás de que no tiene necesidad de ellos (para no decepcionarse si le fallan). Estos esfuerzos hacen que estas personas no vean los rasgos, intenciones y conductas positivas de los demás, pues nada de esto les importa. Por lo tanto, dicha información no cumple ningún papel en los juicios sociales realizados por las personas emocionalmente evasivas, quienes conservan una imagen completamente negativa de la humanidad.

Un nuevo retrato de la humanidad

Podemos entender ahora por qué Shaver comenzó a sospechar que el oscuro retrato de la humanidad (egoísta, taimada y defensiva) que había pintado la psicología social podría ser una generalización excesiva. Los psicólogos sociales se habían concentrado directamente en el lado oscuro de la naturaleza humana. Sin embargo, existen otros tipos de personas en el mundo. Shaver comenzó a pensar que la generalización de la psicología social se aplicaba con mayor precisión a las personas inseguras que a las seguras.

Si el oscuro retrato de la humanidad describía realmente solo a quienes son emocionalmente ansiosos o evasivos, surge una pregunta clara. El sentido de seguridad o inseguridad en el vínculo de una persona está arraigado en las experiencias infantiles y en la representación mental de las vividas anteriormente, tales como la reacción a sus temores y necesidades emocionales. De hecho, el sentido del vínculo es tan reflexivo que debe estar profundamente arraigado en el cerebro. ¿Existe algo que pueda alterar esas representaciones que adquieren la forma física de circuitos neuronales así como lo hacen las demás? ¿Este sistema retiene su neuroplasticidad? ¿Estamos destinados a permanecer como somos, o podría ser posible cambiar por medio del entrenamiento mental o experiencial?

En ese caso, habría "consecuencias importantes para la salud mental y la conducta prosocial", dijo Shaver. Por ejemplo, los individuos ansiosos o evasivos tienden a preservar su valor propio al enfatizar de formas reales o imaginarias cuál de sus grupos demográficos es superior: "hombre americano blanco", "mujer latina citadina", "adolescente negro masculino". Desde hace mucho tiempo, la psicología social ha clasificado esto como una constante universal. Pero hay evidencia de que aunque es una característica de las personas inseguras, del tipo ansioso y del evasivo, no aplica para aquellos que tienen un sentido del vínculo seguro. Una persona puede mantener un sentido de su valor propio al recordar que fue amado y valorado, y debería tener una menor necesidad de menospreciar y sospechar de individuos pertenecientes a otros grupos para mantener su sentido de la autoestima. El resultado debería ser una mayor tolerancia y, en este caso, mientras mayor sea el sentido de seguridad emocional de una persona, menor será su hostilidad hacia miembros de otros grupos. ¿Existe una forma de remodelar los circuitos cerebrales para que alguien ansioso o evasivo pueda adquirir seguridad, teniendo así una menor necesidad de menospreciar a los demás para mantener su sentido de la autoestima; y estar libre de prejuicios y hostilidad hacia otros grupos étnicos?

Veamos otro ejemplo. La psicología social sostiene que rechazar todo aquello que cuestione nuestras creencias, así como proteger y defender aquello en lo que creemos (incluso cuando existe evidencia de que algo está errado), es una tendencia universal. El resultado es la rigidez cognitiva y una profunda necesidad de negar que uno tiene creencias erróneas o que ha hecho algo incorrecto o absurdo.

Sentir seguridad en nuestros vínculos emocionales facilita la exploración de nuevas ideas y nos permite estar abiertos a nuevos conocimientos. Las personas con vínculos seguros son más curiosas en términos intelectuales que las que tienen vínculos inseguros (mientras que las evasivas huyen de las ideas nuevas por temor a que estas derriben la imagen que han construido de sí mismos, y las ansiosas las evitan por su incapacidad para asumir nuevos retos). Las personas seguras tienen una mayor tolerancia a la ambigüedad y tienden a ser menos dogmáticas, lo cual es un signo de apertura intelectual; tienen menor inclinación a juzgar de una manera apresurada y superficial a los demás, y una mayor probabilidad de conservar una mentalidad abierta.

Las personas inseguras rechazan la información que no encaja con sus puntos de vista. Las personas seguras tienen menores probabilidades de hacer juicios basados en estereotipos. Es obvio que cualquier entrenamiento que produjera estos resultados luego de reprogramar los circuitos mentales que codifican el sentido de vínculo de una persona sería de gran beneficio para la humanidad.

Alterar el sistema de vínculo también podría afectar el altruismo de las personas. Durante varias décadas, los psicólogos han pensado que el estilo de vínculo solo describe y explica las relaciones cercanas, especialmente con los padres y otras figuras afectivas, como amantes y parejas sentimentales reales o potenciales. "Pero hay buenas razones para creer que el estilo de vínculo influye en todos los pensamientos y relaciones propios de todos los tipos de vínculos, y no solo en los relacionados con la pareja sentimental", dice Shaver. Las dos formas de vínculo inseguro (ansiedad y evasión) están asociadas con bajos niveles de empatía y altruismo hacia propios y extraños. Los que tienen un estilo evasivo son tan diestros para mantener un desapego emocional y tan poco dispuestos a involucrarse con los problemas y sentimientos de los demás que son incapaces de demostrar empatía cuando son testigos del sufrimiento o la necesidad ajenas. Evitan el sufrimiento de los demás y son reticentes a ayudar de una manera genuina. En contraste, las personas que sienten ansiedad por un vínculo experimentan un malestar personal tan intenso cuando ven el sufrimiento, que se sienten abrumados emocionalmente y muchas veces no pueden ofrecer ayuda o consuelo.

El budismo distingue entre actuar porque realmente deseamos mitigar el sufrimiento de otro ser por su propio bien, del actuar porque su sufrimiento nos causa un malestar que queremos eliminar. "Ayudamos porque realmente queremos ayudar, o porque nos sentimos tan perturbados al ver el sufrimiento ajeno, que actuamos para aliviar el nuestro", dijo Matthieu Ricard, el monje francés que habló sobre budismo en el encuentro del 2004. "Así que cuando hablamos de un malestar insoportable, no es que queramos hacer algo con respecto al nuestro, sino que sentimos que es inaceptable e intolerable permitir que una persona siga sufriendo. No es porque yo me sienta personalmente incómodo". El Dalai Lama comentó: "Quienes se sienten perturbados tratan de escapar en lugar de mitigar el sufrimiento y de hacer algo al respecto. Pero en la verdadera compasión, uno no quiere escapar y siente que es intolerable que ese sufrimiento siga existiendo".

¿Si se logra que una persona sienta un vínculo más seguro, sería posible aumentar la empatía, ayudarle a considerar a los demás como "seres sensibles sufrientes e iguales a nosotros", según lo enseña el budismo? ¿Se puede estimular la compasión y la conducta altruista haciendo que la gente se sienta emocionalmente segura? Porque si la inseguridad en los vínculos impide que las personas sientan compasión y quieran ayudar a un ser que sufre, entonces, reemplazar las inseguridades por una seguridad, podría aliviar las cargas emocionales que interfieren con la compasión y el altruismo.

El vínculo en el laboratorio

En los años ochenta, Shaver tuvo indicios de que un vínculo seguro estimula la compasión y la ayuda desinteresada. En la típica prueba sobre el vínculo, las personas seguras tenían mayor probabilidad de contestar que eran sensibles a las necesidades de su pareja sentimental y que la apoyaban emocionalmente. Las personas que sacaron un alto puntaje en evasión y ansiedad eran menos compasivas. Por ejemplo, en un experimento les dijeron a los participantes que un amigo había sido diagnosticado con cáncer. Las personas evasivas y ansiosas se conmovieron poco, pero las que se sentían seguras con sus relaciones expresaron una mayor simpatía y compasión, aunque se tratara de un extraño.

En dos estudios realizados en Israel, los Países Bajos y los Estados Unidos, Shaver y su colega Mario Mikulincer, de la Universidad Bar Ilan de Israel, investigaron la relación entre los estilos de vínculo de las personas y la probabilidad de participar en actividades voluntarias. Al comienzo de los estudios, los voluntarios respondían cuestionarios que examinaban dos aspectos: su estilo de vínculo (seguro, evasivo o ansioso) y si estaban dispuestos a ayudarles a los demás, como por ejemplo, donando sangre o llevándoles alimentos a los enfermos.

Las personas que sacaron un alto puntaje en vínculos evasivos participaron en pocas actividades voluntarias, lo hicieron durante menos tiempo y mostraron pocos indicios de que las razones para hacerlo tenían algo que ver con el altruismo. "Mientras más evasivas son, menos ayudan a los demás", dijo Shaver. "Si las personas evasivas participan en alguna actividad de ayuda, sus razones tienden a ser menos altruistas y más egoístas, como por ejemplo, para obtener créditos escolares".

Las personas ansiosas no ayudan más ni menos que las personas seguras. Pero cuando lo hacen, es por razones personales y, ocasionalmente, por motivos laborales. Mientras mayor sea el puntaje que obtienen en vínculos ansiosos, más importancia le otorgan a su crecimiento personal o a socializar como una manera de prestar un servicio voluntario. Es decir, que lo hacen para sentirse incluidos y menos solos. "De nuevo, 'se trata de mí', dijo Shaver. "Es como, 'te ayudaré porque me lo agradecerás' ".

Aunque estudios como este son sugerentes, lo único que hacen es mostrar una asociación entre un vínculo seguro y la compasión, pero no muestran la causa. De hecho, este problema está presente en casi todos los estudios que han relacionado diferentes estilos de vínculo con diversas conductas y creencias. Las conexiones son correlativas, como las denominan los estadísticos. Claro que un estilo de vínculo puede asociarse con una autoestima sólida. Pero las relaciones no nos dicen nada acerca de la causalidad. ¿La nieve produce frío, o este produce la nieve? ¿Estar abierto a ideas nuevas hace que la persona sienta un vínculo seguro, o el tener un vínculo seguro conduce a dicha apertura? Ninguno de estos estudios puede decir a ciencia cierta si los vínculos seguros influyeron en la forma como los individuos respondieron al sufrimiento ajeno. Tal vez la flecha de la causalidad señalara en otra dirección, y la compasión por los demás los hiciera sentirse seguros en sus propias relaciones.

Gustos, disgustos e improbabilidades

A fin de investigar la causa y el efecto, Shaver emprendió lo que sería una colaboración de varios años con Mikulincer. Querían ver si los estilos de vínculo *causaban* las actitudes y conductas generalmente asociadas con ellos, o si vivir y pensar de cierta forma hacía que las personas exhibieran un estilo emocional en particular; creían que lo primero era cierto. Si así era (y de hecho, el estilo de vínculo tiene una gran importancia), necesitaban entonces responder una pregunta: ¿Qué tan maleable es el sentido del vínculo? Mikulincer tenía la población perfecta para el tipo de estudios que él y Shaver querían realizar: la variedad étnica de la sociedad israelí, donde grupos muy homogéneos albergan intensos prejuicios e incluso hostilidad hacia cualquier miembro de un grupo diferente: judíos israelíes seculares, árabes israelíes, judíos ultraortodoxos, inmigrantes rusos, homosexuales... La lista era extensa.

Sin embargo, los científicos sospecharon que las reacciones negativas hacia los extraños y la intolerancia a los miembros de otros grupos no eran irreversibles. Si la seguridad emocional hace que las personas acepten más a quienes son diferentes a ellos, ¿qué sucedería si los científicos inducían una sensación de un vínculo seguro aunque fuera temporal? Uno de los elementos del oscuro retrato de la humanidad que hace la psicología social es que las personas tienden a percibir y a recordar que los miembros de su propio grupo étnico o social tienen cualidades más positivas que los de otros grupos. Según la sabiduría convencional, este prejuicio sirve como una función de autoprotección: la membresía de grupo es una fuente importante de autoestima, que se consolida al decir: "Mi gente es mejor". "Cuando se forma el concepto de 'nosotros' ", dice Shaver, "las personas pueden conservar su autoestima buscando diferencias intergrupales que favorezcan a su grupo". Sin embargo, hay que recordar que el vínculo seguro está correlacionado con la tolerancia y con la ausencia de prejuicios, así como con la capacidad de mantener una autoestima alta sin estar a la defensiva y menospreciar a los demás. Es probable que activar un sentido de vínculo seguro pueda atenuar las actitudes negativas hacia los miembros de otros grupos, por lo menos temporalmente.

Para descubrir esto, Shaver y Mikulincer reclutaron a estudiantes universitarios judíos. Para ellos, los judíos israelíes son su propio grupo, y los árabes israelíes son el otro. Los primeros tienden a ver a los segundos con hostilidad y prejuicio. Inicialmente, los participantes llenaron el cuestionario sobre el estilo de vínculo, indicando en qué grado coincidían o disentían de frases como: "Me preocupa que mi pareja no me ame"; "Me parece que las personas no están muy dispuestas a ser tan cercanas como quisiera", denotando ansiedad emocional; y "Me siento incómodo al estar cerca de los demás" o "Me parece difícil confiar en los demás en las relaciones afectivas", denotando evasión emocional.

En estudios anteriores, los científicos habían mostrado que podían inducir temporalmente un vínculo seguro, incluso en personas ansiosas o evasivas. Estas suelen conservar algunos recuerdos de seguridad emocional y la imagen de alguien que los cuidó, siempre y cuando no hayan sido completamente abandonados durante la infancia. Estos recuerdos pueden activarse con una técnica llamada "preparación", con la cual se induce a una persona —de manera consciente o subliminal— a acceder a los circuitos mentales asociados con la seguridad. En el caso de la preparación subliminal, la persona es expuesta brevemente a palabras asociadas con seguridad emocional, tales como *cercanía*, *amor*, *abrazo* y *apoyo*.

Algunos estudiantes judíos recibieron este tipo de preparación de seguridad. Otros, que sirvieron como grupo de control, fueron expuestos a palabras neutrales como *oficina*, *mesa*, *bote* o *cuadro*, o que no estaban relacionadas con el vínculo, pero tenían una connotación positiva (*felicidad, honestidad, suerte* o *éxito*). Los 148 participantes recibieron información acerca de otros dos supuestos participantes (de la misma edad, sexo, estado civil y religión), y les pidieron que los evaluaran. De hecho, los científicos les hicieron creer que uno de los estudiantes era judío israelí y el otro árabe israelí. A partir de la supuesta trayectoria académica de los pseudoparticipantes, de sus expectativas y estilo de vida, los participantes los evaluaron de acuerdo a las siguientes categorías: nueve positivas (honestos, alegres, confiables, responsables, inteligentes, cálidos, pacientes, amables y estables) y seis negativas (polémicos, sórdidos, débiles, impulsivos, manipuladores y perezosos).

En un resultado que no contribuye exactamente a restaurar la fe en la humanidad, los participantes que creían estar evaluando a otro judío israelí, le confirieron en promedio más rasgos positivos que al árabe israelí pero solo si habían estado expuestos de una manera subliminal a la preparación neutral, o a la preparación positiva no relacionada con el vínculo. A mayor vínculo de ansiedad de la persona, más negativa fue la evaluación del árabe israelí, tal como lo predice la teoría del vínculo. Los participantes con vínculos seguros tuvieron una reacción menos negativa al árabe israelí. Fue aquí donde Shaver vio un destello de esperanza: los participantes que recibieron la preparación del vínculo seguro, evaluaron por igual al judío y al árabe. Más importante aún, le dieron una evaluación más positiva al árabe israelí que quienes habían recibido una preparación positiva o neutral. Es probable que el vínculo de seguridad pueda cambiarse con resultados benéficos.

El conflicto cultural entre los judíos seculares y los ultraortodoxos en Israel no ha producido resultados tan catastróficos como los del conflicto palestino-israelí, pero es una fuente importante de tensión social, pues cada grupo siente hostilidad y prejuicio hacia el otro. En un estudio de seguimiento, Mikulincer y Shaver les pidieron a 120 estudiantes voluntarios que evaluaran su disposición para interactuar con un judío ultraortodoxo o con uno secular. Esta vez, en lugar de ver una palabra subliminal, se les pidió a algunos voluntarios que se imaginaran a sí mismos "en una situación problemática que no puedes resolver por tus propios medios, en la que estás rodeado por personas que son sensibles y responden a tu malestar, y quieren ayudarte solo porque te aprecian, dejando a un lado otras actividades". En otras palabras, en este estudio la preparación de seguridad no fue subliminal, sino consciente: "Imagina que vas a una tienda de víveres y compras lo que necesitas, y que otras personas hacen lo mismo y hablan sobre asuntos cotidianos, miran las nuevas marcas y comparan los productos". Un tercer grupo imaginó una situación agradable pero sin relación con un vínculo o seguridad emocional: "Imagina que recibes una notificación de que has ganado una gran cantidad de dinero en la lotería, y que tus compañeros de estudios se enteran, te felicitan y les cuentan a los demás sobre tu buena suerte". Al igual que en el estudio del árabe-israelí, los estudiantes llenaron el cuestionario que evaluaba su estilo de vínculo.

Todos los participantes recibieron cuestionarios como los del estudio árabe-judío, que contenía información demográfica y de otro tipo. Pero esta vez, fueron contestados por un judío secular o por un ultraortodoxo. Todo era idéntico, incluso las respuestas a las preguntas políticas, a excepción de la información que identificaba a la persona como secular o ultra ortodoxa. Luego se les preguntó a los participantes por su disposición para interactuar con esta persona: "¿Te gustaría invitarlo a tu casa?" y "¿Te gustaría salir con él y con tus amigos?".

La disposición natural de las personas tuvo los efectos vaticinados por la teoría del vínculo: los que tenían un vínculo de ansiedad estuvieron menos dispuestos a interactuar con el judío ultraortodoxo. Esto no cambió cuando los participantes imaginaron el escenario neutral o cuando ganaban la lotería. Pero entre quienes imaginaron que recibían apoyo y consuelo emocional, se presentó la misma disposición para interactuar con judíos seculares como ellos, y con ultraortodoxos diferentes a ellos.

Una vez más, activar los circuitos mentales para activar un vínculo seguro "condujo a una mayor disposición para interactuar con un grupo diferente", dijo Shaver. Al darles a los participantes la sensación de un vínculo de seguridad, los investigadores lograron reducir las reacciones negativas hacia los miembros de otro grupo. Shaver concluyó que activar los circuitos mentales que codifican la sensación de seguridad emocional, "atenuó las reacciones negativas contra miembros de otros grupos o los factores que ponían en tela de juicio el punto de vista de los participantes. "Tener la sensación de ser amado y estar rodeado por otras personas parece hacer que podamos abrirnos a otros puntos de vista y a ser más receptivos con quienes no pertenecen a nuestro propio grupo", concluyó Shaver.

Activar esta sensación de seguridad por medio de la preparación, permitió este resultado benéfico incluso en personas ansiosas o evasivas. Esto sugiere que una simple activación temporal del vínculo de seguridad permite que incluso las personas crónicamente inseguras sean más tolerantes. Por ejemplo, pensar en una ocasión en la que sentimos que contábamos con alguien que nos ofreció su apoyo y consuelo puede despertar recuerdos afines y opacar aquellas ocasiones en las que nos sentimos rechazados o ignorados. En consecuencia, respondemos a miembros de otro grupo de una manera acorde con ese recuerdo activado, incluso si este recuerdo es diferente a tu estilo de vínculo innato. Como le dijo Shaver al Dalai Lama: "Es algo que tiene que ver con el amor. Las palabras referentes al vínculo estimulan un tipo de bienestar que hace que las personas tengan una mayor disponibilidad mental en su tolerancia hacia los demás, incluso las inseguras, que tienden naturalmente a la intolerancia y a la falta de compasión".

La manipulación experimental (la presentación subliminal de palabras relacionadas con la seguridad, como *amor*, el nombre de una figura afectiva, el recuerdo visual de las personas a las que acudimos en busca de bienestar y el recuerdo de alguien que nos brindó sus cuidados) estimula el sentido del vínculo, así sea temporalmente, y hace que desaparezcan las respuestas hostiles a otros grupos. Estimular el sentido de seguridad emocional puede eliminar diferencias en la forma como vemos a los miembros de otros grupos, algo que supuestamente es un aspecto fundamental de la psique humana. "Estos aspectos son tan cercanos a la psicología budista, que me parecería muy interesante intentar descubrir cómo funciona", dijo Shaver. Mientras mayor sea el sentido de seguridad emocional de una persona, menor será su hostilidad y prejuicio contra miembros de otros grupos, y tendrá una mayor disposición para actuar con ellos. ¿Qué pasaría si lo "temporal" pudiera ser "definitivo"?

El poder de la preparación

Es obvio que expresar nuestra disposición a salir con un miembro de otro grupo o invitarlo a nuestra casa, si bien es un paso indudable en la dirección correcta hacia la armonía social y la amabilidad hacia los desconocidos, se queda corto con respecto a lo que enseña el budismo: actuar para aliviar el sufrimiento de los seres sensibles. Mikulincer y algunos de sus estudiantes exploraron si el vínculo de seguridad se correlaciona con la voluntad para tomar medidas a fin de mitigar el sufrimiento de otras personas.

Una vez más, los científicos utilizaron una evaluación estándar para determinar si los voluntarios se sentían generalmente ansiosos, evasivos o seguros en sus relaciones. Luego hicieron que —dependiendo de la versión del experimento que realizaran— leyeran una historia sobre un estudiante con problemas, que les solicitó ayuda a sus padres y recibió apoyo y consuelo de ellos. También les pidieron que recordaran ocasiones en las que alguien los había cuidado; o que pensaran subliminalmente en palabras como *amor* y *abrazo*. La historia, el recuerdo y las palabras tenían por objetivo una sensación de un vínculo seguro. En contraste, los voluntarios también leyeron una historia divertida (para analizar si su disposición a ayudarle a una persona en problemas obedecía a la alegría que sentían) y una historia neutral. Finalmente, leyeron una historia sobre un estudiante cuyos padres habían muerto en un accidente automovilístico, y evaluaron la compasión o solidaridad que sintieron por él, así como el malestar que experimentaron.

Es probable suponer cuál fue el resultado: los voluntarios con vínculos ansiosos o evasivos, y que no fueron preparados con la historia sobre una relación segura y amorosa, ni con el recuerdo y las palabras asociadas con el amor, sintieron una compasión mínima por el estudiante. Los que sentían ansiedad en sus propias relaciones experimentaron malestar, aunque este no se tradujo en compasión: se sentían tan mal que estaban completamente concentrados en mitigar su propio malestar. Los que tenían vínculos evasivos tendieron a ignorar el sufrimiento del huérfano, a minimizarlo, evadirlo o a reaccionar con cinismo. "Este estilo de vínculo parece fomentar una falta de preocupación por los demás, por sus necesidades y sufrimientos", dijo Shaver.

Pero una vez más, la psicología no es sinónimo de destino. Sin importar si eran seguros, ansiosos o evasivos, los voluntarios preparados con una historia, recuerdo o palabras que aludían a un vínculo de seguridad, presentaron mayores niveles de compasión hacia el huérfano que los participantes que leyeron la historia divertida o la neutral. También sintieron menos malestar, sugiriendo que su compasión se originó en un plano más elevado, altruista, y menos egoísta.

El budismo tiene prácticas análogas a esta preparación. Por ejemplo, aquellos que meditan con regularidad, guardan imágenes de sus maestros para recordar que deben adoptar cierta conducta durante el día. "En el budismo, obviamente se trata de una preparación voluntaria o autoinducida de la mente a fin de desarrollar cualidades positivas como el amor, la amabilidad, la benevolencia o la solidaridad", dijo Matthieu Ricard. "Y también está imbuida de conciencia, en el sentido en que hay que recordar que es así como debemos tratar a un ser sensible, emprender un proyecto o comenzar el día. Recuerdas constantemente cuál es tu motivación, bien sea que vayas a actuar o a tomar una decisión. Así que la conciencia está siempre ahí, para revivir y volver a propiciar ese tipo de actitud. Puedes comenzar el día diciendo, 'que lo que haga hoy, sea por el beneficio de todos los seres sensibles' ".

La preparación subliminal utilizada por Shaver fue efectiva, ya que produjo una actitud mental positiva en las personas, independientemente de que tuvieran un vínculo ansioso, seguro o evasivo, dijo el Dalai Lama a través de Jinpa: "Pero como método de transformación radical del individuo, Su Santidad se pregunta hasta qué grado puede ser efectivo".

"Las prácticas budistas son conscientes y deliberadas", dijo Shaver. "Son parte de un programa y de un esfuerzo a largo plazo. Transformar tu mente, ser consciente y recordar estas metas, obviamente requiere mucho entrenamiento". Gracias a un monje presente, Shaver se enteró que pensar de una manera vívida en la forma en que una madre ama a su hijo es una técnica tradicional de meditación budista para aumentar la compasión. "Eso parece ser exactamente igual a la preparación que utilizamos en nuestros estudios", dijo Shaver. "La plegaria budista que dice 'busco refugio en el Buda' también tiene el sabor de la teoría del vínculo". En contraste, el "ambiente preparado" occidental incluye una gran dosis de violencia y materialismo. "No me sorprendería si solo con cambiar el ambiente se presentara un efecto sutil que condujera a un estado mental diferente".

Toma mi tarántula… Por favor

Expresar compasión en términos abstractos está muy bien, pero la verdadera prueba se presenta cuando las personas pasan de definir sus sentimientos a actuar con base a ellos. Una cosa es sentir simpatía por un niño atropellado por un auto, pero es infinitamente mejor llamar a otros peatones y ayudarle.

En experimentos realizados en Israel y los Estados Unidos, Shaver y Mikulincer examinaron si fortalecer el vínculo de seguridad no solo cambiaría los pensamientos y sentimientos de las personas —por ejemplo, sobre otros individuos—, sino también su manera de actuar. Los estudiantes universitarios llenaron el cuestionario estándar que evaluaba su estilo de vínculo y regresaron al laboratorio tres o cuatro semanas después. A cada voluntario le dijeron que una joven —también estudiante y voluntaria— había sido elegida al azar para realizar algunas tareas desagradables, mientras que el voluntario que recibió las instrucciones fue elegido para observar y evaluar el desempeño de ella. Le dijeron que aunque ninguna de las tareas era peligrosa, era probable que no quisiera realizarlas todas: observar fotografías macabras en las que aparecían personas gravemente heridas o asesinadas, acariciar a una rata de laboratorio, sumergir la mano en agua helada, agarrar una tarántula, sostener el ojo de una oveja preservado en formol, tocar a una serpiente y permitir que caminaran cucarachas por su brazo. Le dijeron que la mujer estaba en un salón contiguo y que era filmada por una cámara de video conectada a un monitor que el voluntario podía ver. En realidad, ella era una de las investigadoras y aparecía en un video grabado con anterioridad.

Cada voluntario fue expuesto subliminalmente al nombre de una persona a la que consideraba como una figura de vínculo, o al de una persona desconocida.

Inicialmente, el voluntario vio a "Liat" (la mujer) en el monitor, y escuchó a un hombre explicar que le habían pedido a ella realizar varias tareas desagradables e incluso dolorosas, y que tenía la libertad de dejar de hacerlo cuando quisiera. Ella aceptó. (De nuevo, esto aparecía en una grabación de video, pero los voluntarios creyeron que estaban viendo una escena en vivo y en directo). Liat realizó la primera tarea y miró las fotos macabras: un hombre quemado, un rostro herido, y pareció asustarse moderadamente. Después de un breve descanso, el conductor del experimento dejó una rata grande en las manos de Liat, quien estuvo a un paso de desmayarse, pero la sostuvo durante algunos segundos. Luego, el conductor sacó un cubo de debajo de la mesa y lo llenó con hielo. Liat sumergió su mano, la retiró cuando sintió dolor, y lo intentó de nuevo. Se quejó: "Está muy frío y me duele", y un momento después dijo: "No creo que pueda continuar". El conductor le preguntó si quería renunciar, pero ella dijo: "No, será mejor terminar con el experimento".

El hombre sacó una enorme tarántula de una caja, la dejó en la mesa, y le pidió a Liat que la tocara; hizo un intento valiente pero se detuvo antes de tocarla y se quejó de que era demasiado. El hombre le pidió que lo intentara de nuevo y ella lo hizo, pero momentos después se detuvo y dijo casi gritando: "No puedo seguir, tal vez la otra persona pueda hacerlo". "De acuerdo", respondió el conductor. "Detendré la cámara y lo intentaremos después".

El monitor se oscureció. En este punto, el voluntario calificó su reacción emocional tras ver a Liat, indicando cuánta compasión, angustia, simpatía, ternura y malestar había sentido. El conductor del experimento que estaba sentado al lado del voluntario dijo: "Iré a ver si ella puede seguir".

Regresó al salón y le dijo al voluntario: "Tenemos un problema. Liat se siente muy incómoda con esas pruebas. Me pregunto si puedes reemplazarla con la prueba de la tarántula y con las cuatro restantes. No podemos continuar con el estudio a menos que alguien acaricie la tarántula mientras que otra persona observa. La próxima prueba es igual de fuerte o incluso peor: Tienes que dejar que varias cucarachas caminen por tu brazo".

"Queríamos que sintieran que si estaban dispuestos a reemplazar a Liat para que ella dejara de sufrir, tendrían que pagar un precio", dijo Shaver. "Iban a hacer algo que realmente no querían".

Los científicos observaron personalmente el poder de inseguridad de un vínculo. Los participantes que sacaron un puntaje alto en vínculo evasivo tuvieron menores niveles de compasión hacia Liat y una menor disposición para ayudarle. Los que obtuvieron un puntaje alto en vínculo ansioso mostraron una angustia personal mientras veían a la mujer, pero no se sintieron más dispuestos a ayudarla. Parecían sentir que "me parece perturbador y alarmante seguir viendo esto".

Sin embargo, no se ofrecieron a reemplazarla, pues eso los habría perturbado aún más.

"El vínculo evasivo estuvo asociado de manera consistente con una menor compasión y voluntad de ayudar", dijo Shaver. Al contrario, "el vínculo ansioso estuvo asociado de manera consistente con mayores niveles de angustia personal que no se tradujeron en una conducta solidaria... En otras palabras, el malestar personal parece ser básicamente una reacción autoorientada, y no un estímulo para preocuparse por otra persona".

Al escuchar esto, el Dalai Lama recordó a un gran maestro tibetano de la compasión que era conocido en el siglo XI como el maestro de la expresión sombría, porque las lágrimas resbalaban por sus mejillas mientras meditaba. Cuando tienes un sentimiento fuerte de compasión, experimentas un cierto tipo de aflicción, explicó. Pero la aflicción experimentada tras cultivar la compasión es muy diferente a la experimentada en el sufrimiento personal. En este último caso, realmente no hay mayor opción; el sufrimiento se apodera de ti y te abruma. Pero cuando experimentas aflicción al cultivar deliberadamente la compasión, se presenta una auténtica fortaleza y resistencia y, por lo tanto, una menor probabilidad de malestar o angustia que conduzca al desánimo o a la depresión. "Aquí podemos ver claramente el efecto del entendimiento y la comprensión", dijo el Dalai Lama, "que contribuyen notablemente a la compasión y, en términos ideales, hacen que intentemos mitigar el sufrimiento de otro ser".

Aunque el malestar personal de los voluntarios no los motivó a ayudar a Liat, la ayuda se dio gracias a otro factor. Cuando los voluntarios fueron preparados subliminalmente con el nombre de un ser querido al que podían acudir en busca de apoyo emocional, o cuando recordaron la ocasión en la que esa persona los había apoyado, los resultados fueron sorprendentes. No solo presentaron mayores niveles de compasión y voluntad de ayudar a Liat. A diferencia de los participantes que estuvieron subliminalmente expuestos a los nombres neutrales o que pensaron en un escenario neutral, estuvieron más dispuestos a aliviar el sufrimiento de Liat y a reemplazarla en las pruebas de la tarántula y las cucarachas. El sentido de seguridad parece detonar una compasión altruista a un nivel inconsciente o automático o, por lo menos, a permitir que surja sin ninguna interferencia. Incluso, el recordatorio inconsciente del vínculo seguro indujo a una mayor compasión y altruismo sin importar el estilo de vínculo de la persona: es decir, que funcionó tanto en los emocionalmente evasivos como en los ansiosos.

"Los preparados en la seguridad fueron significativamente más compasivos", dijo Shaver. "Se sintieron más inclinados a ayudar a la mujer. Esto hace pensar que si puedes hacer que una persona se sienta más segura, tendrá una mayor capacidad de preocuparse por alguien que sufre y hacer algo al respecto. Los voluntarios aceptaron reemplazar a Liat. Hacer que una persona se sienta más segura tuvo este efecto benéfico independientemente de su evasión o ansiedad natural. Fue algo que funcionó para todos".

Las personas que son naturalmente más seguras, o que se sienten así gracias a la preparación subliminal, expresan de manera consistente una mayor compasión y voluntad para mitigar el sufrimiento de otro ser sensible. Sentirnos emocionalmente seguros nos hace olvidar nuestras necesidades y actuar sin egoísmo, mostrando compasión hacia los demás, incluso cuando no nos produce ningún beneficio personal y nos puede causar un malestar (suponiendo que no nos guste tocar tarántulas).

Al igual que en muchos casos científicos, el descubrimiento sobre el poder de la preparación tiene el potencial para el bien y para el mal. Shaver espera que si entendemos el sistema de vínculos y descubrimos qué es lo que hace que las personas se sientan emocionalmente seguras y ayuden a los demás, que participen en pruebas voluntarias y se deshagan de los prejuicios contra personas diferentes, el mundo sería un lugar mejor. Esto está en sintonía con lo que el Dalai Lama llama "ética secular". Independientemente del budismo y de otras religiones, la ética secular predica la tolerancia, la compasión y la paz.

Sin embargo, también podemos suponer que la preparación puede utilizarse para hacer que las personas sean menos tolerantes, más beligerantes y egoístas. Si les recuerdan a una figura del pasado que no les ofreció consuelo cuando lo necesitaban, probablemente les despierte una sensación de ansiedad o evasión en el vínculo. Tal como lo han mostrado varias décadas de estudios, ambos casos están asociados con algunos de los peores atributos de la humanidad y podría ser el tiquete para conducir a la sociedad en una guerra.

Enséñeles bien a sus hijos

Si queremos que nuestros hijos sean adultos compasivos y altruistas, ayudarles a ser emocionalmente seguros sería un gran paso en esa dirección. Más de una docena de estudios han confirmado que si evaluamos el estilo de vínculo con los criterios ofrecidos por la Prueba sobre Vínculo Adulto, "se puede predecir con un 70% de exactitud cómo será clasificado el hijo de ese adulto en una 'situación extraña'", dijo Shaver. Es decir, una madre evasiva generalmente tiene un hijo evasivo; una madre ansiosa, uno ansioso; una madre segura, un hijo seguro. Pero tal como descubrió Michael Meaney con sus ratas de laboratorio, no hay evidencia de que una tendencia presente en varias generaciones sea atribuible a los genes. "Parece ser una consecuencia del trato que una generación le da a la otra", dijo Shaver. De hecho, estudios de mellizos en los que los genetistas de la conducta analizaron hasta qué grado el estilo de vínculo se debe a los genes, y en cuál al ambiente, no arrojaron evidencias de un fuerte componente genético.

Esto ofrece esperanzas que no sucederían si se presentara una fuerte influencia genética. Aunque la persistencia del estilo del vínculo podría hacernos creer que este ya está establecido y determinado irrevocablemente por nuestras experiencias infantiles, en realidad, "es muy claro que eso puede cambiar", dijo Shaver. Este optimismo nace gracias al creciente número de descubrimientos que señalan que el cerebro puede cambiar. En cuanto al estilo de vínculo y a los demás aspectos de la conducta y la personalidad, se trata de algo que está arraigado en el cerebro. Los numerosos estudios que muestran cómo los circuitos cerebrales pueden alterarse por la experiencia nos permiten pensar que los circuitos responsables por el vínculo también pueden cambiar. Por ejemplo, si podemos enseñarles a unos padres a darle a su hijo un sentido de seguridad emocional, entonces, tendremos una buena posibilidad de que ese niño sea emocionalmente seguro, con todas las actitudes y conductas que se derivan de ello.

"La intervención funciona", le explicó Shaver al Dalai Lama. "Las intervenciones son muy simples, como por ejemplo, explicarles a los padres que cada niño explorará el mundo si le ofrecen consuelo y le prestan atención. A los padres ansiosos hay que explicarles que es importante dejar salir al niño y no interferir, y que cuando está jugando, es natural que mire a sus padres para ver si están interesados en él, y que puede ir a mostrarles un juguete. En las relaciones seguras, el padre le explica con suavidad: 'Me encanta que seas curioso. Quieres explorar el mundo y eso está bien. Sin embargo, no quiero que te lastimes y espero que entiendas esto'. Con el tiempo, y si se hace de manera sensible, el niño entiende que su padre aprueba su exploración pero también lo protege. Un niño de dos o tres años puede percibir eso. Básicamente, el padre le está diciendo: 'Reconozco tus sentimientos, y eso está bien, pero quiero asegurarme de que no ruedes por un precipicio a causa de ellos'. De hecho, cuando los niños que fueron tratados así cumplieron tres o cuatro años, hablaban con mayor propiedad de sus sentimientos, y reconocían los ajenos, que quienes no fueron tratados con tanta consideración. Ellos mostraron una mayor empatía porque alguien les había dicho que todos tenemos sentimientos y les habían enseñado una conducta compasiva".

"Un vínculo seguro juega un papel importante en promover emociones positivas, en cultivar la compasión y en aumentar la conducta altruista", dijo Richard Davidson, quien luego le preguntó al Dalai Lama cuál era la perspectiva budista para fomentar el sentido de seguridad de un niño y que sepa que puede contar con un refugio seguro.

"Nuestro instinto natural cuando estamos enfrentados a una amenaza es buscar una protección y un refugio seguro", dijo el Dalai Lama a través de Thupten Jinpa. "Al menos entre los tibetanos existe una tendencia natural cuando estás enfrentado a un peligro y a una situación amenazante; sin importar si tu madre está allí o es capaz de protegerte, gritas: '¡Mamá!' Cuando buscamos refugio de manera consciente en la práctica religiosa, imaginamos que la fuente del refugio es alguien o algo que tiene la capacidad de proteger, independientemente de que esto sea realista o no".

Jinpa continuó: "Una cosa que es muy explícita, y tal vez única en la forma budista de buscar refugio, es que no se busca en una fuerza externa, sino en un estado interior. Cuando enumeramos los tres objetos de refugio —el Buda, el dharma y la sangha—, decimos: 'Busco refugio en el Buda. Busco refugio en el dharma. Busco refugio en la sangha: la comunidad espiritual'. De estos tres, buscar refugio en el dharma es considerado como el verdadero refugio. El dharma se define como el proceso que conduce a liberarse de un temor particular del que intentas escapar, así como el logro de ese estado de liberación. Así que ese es el verdadero refugio, porque —por lo menos en ese momento— el individuo está libre de esa amenaza o temor. Por eso, en los textos budistas encuentras frases como: 'Uno es su propio maestro. Uno es su propio enemigo y salvador'. Se enfatiza en general en ese estado de libertad interior".

Al recordar su infancia, el Dalai Lama describió su aldea natal, la cual era muy simple, donde casi no tuvo educación secular y solo un poco de educación religiosa. Dijo que su madre era completamente afectuosa, y que había una atmósfera genuina de amor, amabilidad y verdadera compasión. Dijo que a veces se pregunta si acaso no tendremos una apreciación más aguda de estas cualidades nobles en la infancia, pero dejamos que se desvanezcan en nuestro interior a medida que crecemos.

"En esta época (en la infancia), estos afectos son muy necesarios para sobrevivir", dijo en inglés. "Pero cuando crecemos, no son tan cruciales, pues no sentimos una necesidad inmediata y a veces nos olvidamos de ello".

Shaver intervino: "¿Puedo preguntarle algo sobre su autobiografía? Usted dijo que su madre lo dejaba sentarse a la cabecera de la mesa aunque los vecinos no aprobaban esto, y creían que ella era demasiado permisiva. Usted también recordó que fue al gallinero con su madre, se acurrucó y cacareó como si fuera un pollo. ¿Su madre era diferente, o acaso esa es la forma de educar a los niños en el Tíbet?".

"Es la forma habitual", respondió el Dalai Lama, salvo que en su aldea, todos reconocían ampliamente que su madre era una persona especialmente amable. Su Santidad cree que esto tuvo un efecto en su forma de interactuar con los demás: "En mi libro, mencioné que peleaba frecuentemente con mi hermano mayor. Pero no tengo rencores; peleábamos un momento, a veces lloraba, pocos minutos después lo olvidaba, y volvíamos a jugar".

El descubrimiento de que exponer a las personas a recuerdos subliminales que les ofrezcan una sensación de seguridad conduce a una mayor compasión y voluntad de ayudar —sin importar cuál sea el sentido del vínculo natural que tenga la persona— sugiere que la compasión puede fomentarse. "La activación temporal del sentido del vínculo de seguridad les permite, incluso a las personas crónicamente inseguras, reaccionar a las necesidades de los demás de forma semejante a la de las personas que tienen un estilo de vínculo más seguro", haciendo que sean más compasivas y útiles, dice Shaver. "Como los patrones del vínculo pueden cambiar, debe haber una plasticidad considerable en los circuitos del cerebro responsables de estos. La seguridad en el vínculo puede aumentarse, disminuyendo el egoísmo y el etnocentrismo".

Los descubrimientos lo convencieron profundamente de que la "naturaleza humana" descrita por la psicología social tradicional era poco más que el retrato de Dorian Gray, que oculta la realidad de aquello que las personas tienen el potencial para ser".

Capítulo 9

Transformando la mente emocional

Desafiando el "punto nodal" de la felicidad

En las montañas

Era una mañana espléndida de finales de septiembre, la más hermosa del año. La época de los monzones ha pasado, y las montañas tienen un color verde esmeralda. Los occidentales, tres neurocientíficos y un académico budista salieron de sus habitaciones de la Cabaña Cachemira, propiedad del hermano menor del Dalai Lama. Tenían numerosos equipos científicos (computadores portátiles y baterías, electroencefalógrafos, un generador a gas y setenta metros de extensiones eléctricas) que pensaban llevar a las montañas donde algunos de los monjes más avanzados en la práctica de la meditación budista tibetana viven en clausura durante varios meses o incluso años. Los investigadores esperaban realizar el primer estudio completo sobre la forma en que la práctica intensiva y prolongada de la meditación (es decir, más de diez mil horas) puede cambiar el cerebro. Y para esto, tendrían que persuadir a algunos monjes y lamas que vivían en cavernas para que colaboraran con la ciencia.

Los científicos le escribieron al Dalai Lama en la primavera de 1992 que les gustaría evaluar si efectivamente, y de qué manera, miles de horas de meditación alteran el patrón de actividad en el cerebro. La idea no era documentar los cambios cerebrales que ocurren durante la práctica de la meditación. Al ser una actividad de la mente, es evidente que está marcada por patrones particulares de actividad cerebral. A fin de cuentas, sin importar lo que haga el cerebro (meditar, enviarle señales de movimiento al cuerpo o pensar en elefantes rosados), produce un patrón de actividad característico y potencialmente discernible. Por supuesto que la meditación debería tener un correlativo neural, pero los científicos estaban interesados más bien en saber si el tipo de entrenamiento mental que constituye la meditación del budismo tibetano produce cambios perdurables en el cerebro. No querían conocer los *estados mentales* ni la actividad cerebral que ocurre durante la meditación, sino los *rasgos mentales*, los hábitos de pensamientos y sentimientos que se manifiestan cuando el cerebro no está meditando, y que supuestamente reflejarían un cambio perdurable a nivel físico o funcional en los circuitos del cerebro.

Al Dalai Lama le intrigó la propuesta. No solo estaba sintonizada con su creciente interés en la ciencia, sino que tenía sentido desde la perspectiva de la filosofía budista, la cual afirma que el entrenamiento mental tiene como fin cambiar la mente de modos que se reflejen en la vida cotidiana. "Tuve la fuerte convicción (y aún la tengo) de que la aplicación de la ciencia al entendimiento de la conciencia de los meditadores es sumamente importante, y realicé un gran esfuerzo para persuadir a los ermitaños que colaboraran en los experimentos", recordó más de una década después. "Les dije que deberían participar en los experimentos por puro altruismo; que si los efectos benéficos de calmar la mente y de cultivar estados mentales íntegros pueden demostrarse científicamente, esto podría tener resultados positivos para los demás. Solo espero no haber sido demasiado torpe".

De los sesenta y siete ermitaños, yoguis, lamas y monjes que vivían en las montañas arriba de Dharamsala, algunos ofrecieron cooperar con los hombres y las máquinas extrañas, aunque habían llevado vidas solitarias y, en la mayoría de los casos, no le veían mucho sentido. Creían que el mejor instrumento para investigar la mente es la propia mente, y no esos aparatos titilantes que portaban los científicos. El Dalai Lama escogió a siete de los monjes más avanzados en la meditación. A modo de comparación, los científicos también estudiarían a tibetanos laicos, muchos de los cuales habían huido del Tíbet poco después de que el Dalai Lama se refugiara en Dharamsala en 1959.

En Occidente, la meditación es considerada generalmente como un medio para reducir el estrés. Pero en el budismo, la meditación es un ejercicio riguroso de entrenamiento mental en el que la mente se observa a sí misma. Mediante la introspección y otras técnicas, la mente intenta liberarse de tendencias conflictivas como el odio y los celos, y desarrolla otras más integrales como el poder de la concentración y la capacidad de compasión.

Algunos de los monjes practicaban la *shamatha*, una palabra del sánscrito que pueden traducirse como "quiescencia meditativa". Entre los objetivos de esta práctica está el acallar el ruido que acecha a una mente sin entrenar, en donde la concentración de la persona pasa velozmente de una visión, sonido o pensamiento a otra cosa, reemplazándola con claridad y estabilidad en la atención. Según la filosofía budista, estas dos cualidades de la atención hacen que el practicante comprenda la naturaleza de la mente y la experiencia humana. Para hacer esto, los yoguis cultivan un sentido de la relajación física y mental de la que se deriva la *estabilidad* de la atención. Esto permite que la mente se concentre en un objeto del mundo exterior, en un pensamiento o sentimiento generado en su interior, algo que no puede lograr una persona que no haya entrenado su mente. Una mente entrenada en la *shamatha* está mejor equipada para resistir las distracciones y siente una sensación de paz y serenidad. La *claridad* de la atención, que surge después de la estabilidad de la atención, es la capacidad de concentrarse en un objeto determinado, sin el aburrimiento o titubeo mental típico de una mente no entrenada.

Los meditadores avanzados sostienen que pueden concentrarse en un solo objeto durante varias horas y retener una imagen mental intrincada —por ejemplo, un tapiz con muchos detalles— con tal claridad que pueden ver con su ojo mental un arabesco en el ángulo inferior derecho, a un mono en el centro, o cualquier otro elemento. Según la ciencia occidental, eso es biológicamente imposible; los textos de medicina dicen que el cerebro humano es incapaz de mantener una atención como esa por más de algunos segundos. Y se cree que la claridad mental requerida para ver cualquiera de los miles de detalles de una imagen intrincada está más allá de la capacidad de cualquier cerebro. Las excepciones, como los músicos que pueden ver mentalmente las notas de una sinfonía, o los ingenieros eléctricos que pueden recordar los miles de conexiones y transistores de un microprocesador, son resultado de la experiencia y, supuestamente, del entrenamiento mental. Los científicos que subieron a las montañas de Dharamsala estaban interesados en ver el potencial del entrenamiento mental en la meditación.

Curiosamente, los efectos del entrenamiento mental son básicamente desconocidos. Aunque un par de científicos que analizaron la literatura existente desde 1931 dijeron que existen más de 1200 estudios sobre la meditación, aún no hay un patrón consistente. Sin embargo, la mayoría de dichos estudios abordaron varias prácticas de meditación como si fueran simplemente variaciones sobre un tema, cuando realmente son completamente distintas. Indagar en los efectos que tienen las diversas modalidades de "meditación" en el cerebro, es casi como investigar los efectos del acto de "pensar". Sin embargo, había razones para pensar que al estudiar las prácticas específicas de meditación de los monjes tibetanos, los científicos podrían descubrir algunos efectos claros de la meditación (o en términos más generales, del entrenamiento mental) sobre las funciones cerebrales.

Entre estos científicos estaba Cliff Saron, quien actualmente es un neurocientífico que trabaja en el Centro para la Mente y el Cerebro de la Universidad de California-Davis. Francisco Varela, cofundador del Instituto para la Mente y la Vida, esperaba que los diálogos anuales entre los científicos y el Dalai Lama dieran lugar a una colaboración investigativa. Richard J. Davidson, quien participó en los diálogos de 1994, estaba próximo a realizar descubrimientos seminales sobre los patrones de actividad cerebral que corresponden a la felicidad y a la depresión. Alan Wallace iba a dirigir las investigaciones con los lamas, pues en 1980 había pasado cinco meses meditando en esas mismas montañas luego de estudiar budismo tibetano en India y Suiza por espacio de diez años. Cuatro años después, el Dalai Lama le pidió que fuera su intérprete durante su ciclo de conferencias en Europa, labor que ha cumplido en la mayoría de los encuentros celebrados en Dharamsala.

Inicialmente, los científicos no se trazaron grandes metas; lo único que querían era establecer contacto con los yoguis, describir el propósito de la investigación, y familiarizarlos con la metodología y tecnología de los experimentos. Wallace, a quien muchos de los yoguis conocían, tradujo las palabras de los científicos y las respuestas de los yoguis.

"Hablamos dos o tres horas con cada uno de ellos", recordó Cliff Saron. "Nos presentamos, les hablamos de nuestro proyecto y les explicamos que lo único que queríamos hacer en aquella ocasión era entablar una relación con ellos, familiarizarnos con sus prácticas, y mostrarles el tipo de experimentos que pensábamos hacer". Entre ellos estaban algunos experimentos clásicos de la psicología como la prueba de Stroop, en la que la palabra para un color está escrita en tinta de una tonalidad diferente. Por ejemplo, *rojo* está escrito en tinta verde y hay que leer la palabra y no dejarse distraer por el color de la tinta. Esta es una prueba de concentración y de capacidad de eliminar la distracción. Otra prueba era la de Posner, en la que la persona mira una pantalla y ve una flecha que señala por ejemplo a la izquierda. Cuando el objetivo (una pequeña caja) aparece en la pantalla, la persona debe oprimir un botón, algo que la flecha debe permitir con mayor rapidez si señala en la misma dirección donde está el objetivo, o con mayor lentitud si este aparece en otro lugar. Esta prueba también evalúa la atención y, específicamente, la capacidad de permanecer concentrado en la monótona flecha.

En la primera mañana, los cuatro científicos fueron a la cueva del monje A (ellos les prometieron mantener sus nombres en el anonimato). Este monje, que tenía más de sesenta años y una salud precaria, era uno de los más experimentados. Cuando le preguntaron si podían grabar la conversación, él hizo una objeción. "Él creía que había logrado poco en la vida, debido principalmente a problemas con su próstata", dice Saron. "No quería que divulgáramos la información que pudiera darnos. Creía que deberíamos meditar si queríamos entender los efectos de la meditación". Los científicos no habían tenido en cuenta la humildad propia del budismo tibetano: ofrecer un recuento cándido de las experiencias y las perspectivas meditativas propias es algo que va en contra de los 2500 años de tradición budista, la cual recomienda que los practicantes no hablen de sus logros espirituales o mentales.

Los científicos no tuvieron mejor suerte con el monje B, uno de los profesores de *shamatha* que había tenido Alan Wallace, de cincuenta y tantos años de edad. Fue con él con quien vieron el primer "fantasma" que rondaría su estudio. Este monje cordial pero escéptico, contó cómo varios años atrás un científico de la Facultad de Medicina de la Universidad de Harvard, quien era un pionero de los estudios mente-cuerpo, había reclutado a Lobzang Tenzin, un yogui eminente que vivía en estas montañas. El científico le aseguró que no le haría nada de carácter invasivo y que, en particular, no le suministraría medicamentos ni ningún tipo de sustancias. Y los científicos de Harvard lograron que el yogui aceptara viajar a Boston para ser examinado. Cuando llegó, le tomaron una muestra de sangre. Lobzang Tenzin murió tres meses después de regresar a Dharamsala. Obviamente, la tragedia afectó profundamente a los yoguis. Tenzin "había sufrido mucho con los experimentos", les dijo el monje B a los científicos.

La visita se convirtió en un debate de tres horas sobre la validez de aplicar la ciencia al estudio de la mente. ¿Cómo puede la mente, que es amorfa e inmaterial, ser medida físicamente?, preguntó el monje. ¿Qué importancia tiene cualquier equivalente físico de la mente, como los que son medidos por las sofisticadas máquinas y otros aparatos que habían traído los científicos? Y ya que existen diferencias entre los logros individuales de los yoguis, ¿los resultados poco sorprendentes que obtuvieran uno o dos de ellos acaso no afectarían negativamente al budismo tibetano en Occidente? Él había tenido pesadillas en donde era sometido a los experimentos, continuó diciendo el monje; y ni siquiera quería mirar el computador portátil de uno de ellos. "Nos marchamos desanimados, y pensamos: 'si un posible aliado tenía tantos reparos, ¿será que podemos encontrar suficientes participantes para el estudio?'", recordó Saron.

Un monje de cincuenta y nueve años se alegró al saber que Alan Wallace había estudiado para ser monje, pero no quería tener nada que ver con el estudio, y les pidió que lo dejaran practicar su meditación en paz (invitando a los científicos a hacer lo mismo, y aconsejándoles recitar un mantra cientos de miles de veces —que tendría el efecto benéfico de hacerles crecer nuevos dientes— y que le rezaran al Dalai Lama por su éxito en la investigación). Otro monje de cincuenta y un años creyó que podía alcanzar la *shamatha* en dos años aproximadamente, y les dijo que regresaran por esa misma época.

Con cada rechazo, se hacía claro que los yoguis tenían muchas preocupaciones. Por ejemplo, que su práctica de meditación se viera afectada si se sometían a las extrañas pruebas. Sin embargo, eso era lo de menos. Lo que atentaba contra el proyecto eran las suposiciones erradas; los científicos trabajaban bajo la premisa de que la actividad del cerebro de los yoguis durante la meditación sería discernible con técnicas científicas estándar, es decir, con mediciones físicas. "Ese fue el problema para muchos de ellos: nuestra perspectiva materialista y reduccionista", dice Alan Wallace. "Les parecíamos una tropa de Neandertales".

Cuando los científicos les mostraron a algunos yoguis la prueba de Stroop, estos no denotaron la menor sorpresa. "Les pareció bastante obvio", recuerda Wallace. "¿Por qué habría de sorprenderse alguien que tome más tiempo leer la palabra *rojo* si está escrita en tinta verde que si lo está en roja? Querían saber si teníamos ejercicios más originales". Un monje que vio esta prueba sospechó que solo medía la agudeza mental, algo completamente distanciado de las metas augustas del entrenamiento mental tibetano que pone énfasis en cultivar la compasión para el beneficio de todos los seres vivos. Los yoguis tampoco quedaron más impactados con la idea de que les midieran sus ondas cerebrales, recordó Wallace. "Pensaron: '¿después de todo, que están midiendo ustedes si no conocen la correlación entre un electroencefalograma y la compasión, el amor, la bondad y cualquier cosa?'".

La prueba Posner sobre la atención visual tampoco obtuvo mejores resultados a los ojos de los yoguis. Generalmente, si un objetivo aparece en un lugar de la pantalla a la que apunta la flecha, se ve más rápido que si aparece en otro lugar, pero solo si titila menos de un segundo después. Si el intervalo es mayor, parece que el observador se desconcentra y no le sirve de nada ver hacia dónde apunta. Los científicos se preguntaron si el entrenamiento mental de los lamas había mejorado tanto su atención visual que la flecha les indicaría la localización del objetivo, incluso si había un intervalo mayor. El problema era que el objetivo parecía estar en un lugar distinto al que señalaba la flecha y los yoguis se confundieron. "*¿Por qué nos mintieron? Ustedes dijeron que la indicación mostraría dónde estaba el objetivo...*", les reclamaron a los científicos.

Definitivamente, estudiar los efectos del entrenamiento mental en la mente y en el cerebro no iba a ser fácil.

Las diferencias culturales también dificultaron las cosas. Por ejemplo, los científicos habían escogido un paisaje extenso con dunas púrpuras y un sol para representar el bienestar, y medirían su correlativo neural. Sin embargo, un yogui que aceptó participar en esta prueba no se alegró: imaginó el sufrimiento que debía padecer alguien al recorrer un lugar como ese bajo el sol calcinante. La imagen de un lindo conejo también arrojó resultados contraproducentes. Antes que darle al yogui una sensación de bienestar, lo hizo pensar con preocupación quién protegería de los predadores a ese animal tan débil.

Los científicos no pudieron recolectar información en Dharamsala. Sin embargo, lograron persuadir a un yogui para que viajara a la Universidad de Wisconsin-Madison y pasara una semana en el laboratorio de Richard Davidson, en donde evaluaron su atención visual. Una de las tareas consistía en mirar la imagen del Buda en el monitor de un computador; la imagen destellaba de manera intermitente durante los treinta o sesenta minutos que duraba la prueba, en la que el yogui debía oprimir un botón cada vez que detectara el destello. Los sujetos de control, que suelen aburrirse bastante, muchas veces no logran mantener una buena atención, y tardan más en registrar el destello a medida que pasa el tiempo. Sin embargo, esto no sucedió con el yogui, pues su atención visual era muy depurada. Los científicos determinaron que dedicar varios años al entrenamiento del poder de atención produce una mejoría en esta. Eso ya era un comienzo.

Regresemos a la primavera del 2001. Monjes con túnicas de color azafrán, lamas y profesores budistas, todos ellos practicantes de la meditación, fueron al Centro médico de la Universidad de Wisconsin-Madison. Una década había marcado una diferencia enorme en la voluntad de los meditadores tibetanos al momento de participar en los estudios, cuyo fin era determinar la forma en que el entrenamiento mental afecta el cerebro, debido en parte a una casualidad. Durante los encuentros de la Vida y la Mente celebrados en el año 2000, donde el tema principal eran las emociones destructivas, el Dalai Lama le formuló una gran cantidad de preguntas a Davidson sobre cómo funcionaban las fMRI, qué medían los electroencefalogramas, etcétera. "¿Por qué no viene y lo ve personalmente?", le preguntó Davidson.

En mayo del 2001, el Dalai Lama se encontraba en el laboratorio de Davidson. Observó el tubo de la fMRI, aparato que detecta las zonas de mayor actividad cerebral y las muestra con precisión milimétrica.

Examinó un electroencefalograma que mide las ondas cerebrales y los cambios que ocurren en una milésima de segundo. Después de recibir la información, les hizo una pregunta a los científicos: ¿Podían las máquinas decir si surge un pensamiento antes de manifestarse en el cerebro? Es decir, ¿puede la mente o la conciencia preceder a la actividad eléctrica y química? En ese caso, sería una conclusión irrefutable que la mente es la que actúa sobre el cerebro, y no al revés.

Era un eco de la pregunta que el Dalai Lama le había formulado al neurocirujano después de presenciar la operación descrita al comienzo del capítulo 6. Sin embargo, los científicos de Madison no descartaron la posibilidad de que hubiera una vía de dos sentidos, en la que la mente fuera tanto la expresión como la causa de cambios físicos en el cerebro.

Además de ofrecer inspiración para este tipo de investigaciones, el Dalai Lama suministró una ayuda pragmática, pues les pidió a los practicantes avanzados que participaran en los experimentos de Davidson. Ellos se acostaron mientras los electrodos de la fMRI estaban conectados en su cuero cabelludo; y meditaron y dejaron de hacerlo como quien enciende y apaga un bombillo. Davidson también les dijo que estaba buscando budistas dedicados a la contemplación, es decir, personas a las que él denomina "los deportistas olímpicos" de la práctica de la meditación. Matthieu Ricard, el monje budista del monasterio Shechen, localizado en Katmandú, Nepal, y quien tiene un Ph.D. en genética, era investigador y participante en estos experimentos; él contribuyó a la planeación, y también fue estudiado.

Todos los budistas que participaron en el experimento habían practicado meditación un mínimo de diez mil horas, y uno de ellos había practicado cincuenta y cinco mil. Todos habían permanecido retirados al menos tres años, en los que vivieron alejados de la sociedad y pasaron casi todas sus horas de vigilia meditando. Muchos hombres se dirigieron a Madison para dar conferencias, razón por la cual los estudios transcurrieron con lentitud, pues pasaban varios meses antes de que el siguiente monje llegara al laboratorio. Sin embargo, Davidson elaboró una base de datos única: los registros de la actividad y las ondas cerebrales de los experimentados practicantes de la meditación budista. "Creo que este trabajo no habría sido posible sin su participación activa", le dijo al Dalai Lama durante el encuentro del 2004 celebrado en Dharamsala. "Y por eso estamos sumamente agradecidos con usted". Especialmente por lo que había mostrado la investigación.

El cerebro emocional

Davidson había adelantado una búsqueda que gran parte de la neurociencia moderna consideraba quijotesca: descubrir si estados como la felicidad, la compasión, el entusiasmo, la alegría y otras emociones positivas pueden entrenarse. Es decir, ¿existen técnicas de entrenamiento mental que puedan alterar el cerebro de modo que aumente la intensidad de estas emociones, que las haga durar más o que se activen con mayor facilidad?

Veamos dos aspectos. En la investigación que selló la reputación de la neurociencia como una disciplina rigurosa, Davidson y sus colegas descubrieron en los años setenta grandes diferencias en los patrones de actividad cerebral características de las personas localizadas a ambos extremos de la "escala de eudemonia", es decir, el espectro del punto nodal de la felicidad. Ese es el primer aspecto: que existen estados cerebrales específicos y correlacionados con la felicidad, como lo describiré en detalle más adelante. El segundo es que los patrones de activación cerebral pueden cambiar como resultado de la terapia, específicamente, de la terapia de conducta cognitiva y de la meditación consciente, en la que las personas aprenden a asumir sus pensamientos de un modo diferente. Jeffrey Schwartz mostró que así sucedía con los pacientes agobiados por el desorden obsesivo-compulsivo; Zindel Segal y Helen Mayberg lo mostraron con los pacientes que sufrían de depresión. En otras palabras, podríamos decir que la práctica, el esfuerzo y el entrenamiento mental pueden generar cambios en las funciones del cerebro.

A partir de estos dos hechos, Davidson elaboró su hipótesis: que la meditación u otras formas de entrenamiento mental pueden producir cambios al recurrir a la neuroplasticidad del cerebro, especialmente en patrones de la activación neuronal, y quizá incluso en la estructura de los circuitos neurales, en lo referente a las conexiones y a la fortaleza de estas, y que dichos cambios son responsables de la felicidad y otras emociones positivas. Si es así, entonces al explotar el potencial del cerebro para cambiar su funcionamiento, los terapeutas e incluso los individuos podrían restaurar este órgano y, por ende, la mente y la salud emocional.

Para ser claros, el objetivo no es simplemente la ausencia de enfermedad mental que parece ser el único objetivo de las terapias psicológicas y psiquiátricas actuales, sino la presencia perdurable de una salud mental y emocional fuertes.

"Esta es la hipótesis: que podemos pensar en emociones y estados (la compasión, por ejemplo) como habilidades mentales que pueden entrenarse", le dijo Davidson al Dalai Lama. "Para que esto suceda, los circuitos cerebrales de la emoción deben ser plásticos. Sin embargo, había experimentos destacados que mostraron eso: sabemos que la experiencia puede producir cambios en la estructura y funciones de las regiones cerebrales encargadas de regular las emociones. Creo que no le hemos dado la suficiente importancia a la posibilidad de que entrenar mentalmente las emociones puede tener efectos saludables".

La psicología occidental nunca había tomado en serio esta posibilidad. La única investigación que quiso saber si los rasgos perdurables pueden ser modificados se había concentrado en la psicopatología, en casos de depresión crónica, introversión extrema, fobias y otras enfermedades mentales. En contraste, "no se ha realizado ningún esfuerzo por cultivar los posibles atributos de la mente en individuos que no padecen desórdenes mentales", escribieron Alan Wallace, Davidson y otros colegas en el 2005. "Las estrategias occidentales para modificar los estados emocionales o los rasgos permanentes, no recurren al esfuerzo persistente y prolongado que está presente en todos los aprendizajes complejos de habilidades —por ejemplo, en ser un maestro de ajedrez, o aprender a tocar un instrumento". ¿Por qué habrían de hacerlo? A fin de cuentas, se supone que el punto nodal de la felicidad está tan determinado como el tipo sanguíneo.

Los budistas tienen un interés particular en saber si la línea de base de las emociones es maleable. Las personas experimentan un número de emociones aflictivas —como las llaman los budistas— entre las cuales figuran los celos, la rabia, la codicia, la envidia y el odio. Independientemente de la utilidad que puedan prestar para efectos de supervivencia, estas emociones no conducen exactamente al bienestar colectivo. El budismo enseña que a través del entrenamiento mental, podemos silenciar estos sentimientos negativos e incluso destructivos. Sin embargo, la pregunta es si la neurociencia podía respaldar esto.

Davidson consolidó su reputación con descubrimientos que respaldan la idea de que todo lo que la mente es, hace y siente, puede rastrearse y *reducirse* al cerebro. No fue el primer científico que posteriormente sería un pionero en el estudio del poder del entrenamiento mental para cambiar el cerebro. Asistió siete años a la yeshiva en Brooklyn, y se interesó en la filosofía oriental cuando era un estudiante de la Universidad de Nueva York, a finales de los años sesenta y comienzos de los setenta, época en la que la psicología estaba fuertemente influida por el conductismo. Esta escuela sostiene que solo la conducta observable es válida en la ciencia, mientras que la actividad interior de la mente es una caja negra cuyo estudio resulta quijotesco en el mejor de los casos, y una empresa absurda en el peor. Pero Davidson estaba fascinado con los procesos mentales internos, con aspectos como la imaginería mental, y la preservación de una imagen en la mente.

Cuando llegó a Harvard como un estudiante graduado en Psicología, dio los primeros pasos tentativos para amalgamar sus intereses académicos con los filosóficos. En 1974, viajó por primera vez a India para hacer su primer retiro espiritual. Las notables habilidades meditativas de los practicantes que conoció, le hizo preguntarse qué los diferenciaba a ellos —que meditaban hora tras hora, año tras año, y se retiraban para meditar hasta quince horas diarias— de las personas que tienen que hacer un esfuerzo para poder meditar siquiera una hora al día. Años después, Davidson llamaría a los primeros "deportistas de la atención", y decidió ver qué prueba sicológica revelaría las diferencias en los poderes de atención entre los practicantes curtidos y los novatos en la meditación. "Harvard te dejaba hacer lo que querías", señaló.

Davidson quería combinar sus dos intereses: la vida interior de la mente —y específicamente, la meditación— con la neurociencia. En compañía de Daniel Goleman, un compañero suyo que trabajaba en una disertación sobre el poder de la meditación para mejorar la capacidad de manejar el estrés, publicó un informe teórico en el que sostenía que la meditación frecuente podría lograr lo que llamaron "efectos sobre los rasgos", es decir, los cambios perdurables en el cerebro. Dicho informe, publicado en 1977 con el título de *El papel de la atención en la meditación y la hipnosis: una perspectiva psicobiológica en las transformaciones de la conciencia*, fue el primer intento de una campaña de varias décadas para descubrir si el entrenamiento mental —del que la meditación budista es una modalidad— puede producir cambios fisiológicos perdurables en el cerebro.

Pero en esa época, Davidson no estaba simplemente teorizando. Entre sus múltiples proyectos de investigación, había uno en el que indagaba sobre la capacidad de concentrar la atención en un objetivo particular a pesar de las distracciones. Tal como informaron él y sus colegas en 1976, la capacidad de atención se manifiesta como un patrón eléctrico distintivo en el cerebro que es detectado por un electroencefalograma. Por supuesto, las personas tienen diferentes niveles de atención, y Davidson observó que el hecho de poder mantener la atención concentrada y resistirse a las distracciones se correlacionaba con el electroencefalograma de un individuo.

En cierto sentido, esto no era sorprendente, pues como lo he señalado antes, todo lo que hace la mente tiene al parecer una contraparte en el cerebro, una correlación física que en primer lugar genera la actividad mental. Pero descubrir que los patrones de un electroencefalograma detectaban la capacidad de atención, hizo que Davidson se concentrara en una idea: que las personas pueden entrenar sus cerebros para prestar atención, así como entrenan sus dedos para tocar las teclas de un piano, o sus piernas para driblar a un contrario en un partido de fútbol. Como parte de esos experimentos, Davidson, Daniel Goleman y su mentor, el profesor de psicopatología Gary Schwartz, observaron que mientras más hubiera meditado una persona, mayor era su capacidad de atención, aunque no tenían la menor idea de cuál sería la base de esta correlación. De hecho, no habían realizado las suficientes investigaciones para descartar la conclusión más rutinaria, es decir, que la meditación entrena el cerebro y mejora su capacidad de concentración, sino que las personas con una capacidad innata para concentrarse tienden a perseverar con sus prácticas de meditación, mientras que aquellos que desvían constantemente su atención abandonan su práctica.

A pesar de su productividad científica (o tal vez debido a esto), que habría sido notable en un profesor y aún más en un estudiante, "yo estaba recibiendo críticas por hacer demasiadas cosas, especialmente por esto", recuerda Davidson en referencia a su investigación sobre la meditación, razón por la cual dejó de hacerlo. Pero haber encontrado un vínculo entre la meditación y la atención era lo suficientemente tentador como para no olvidarse de esto, incluso cuando realizó una contribución importante en un campo aparentemente diferente de la ciencia.

Mientras estaba en Harvard, Davidson comenzó a estudiar las emociones y sus bases neurológicas. En aquella época, el dogma de la neurociencia sostenía que el sistema límbico del cerebro es la sede de las emociones. Sin embargo, Davidson tomó un curso de neuroanatomía en el Instituto Tecnológico de Massachusetts y vio algo diferente: que los lóbulos frontales del cerebro, generalmente considerados como la sede de sofisticadas funciones cognitivas como el razonamiento y la previsión, establecen conexiones con el sistema límbico. Si esta idea incipiente e incluso herética fuera cierta, entonces la actividad de los lóbulos frontales podría afectar la del sistema límbico. Si lo enunciamos en los términos de que "el pensamiento puede afectar las emociones", parece uno de esos aspectos conocidos por todos nosotros y que la ciencia descubre tarde. A fin de cuentas, podemos pensar o imaginar que nos encontramos en una variedad de estados emocionales. Pero en los años setenta, la psicología y la neurociencia aún no consideraban las emociones —y mucho menos su control cognitivo— como algo digno de estudiarse. Cuando Davidson se vinculó a la Universidad estatal de Nueva York-Purchase como profesor adjunto, sus informes y solicitudes de becas para estudiar el control cognitivo de las emociones fueron rechazados con frecuencia.

Sin embargo, otros aspectos de la emoción ya estaban lo suficientemente maduros como para recolectarlos, por así decirlo. A comienzos de los años setenta, las observaciones clínicas de pacientes que habían sufrido una lesión en un lado de su corteza frontal, generalmente a causa de un derrame, mostraban que las consecuencias en el temperamento eran muy diferentes dependiendo de si la lesión se había presentado en el lado derecho o en el izquierdo. "Estos estudios fueron la primera descripción sistemática de un patrón muy diferente de temperamento después de una lesión cerebral unilateral", dice Davidson. El daño en el lado izquierdo del cerebro, especialmente en la corteza prefrontal que está detrás de la frente, dejaba a las personas incapacitadas para sentir alegría y hacía que experimentaran una mayor tristeza que a veces se convertía en llanto incontrolable. En contraste, los daños en el lado derecho hacían que las personas fueran indiferentes a su lesión neurológica, y algunas veces se rieran en momentos inapropiados. Los científicos fueron cautelosos al interpretar el significado de las diferencias y concluyeron que estas reacciones mentales opuestas "pertenecían solo a la lesión", como dijo uno de ellos.

Sin embargo, Davidson creía que los cerebros lesionados les estaban diciendo a los científicos algo sobre los saludables. Él se había vinculado en 1984 a la Universidad de Wisconsin-Madison y comenzó a investigar cerebros humanos normales e intactos para ver si asimetrías como las que presentaban los pacientes con lesiones cerebrales tendrían algo qué ver con la felicidad o la tristeza en las personas saludables. En 1992, él y sus colegas informaron que la actividad en la corteza prefrontal detectada por un electroencefalograma refleja el estado emocional de la persona. La activación asimétrica en esta región corresponde a diferentes "estilos afectivos", como los llamó Davidson. Cuando la actividad en la corteza prefrontal izquierda es notoria y crónicamente mayor que la de la derecha, las personas dicen sentirse alertas, llenas de energía, entusiastas y alegres, que disfrutan más de la vida y tienen un mayor sentido del bienestar. En términos simples, tienden a ser más felices. Cuando hay una mayor actividad en la corteza prefrontal derecha, las personas manifiestan sentir emociones negativas que incluyen la preocupación, la ansiedad y la tristeza. Expresan malestar con la vida y muy pocas veces experimentan emoción o alegría. Si la asimetría es tan extremada que la actividad en la corteza prefrontal derecha es mucho mayor que en la izquierda, la persona corre un gran riesgo de sufrir una depresión clínica.

Davidson y varios colegas publicaron en el 2006 más de cincuenta informes sobre la asimetría de la actividad prefrontal responsable de las diferencias en el humor y el bienestar. Asimismo, cada vez se hizo más claro que trazar una línea causal directa desde la activación de la corteza prefrontal izquierda hacia la felicidad era algo demasiado simplista. Era cierto que una mayor actividad de la corteza izquierda está asociada con emociones positivas como la felicidad, pero la cadena causal describe una trayectoria larga y serpenteante. Las personas con este patrón de actividad cerebral sienten que tienen la vida bajo control. Experimentan un crecimiento personal y le ven un propósito a la vida, tienen buenas relaciones personales y se aceptan como son. En contraste, las personas que presentan una mayor activación de la corteza prefrontal derecha se sienten insatisfechas, infelices y tristes. Muchas veces creen que no pueden controlar sus vidas y se sienten decepcionadas por el rumbo que ha tomado la misma. Tienden a sentirse insatisfechas con sus relaciones personales y con su trabajo, y pocas veces experimentan bienestar emocional.

Así que esto que llamamos "felicidad" podría ser tan solo el efecto de estas características: la satisfacción con la vida, el sentido del control —y todo lo que se deriva de ello— en lugar de ser consecuencia directa de una activación intensa de la región prefrontal izquierda. Lo que parece contribuir a mayores niveles de bienestar es el sentido del "propósito, dominio, relaciones sólidas y la aceptación de sí mismo", como lo dice Davidson, además de "la percepción subjetiva de que la vida es satisfactoria". Participar activamente en la vida, tomarla literalmente "por las solapas", emprender actividades y establecer relaciones que puedan brindarnos satisfacción y felicidad, es lo que caracteriza a las personas con una actividad prefrontal izquierda relativamente intensa.

¿Un punto nodal de la felicidad?

El estilo afectivo (nuestra disposición emocional para ver la vida en términos oscuros o claros) es particularmente estable. El nivel de felicidad, no en el sentido de alegrías continuas, sino de un espectro más amplio de emociones positivas, tiende a regresar a la forma inicial que tendría una banda de caucho antes de estirarla. Esto ha dado paso a la noción de un "punto nodal de la felicidad", un imán emocional que, independientemente de que ganemos la lotería o nos declaremos en bancarrota, que suframos la más dolorosa de las decepciones amorosas o que disfrutemos de una relación feliz, nos lleva de nuevo al punto nodal de la felicidad. Se han talado bosques enteros para publicar estudios que respaldan dicha noción. Por ejemplo, los científicos han monitoreado el nivel de felicidad y de satisfacción general con la vida de unas 100.000 personas en varios países industrializados de Occidente, y observaron aspectos tales como sus matrimonios, la crianza de sus hijos, su soledad, relaciones amorosas, pérdida del cónyuge o incluso la ganancia ocasional de una lotería. Los estudios observaron que independientemente del grado de alegría o decepción que sientan estas personas, la gente tiende a regresar a su nivel inicial de felicidad después de un breve aumento o disminución.

"La idea de un parámetro es que hay diferencias estables entre las personas, y que si se presenta una perturbación —ganar la lotería o perder la pareja sentimental—, tendemos a regresar a nuestro punto nodal de felicidad", le explicó Davidson al Dalai Lama. "Después de sumirse en la depresión, el nivel de felicidad de una viuda comienza a ceder, y después de varios años, llega casi al nivel que tenía antes de la muerte de su esposo. Una persona que se gana la lotería alcanza un punto culminante de felicidad y luego este nivel desciende a su nivel inicial. En los adultos, el estilo afectivo es muy estable".

Davidson dijo "en los adultos", porque los niveles de satisfacción y el patrón asimétrico de activación de la corteza frontal que lo acompaña no son estables desde la infancia hasta la edad adulta. A una infancia infeliz puede seguirle una época adulta plena, así como un niño feliz puede ser un adulto infeliz. Si se presenta una fuerte activación prefrontal derecha —el equivalente neural de la depresión— en un niño de tres años, eso no dice nada sobre el patrón de activación cerebral y la disposición que tendrá a los once años, y mucho menos a los treinta y uno, dice Davidson. Eso puede reflejar las diversas circunstancias cambiantes en la vida de una persona. El niño a quien molestaron sin compasión a comienzos de la secundaria por ser un "nerdo", seguramente se sentirá mucho mejor cuando sus capacidades matemáticas le permitan obtener un trabajo con un salario de varios millones de dólares, y le gane el favor de mujeres bellas, adquiera casas y autos lujosos. Pero independientemente de las circunstancias exteriores, el hecho de que la actividad prefrontal no es constante desde la infancia hasta la edad adulta "fue nuestro primer indicio fuerte de que este circuito de la felicidad es plástico", señala Davidson. En efecto, parecía como si esta plasticidad desapareciera cuando el cerebro alcanza la edad adulta, pues el estilo afectivo es muy estable durante esta época. Pero de nuevo, se creía que otras formas de plasticidad llegaban a su fin al término de la infancia, aunque posteriormente se descubrió, gracias al estímulo adecuado, que persiste hasta la edad adulta.

Hay varias razones poderosas para preguntarse si la estabilidad de un estilo afectivo en la edad adulta refleja algo fundamental, pues la constancia del punto nodal de felicidad que tenga alguien en la edad adulta puede reflejar varios factores diferentes. Los partidarios de las explicaciones genéticas invocan la noción de un "gen de la felicidad", lo cual es una simplificación, puesto que la única labor que realizan los genes es fabricar proteínas, y no se sabe bien cómo esta sustancia (supuestamente en el cerebro) puede elevar los niveles de felicidad. Aunque podemos especular también que el ADN podría entonces considerarse como el "gen de la felicidad", pues hace que algunas personas se destaquen por su belleza física, es probable que algunas tengan una mayor probabilidad de sentirse bien en la vida que alguien cuyas proteínas de ADN le han dado un aspecto menos agradable. Diversos estudios han mostrado que incluso en la escuela primaria, los profesores tratan mejor a los niños atractivos, les prestan una mayor atención y esperan más de ellos que de los niños con una apariencia común. Un gen que se haya comportado de tal manera como para brindarle felicidad a alguien, se mostraría entonces como un "gen de la felicidad", aunque no tenga nada que ver con los circuitos emocionales del cerebro. Una explicación alternativa para el punto nodal de la felicidad es que aquello que ha definido nuestra personalidad a finales de la adolescencia —perseverancia, inteligencia, amabilidad, curiosidad y otros atributos característicos de las personas satisfechas— continúa haciéndolo en la edad adulta.

Sin embargo, también existe una tercera posibilidad. Davidson recordó un hecho que había observado varios años atrás, cuando estaba descubriendo que las diferencias de actividad entre la corteza prefrontal izquierda y la derecha marcan las diferencias en los parámetros de satisfacción. Sus experimentos con animales en los años sesenta habían sugerido que la corteza prefrontal es particularmente susceptible a las influencias del mundo exterior, las cuales afectan su función y posiblemente su estructura. Por ejemplo, la corteza prefrontal es diferente, dependiendo de si los monos son criados en ambientes estimulantes o en circunstancias precarias. Ciertos ambientes pueden alterar —aparentemente de un modo definitivo— la actividad prefrontal. Si a esto se le suma el hecho que Davidson observó en aquel curso de neuroanatomía en MIT —que hay fuertes conexiones entre el pensamiento, la parte prefrontal del cerebro y la de los sentimientos—, surge una posibilidad inquietante: que se puede alterar voluntariamente el nivel de activación de derecha a izquierda en la región prefrontal, modificando no solo la felicidad sino todo un conjunto de emociones.

Esto condujo a la pregunta que había llevado a los monjes y lamas al estudio de Davidson: que pueden existir modalidades del entrenamiento mental que cambien el patrón básico de la activación prefrontal, probablemente al modificar el tipo o cantidad de señales que transmite la parte cognitiva del cerebro a la emocional, provocando emociones positivas con mayor frecuencia. Los descubrimientos de que la meditación consciente puede alterar patrones fundamentales de actividad cerebral en personas con depresión o con desorden obsesivo-compulsivo, sugieren que incluso las modalidades rudimentarias de entrenamiento mental también "pueden inducir cambios plásticos en el cerebro", señaló Davidson, quien afirma que la posibilidad de que un entrenamiento mental más regular puede modificar el punto nodal de la felicidad al "transformar la mente emocional". Una multitud de monjes y lamas le ayudarían a descubrir si esto era posible o no.

Moviendo la aguja

Gracias a la invitación que les hizo el Dalai Lama, los monjes tibetanos budistas visitaron el laboratorio de Davidson. En mayo del 2001, el "*geshe* feliz", como era conocido por el aura de satisfacción que irradiaba (y que parecía contagiarles a todas las personas con quienes se encontraba), asistió al laboratorio. Este abad de un monasterio budista en India llevaba treinta años meditando, especialmente en la compasión. Davidson le conectó 256 electrodos y él siguió las instrucciones de alternar actividad mental neutral con otros seis estados mentales, incluyendo la meditación sobre la compasión. Durante el estado neutral, su corteza prefrontal mostró una ligera inclinación hacia la izquierda, pero durante la meditación sobre la compasión, la asimetría izquierda fue 99.7% mayor que la de cualquier otra persona.

El Dalai Lama había observado que las influencias más poderosas en la mente provienen del interior de esta. Observar que los meditadores altamente experimentados presentaron una mayor actividad en la corteza frontal izquierda "sugiere que la felicidad es algo que podemos cultivar deliberadamente por medio del entrenamiento mental que afecta al cerebro".

"Sin embargo, en Occidente, la felicidad no suele considerarse como algo que pueda entrenarse", respondió Davidson. "Estamos viendo que la felicidad puede ser conceptualizada no solo como un estado o rasgo, sino como el producto de habilidades que se pueden aprender y mejorar a través del entrenamiento mental".

Por supuesto, es posible que el monje tuviera una asimetría izquierda (tal vez nació feliz) y que su actividad mental no tuviera nada que ver con su activación. Pero el hecho de que la actividad en la corteza prefrontal izquierda hubiera aumentado de manera tan dramática en la meditación sobre la compasión, ciertamente, sugiere que el entrenamiento mental puede alterar los circuitos emocionales del cerebro. Y cuando Davidson ató cabos, surgió una posibilidad intrigante: aunque no sepamos con exactitud por qué la meditación sobre la compasión puede despertar emociones positivas, descubrir que la actividad cognitiva modifica la actividad en una de las regiones del cerebro encargadas de la emoción respalda la esperanza de que el entrenamiento mental puede modificar el punto nodal de la felicidad. Si es así, entonces este punto no es el único que puede modificarse.

Pensemos en una analogía. Estamos estudiando cuáles medidas de salud cardiovascular —por ejemplo, frecuencia cardiaca y la presión sanguínea— podemos mejorar. El experimento lo llevamos a cabo en una sociedad que aún no sabe que existe algo llamado ejercicio aeróbico. Medimos con cuidado la frecuencia cardiaca en reposo y la presión sanguínea de personas sedentarias cada año, durante varias décadas. Salvo por algún cambio debido al envejecimiento, descubrimos que los niveles de estas dos condiciones son notablemente estables, y adquirimos fama por descubrir el "punto nodal cardiovascular".

Solo que hay un problema: no tuvimos en cuenta si estas dos condiciones médicas pueden disminuir con un régimen de ejercicios riguroso y frecuente, y que además aumente el ritmo cardiaco.

Lo mismo podría suceder con el punto nodal de la felicidad, sospechó Davidson. ¿Y qué pasa si el circuito cerebral que determina y regula la emoción es tan plástico como el circuito cerebral de los monos de Mike Merzenich, de los pacientes con derrame observados por Edward Taub, los ciegos y sordos estudiados por Helen Neville y los pacientes deprimidos de Zindel Segal? ¿Qué pasa si no pudimos identificar el régimen del entrenamiento mental que tiene el poder para alterarlo?

"La pregunta que nos hacemos cuando somos cuestionados por la perspectiva budista es si el punto nodal de la felicidad es inmutable o se puede modificar", dice Davidson. "Los budistas dicen que el cambio radical es posible pero que en Occidente no le hemos dado una posibilidad. Pero así como actualmente las personas son conscientes del valor de ejercitar su cuerpo con frecuencia a lo largo de la vida, lo mismo sucede con las habilidades emocionales".

Esto es algo que las personas reconocen en muchos campos del aprendizaje y de las destrezas. Si no practicamos el francés que aprendimos en la secundaria, pronto no sabremos distinguir entre *lever* y *laver*. "Sin embargo, no reconocemos esto en nuestras vidas emocionales", dice Davidson. "Hay una gran laguna en nuestro punto de vista, pues el entrenamiento es considerado importante para aspectos como la fuerza, la agilidad física, la habilidad atlética y la capacidad musical: para todo menos para las emociones. Los budistas dicen que estas destrezas también son entrenables como todas las demás". Si los científicos observan una y otra vez que las personas regresan a su punto nodal de felicidad, tal vez sea porque esté estudiando a personas que, al igual que casi todos los occidentales, no saben que podemos moldear los circuitos emocionales del cerebro así como podemos hacerlo con los músculos pectorales. "Tal vez nadie ha ensayado la intervención que modificaría el estilo afectivo de una manera perdurable", comenta Davidson. "Sospecho que el punto nodal de la felicidad es móvil y plástico. La pregunta es, ¿qué hace que varíe?"

Y esto fue lo que Davidson quiso explorar: ¿Cuál es el efecto del entrenamiento mental en la emoción, y cuáles componentes emocionales y circuitos cerebrales encargados de estas funciones pueden transformarse? En particular, ¿puede la meditación fortalecer el circuito cortical que modula la actividad del sistema límbico como el termostato regula esta "caldera de emociones"? ¿Puede el entrenamiento mental reprogramar los circuitos cerebrales de la emoción y alterar para siempre el sentido de bienestar y satisfacción? Con dicho entrenamiento, dice Davidson, probablemente podamos alterar nuestro punto nodal de felicidad.

Davidson fue uno de los pocos científicos que comenzó a estudiar el efecto del entrenamiento mental del cerebro. Como le dijo al Dalai Lama en el encuentro del 2004: "Su Santidad, yo examiné la literatura científica occidental como preparación para este encuentro. Hay muy pocos estudios experimentales sobre el papel del entrenamiento mental en la conducta o en el cerebro. El papel de este entrenamiento ha sido generalmente ignorado por las ciencias bioconductistas occidentales. Hay muy pocos estudios en los que los deportistas imaginan que realizan una actividad particular y el investigador evalúa el impacto que tiene sobre su rendimiento. Pero en Occidente, las estrategias desarrolladas por clínicos y científicos para promover el cambio se han basado más en los factores externos que en el entrenamiento mental. Así que hay una diferencia muy grande en el énfasis".

"Eso es entendible hasta cierto punto", dijo Thupten Jinpa. "Es probable que en algún nivel inconsciente, los científicos consideren el entrenamiento mental como una forma de espiritualidad o religión" y alberguen sospechas al respecto.

No obstante, la ciencia le estaba dando la razón a Davidson. Aunque es normal referirse al "centro de la emoción del cerebro" o a "una región de este que procesa la emoción", las cosas parecían mucho menos determinantes a finales de los años noventa. Todas las zonas del cerebro a las que se les había atribuido algún aspecto de la emoción también fueron relacionadas con uno del pensamiento: los circuitos que presentan actividad eléctrica cuando la mente siente una emoción, y se activan cuando la mente experimenta un proceso cognitivo, bien sea al recordar, pensar, planear o calcular, están ligados de manera tan indisoluble como los hilos de un tejido. Las neuronas asociadas con el pensamiento se conectan con aquellas relacionadas con la emoción y viceversa.

Esta neuroanatomía es muy afín a la tradición budista, en la que se afirma que la emoción y la cognición son inseparables. El hecho de que la neuroanatomía confirme lo sostenido por el budismo, supone algo trascendental: que el entrenamiento mental en el que participan muchos de los circuitos cognitivos del cerebro puede moldear sus circuitos emocionales.

Con el fin de investigar esta posibilidad, Davidson estudió la capacidad de eliminar emociones negativas y aflictivas, y de cultivar otras positivas en los voluntarios sin ninguna experiencia previa con la meditación. Les mostró fotos donde aparecía un bebé con un tumor repulsivo en el ojo, y les pidió que pensaran en el bienestar y la felicidad del bebé.

"Me gustaría mostrarle lo que sucede en el cerebro cuando las personas hacen esto", le explicó Davidson al Dalai Lama. "Cuando la mayoría de los occidentales ven esta fotografía, la reacción emocional más común es la del disgusto. Pero lo que estamos haciendo es entrenarlos mentalmente para cambiar su respuesta emocional".

Davidson utilizó de nuevo una fMRI para medir la actividad en la amígdala cerebral, una zona que se activa con las emociones aflictivas, como el malestar, el miedo, la rabia y la ansiedad. "Solo con intentar mentalmente el deseo de que la persona de la foto no sufra, las personas pueden cambiar la fortaleza de la señal en la amígdala", dice Davidson. "En este experimento, descubrimos que algunas personas lo hacen muy bien, y otras no tanto, por razones que todavía no entendemos por completo. Nos preguntamos cuáles zonas del cerebro pueden estar asociadas con el éxito o con el fracaso durante este ejercicio". Era apenas lógico concentrarse en la corteza prefrontal, pues tiene conexiones neuronales con la amígdala. Los científicos encontraron que "los individuos con una mayor actividad en esta área tienen mayores probabilidades de cambiar el cerebro y reducir la activación en la amígdala si tienen el deseo de aliviar el sufrimiento", dice Davidson. "La señal en la amígdala (que genera el miedo) puede moldearse con el entrenamiento mental".

El Dalai Lama respondió: "Lo que parece muy claro es que un simple proceso mental, por ejemplo, cultivar deliberadamente este deseo, puede tener un efecto observable a nivel cerebral".

Los monjes conectados

Más que cualquier otro voluntario, Matthieu Ricard fue paciente e investigador al mismo tiempo, pues a diferencia de las personas que se ofrecieron como voluntarias para los experimentos —y que son poco más que conejillos de Indias bien cuidados—, Ricard jugó un papel activo en el diseño de la investigación.

Para este estudio, le conectaron 256 electrodos que iban de su cuero cabelludo al electroencefalógrafo. Al igual que otros siete budistas y ocho personas que no meditaban y que servían como controles, Ricard realizó una forma de meditación llamada compasión pura, en la que la persona se concentra en una compasión ilimitada y en un amor y fraternidad hacia todos los seres vivos. Ricard explicó que la meditación sobre la compasión produce: "Un estado en donde el amor y la compasión permean toda la mente, y no se presenta ninguna otra consideración, razonamientos ni pensamientos discursivos. Esto es algo que a veces se denomina compasión no referenciada, en el sentido en que no se concentra en objetos particulares ni en una compasión totalmente incluyente".

Las instrucciones comenzaron. *"Bien, Matthieu; no medites por favor... ahora comienza a meditar... Deja de hacerlo.* Mientras tanto, los electrodos captaban las ondas cerebrales de las diferentes frecuencias emitidas por Ricard durante el estado de reposo y cuando meditaba. Davidson le mostró esta información al Dalai Lama y una onda cerebral sobresalía entre las demás: las ondas gamma.

Los científicos creen que las ondas con esta frecuencia reflejan la activación y reclutamiento de recursos neurales y, generalmente, el esfuerzo mental. Asimismo la actividad neuronal que une circuitos cerebrales distantes entre sí, lo que de cierto modo es la conciencia. Estas ondas aparecen cuando el cerebro reúne las diferentes características sensoriales de un objeto, tal como su aspecto visual, táctil o auditivo, y otros atributos que hacen que el cerebro diga por ejemplo: "Ah, es un campo de lilas" o "Esos son unos chimpancés". Las ondas gamma también se desplazan por el cerebro cuando observamos un cubo cuyas líneas frontales se convierten en las posteriores cuando lo miramos, y hace que nuestra percepción cambie (la línea frontal de adelante pasa atrás).

Cuando Ricard meditó en la compasión, la señal gamma comenzó a aumentar y continuó haciéndolo. Esto es algo interesante pero poco sorprendente: la intensa actividad de ondas gamma puede ser un símbolo de la meditación sobre la compasión, salvo por dos aspectos. Cuando Ricard pasó del estado neutral al meditativo, el incremento en la actividad gamma fue mayor que lo observado hasta ese momento en los estamentos de la neurociencia. Adicionalmente, la señal gamma no disminuyó en los períodos de reposo.

Un mes después del encuentro de la Mente y la Vida del 2004, el prestigioso periódico científico *Proceedings of the National Academy of Sciences* publicó los resultados del informe sobre los efectos del entrenamiento mental en el cerebro de los siete budistas tibetanos, incluyendo a Ricard. Este fue el primer estudio científico sobre el estado meditativo de la compasión pura. "Creo que se puede decir que este periódico nunca antes había publicado un estudio como ese", dijo Davidson. A manera de controles, utilizaron a diez estudiantes que no acostumbraban meditar y que recibieron un curso intensivo y una semana de práctica de meditación sobre la compasión. "Lo que se puede observar es que algunos de los controles, solo después de un entrenamiento muy breve en la meditación, mostraron un incremento leve pero significativo en las señales gamma", le explicó al Dalai Lama. Los monjes comenzaron a meditar, y todos los científicos vieron que la señal gamma comenzó a aumentar en las pantallas del laboratorio; lo hicieron de manera gradual mientras los monjes meditaban, e igual sucedió con Ricard. Generalmente, las señales gamma duran pocos centenares de milisegundos, pero en los monjes se prolongaron durante cinco minutos. "La mayoría de ellos mostró aumentos muy significativos y, en algunos casos extremos, que nunca antes se habían visto en los anales de la neurociencia", dijo Davidson.

El hecho de que las ondas gamma de los monjes registraran una duración inusitada era impactante, pues sugería que el poder del entrenamiento mental producía una exacerbación del cerebro asociada con la percepción, la solución de problemas y la conciencia. Pero más intrigante aún fueron las señales gamma de los cerebros de los monjes y de los controles cuando no estaban meditando. "Antes de la meditación, hay poca diferencia entre los practicantes y los sujetos de control; y los practicantes muestran señales gamma ligeramente más altas", dijo Davidson. "Pero ellos presentaron un gran aumento en esta señal cuando no estaban meditando". Es decir, que sus cerebros eran diferentes de las personas que no meditaban, incluso cuando no realizaban esta práctica. Esto fue un indicio de algo que Davidson y otros científicos habían estado buscando desde que fueron a las cavernas de los ascetas: la evidencia del efecto del entrenamiento mental sobre el cerebro, no en términos momentáneos, sino como un rasgo perdurable del cerebro.

"Es como la marca del estado meditativo", dijo Thupten Jinpa.

"Exactamente", comentó Davidson.

A Ricard no le sorprendió que su cerebro mostrara evidencias de un estado compasivo, incluso durante los períodos de descanso. "Una analogía es el amor puro que siente una madre por su hijo inocente", explicó. "Dejas que eso se intensifique en tu mente, de tal modo que la compasión es completamente dominante. En algún momento, la compasión no referenciada se transforma en un estado que puedes generar en tu mente y dominarla, sin distraerte con otros pensamientos. Te concentras en comprender que el sufrimiento puede presentarse en cualquier momento, y que la impermanencia siempre está ahí. Entonces la sensación de altruismo y compasión permanece aunque en ese momento no veas el sufrimiento, y piensas que los seres esclavizados y atrapados en emociones destructivas deben ser el objeto de tu compasión".

Aunque es posible que la diferencia entre los monjes y los novatos reflejara algo innato —que tal vez los monjes hubieran nacido con estos patrones cerebrales, y no que los hubieran desarrollado por medio del entrenamiento mental—, la información obtenida por Davidson mostró algo diferente: encontró una relación lineal al examinar si el número de años de práctica contemplativa de los monjes tibetanos indicaba la magnitud de sus señales gamma, las cuales eran más fuertes y prolongadas mientras más horas hubiera meditado un monje.

"No podemos descartar la posibilidad de que hubiera una diferencia preexistente en la función cerebral entre los monjes y los novatos", señaló él. "Pero el hecho de que los monjes que habían meditado más produjera los mayores cambios cerebrales nos permite saber a ciencia cierta que los cambios realmente fueron producidos por el entrenamiento mental".

Cuando Davidson terminó de grabar las ondas cerebrales, Ricard fue sometido a un examen diferente en la fMRI. Los electroencefalogramas registran con gran precisión las señales del cerebro, pero solo muestran de manera aproximada el lugar donde se presentan. En contraste, la fMRI muestra ese punto con precisión. Antoine Lutz, un colega de Davidson, le puso una manta a Ricard para que no sintiera frío; regresó al salón de control y revisó el sistema de comunicaciones, asegurándose de que Ricard lo escuchara con los audífonos, y que la voz del monje francés llegara hasta la sala de control. Le dijo a Ricard en qué momento meditar sobre la compasión, y cuándo pasar a un estado neutral. Cada uno de esos estados sería interrumpido ocasionalmente por el sonido de un grito que Ricard escucharía en sus audífonos. Mientras tanto, la fMRI registraba la actividad de su cerebro.

Davidson le mostró los resultados al Dalai Lama, y todos observaron atentamente las imágenes de fMRI proyectadas en las pantallas gigantes. Durante la fase de compasión pura, los cerebros de todos los sujetos mostraron actividad en regiones responsables de monitorear las emociones, la planeación de movimientos y las emociones positivas como la felicidad. Las regiones del "yo" y de lo "otro" disminuyeron su actividad, como si durante la meditación sobre la compasión, todos los sujetos hubieran abierto su mente y su corazón a los demás. Las zonas que se activan durante las emociones negativas como la infelicidad y la ansiedad, también, mostraron una menor actividad cuando los participantes meditaron en la compasión. Pero cuando lo hacían, sus cerebros presentaron una mayor actividad al escuchar el grito que cuando estaban en estado neutral, sugiriendo que si el cerebro tiene pensamientos de compasión y de amor, está más sintonizado con el sufrimiento de los demás. Hasta ahora, estos resultados confirman que generar un sentimiento de amor, amabilidad y compasión tiene equivalentes neurales en los cerebros de todas las personas que meditan, bien sean expertos o principiantes.

Las diferencias entre los practicantes y los novatos fueron más interesantes. En los primeros, hubo una activación mucho mayor en la ínsula derecha y en el núcleo caudado, zonas que estudios anteriores han relacionado con la empatía y el amor maternal. No solo esta zona mostró una mayor actividad en los monjes que en los principiantes, sino que dicha actividad fue más pronunciada en los monjes que había meditado un mayor número de horas. Las conexiones que iban desde las regiones frontales a los centros de la emoción en el cerebro, las cuales mostraron mucha actividad durante la meditación sobre la compasión, parecieron fortalecerse más mientras mayor fuera el número de años en la práctica de la meditación. Esto sugiere lo que Davidson había sospechado más de una década atrás: que el entrenamiento mental dirigido a la concentración y al pensamiento, puede alterar las conexiones entre el cerebro pensante y el cerebro emocional.

Los cerebros de los monjes mostraron una mayor actividad que los de los principiantes en el espacio cortical donde se encuentran la corteza anterior cingulada, la ínsula, la corteza somatosensorial y el cerebelo. Estas regiones no parecían tener mucho en común. Está claro que la corteza somatosensorial registra las sensaciones táctiles, mientras que la anterior cingulada está relacionada con funciones cognitivas como la toma de decisiones, y también con la empatía y la emoción. Sin embargo, toda la región se activó durante una circunstancia especial. "Generalmente se activa cuando sentimos dolor o vemos a alguien que lo siente, y durante las experiencias emotivas", explicó Davidson. "La activación de esta región fue mayor en los practicantes que en los principiantes, lo que respalda la idea de que nuestra experiencia del sufrimiento ajeno está mediada por las regiones del cerebro que procesan nuestra propia experiencia del dolor. La idea de 'sufrir con' alguien tiene sentido en términos neurológicos".

En un hallazgo sorprendente, cuando los monjes practicaron la meditación sobre la compasión, sus cerebros mostraron una mayor actividad en la región responsable de la planeación de los movimientos, como si sus cerebros sintieran la necesidad de ayudarles a quienes sufrían. "Este fue un descubrimiento novedoso e inesperado", le dijo Davidson al Dalai Lama. "No se presentó actividad física, pues estaban sentados. Una posible interpretación es que se puede reflejar la generación de una disposición para actuar ante el sufrimiento, lo cual le da mucho sentido a la frase 'movido por la compasión' ".

"Parece una disposición total a actuar y ayudar", coincidió Ricard. "Es un estado de benevolencia total, de disposición absoluta, donde no hay limitaciones. Uno no piensa, 'bien, me siento listo para ayudarle a una o a dos personas, pero lo que yo puedo hacer tiene un límite'. Lo que uno cultiva es un estado de compasión incondicional: 'Estaré completamente listo ahora y en el futuro'".

Cuando los monjes meditaron, una región del cerebro se destacó por su actividad: una zona localizada en la corteza prefrontal izquierda, sitio de la actividad asociada con la felicidad. Durante la generación de la compasión, la actividad en la corteza prefrontal izquierda fue mucho mayor que en la derecha (asociada con estados negativos como la infelicidad, así como con la vigilancia extrema) en un grado nunca visto. En contraste, los principiantes no mostraron diferencias entre la corteza prefrontal izquierda y la derecha.

Este estudio mostró que la compasión está mediada por las regiones cerebrales que generan el amor materno, la empatía y el deseo de ayudarles a los demás. Descubrir que la actividad en estas áreas era mucho mayor en los monjes, sugiere que "este estado positivo es una destreza que puede entrenarse", dijo Davidson. "Como el mayor entrenamiento en la meditación sobre la compasión produce una mayor activación de las áreas relacionadas con el amor y la empatía, esto sugiere que las emociones pueden transformarse con el entrenamiento mental". La ciencia ha sostenido desde hace mucho tiempo que la regulación y la respuesta emocional son capacidades estáticas que no cambian mucho cuando alcanzamos la edad adulta. Pero nuestros hallazgos indican con claridad que la meditación puede cambiar las funciones del cerebro de un modo perdurable".

Liberarse del sufrimiento

La disposición para responder y ayudar al sufrimiento ajeno pareció ser un factor importante en el sentido de la compasión que sintió Ricard durante su meditación. Davidson sentía curiosidad por saber si el budismo considera que la voluntad de actuar es un aspecto fundamental de la compasión.

A través de su intérprete, el Dalai Lama respondió que desde el punto de vista budista, "la compasión normalmente es conceptualizada como un estado mental que desea liberar del sufrimiento al objeto inmediato de dicha compasión. Existen diferentes grados de compasión. En ciertas instancias, la compasión permanece principalmente al nivel del deseo. Sin embargo, puede haber mayores niveles de compasión donde no solo se trata de un deseo, sino de la voluntad para hacer algo con respecto al sufrimiento. La literatura budista establece una diferenciación entre dichos niveles. Uno es llamado el deseo de aliviar el sufrimiento en el otro ser. También se hacen distinciones entre los diferentes tipos de compasión, dependiendo del estado mental. Aquí, entra en juego el papel de la inteligencia, o de lo que los budistas denominan sabiduría o perspicacia. Se puede tener un tipo de compasión en la cual el objetivo principal es el deseo de ayudar a un ser sensible a liberarse de su sufrimiento. También, un practicante puede utilizar una comprensión más profunda de la naturaleza de la existencia del ser sensible, como por ejemplo el reconocimiento de la impermanencia o de la insustancialidad del ser sensible, y sentir compasión por esa razón, aunque el sufrimiento no sea considerable. Y en el contexto budista, también hablamos de la Gran Compasión, que se extiende a todos los seres".

Alan Wallace comentó: "La Gran Compasión es realmente un tipo de compasión más profunda, una compasión indiferenciada hacia todos los seres. Pero no es solo que sea indiferenciada, pues también hay un fuerte sentido de 'yo quiero proteger'. Está involucrada de manera activa, asume la responsabilidad y la carga. No se limita solo al deseo de que 'todos los seres sensibles estén libres de sufrir', sino que asume una dimensión mucho más personal que se traduce como 'yo quiero ayudar'".

El entrenamiento budista para cultivar la Gran Compasión empieza con el reconocimiento de que primero necesitamos cultivar un sentido de la empatía con los seres sensibles. "Mientras más capaces seamos de extender esa empatía a un grupo mayor, más grande será nuestra capacidad de cultivar la compasión hacia esos seres", explicó Jinpa. Cuando uno ha cultivado la empatía, la Gran Compasión requiere de una capacidad para reconocer el sufrimiento, de tal manera que uno pueda identificarlo cuando se invocan la empatía y la compasión. Entonces, uno cultiva "una perspicacia más profunda en la naturaleza del sufrimiento, y también la conciencia de poder liberarse de él", añadió. "Porque si uno sabe que existe dicha posibilidad, entonces la compasión por el ser que sufre será mucho mayor, y sabes que puede liberarse de esta situación. Si no tenemos la capacidad para solidarizarnos ni reconocer la naturaleza del sufrimiento, la compasión puede quedarse en una simple intención, lo cual no tendría mucho efecto".

El Dalai Lama habló de un pensador budista del siglo VII, quien sostenía que por más que entrene un deportista, y por más grande que pueda ser, siempre habrá un potencial finito más allá del cual no podrá pasar. "En contraste", dijo, "cualidades como la compasión, el amor y la bondad tienen en principio el potencial de desarrollarse de manera considerable".

"Esto puede indicar que en ciertos ámbitos hay una neuroplasticidad ilimitada", dijo Davidson.

"Sí", afirmó enfáticamente el Dalai Lama.

"La psicología occidental no dice cómo cultivar la compasión", señala Davidson. "Simplemente la considera un eslogan, es decir, como un valor admirable. Pero esta cosa amorfa llamada el cultivo de la compasión realmente puede producir cambios sustanciales en el cerebro".

El poder que tiene la neuroplasticidad para transformar el cerebro emocional abre nuevas posibilidades. No estamos condenados a tener el cerebro con el que nacimos, sino que tenemos la capacidad de decidir de manera voluntaria cuáles funciones incentivar, y cuáles disminuir, qué capacidades morales activar o no, cuáles emociones estimular y cuáles no. En este sentido, la investigación de Davidson respalda la idea sostenida por los monjes budistas a través del tiempo. Para este científico, el entrenamiento mental propio de la práctica de la meditación puede modificar a largo plazo el cerebro y, por lo tanto, la mente, al fortalecer las conexiones que van desde los lóbulos prefrontales hasta la amígdala (responsable de generar el miedo y la ansiedad), y al transferir la actividad de la corteza prefrontal del lado derecho (responsable de las emociones negativas) al izquierdo (responsable de las emociones positivas). Las conexiones entre las neuronas pueden modificarse físicamente por medio del entrenamiento mental, así como puede hacerse con los bíceps mediante el entrenamiento físico. Aunque la atención sostenida puede despertar la actividad en zonas de la corteza motora que controlan el movimiento de los dedos en pianistas virtuales, también puede suspender la actividad en las regiones responsables de las emociones negativas y, al mismo tiempo, generar actividad en las dedicadas a las emociones positivas. Aunque la investigación sobre el poder del entrenamiento mental para cambiar el cerebro apenas comienza, los resultados obtenidos hasta ahora respaldan la idea de que la meditación produce cambios perdurables. "Una mente o un cerebro entrenados son físicamente diferentes a los que no han recibido entrenamiento", señala Davidson.

El poder del entrenamiento mental tuvo eco entre los expertos budistas que escuchaban a Davidson. "Creo que la razón por la que enfatizamos en el entrenamiento mental es comprender que las condiciones exteriores son factores importantes para nuestro bienestar o sufrimiento. Pero en última instancia, la mente puede superar eso", dijo Matthieu Ricard. "Podemos conservar la fortaleza interna y el bienestar en situaciones muy difíciles, o sentirnos completamente miserables cuando todo parece ser perfecto. Si sabemos esto, ¿cuáles son las condiciones internas para el bienestar y para el sufrimiento? En eso consiste el entrenamiento mental: en tratar de encontrar antídotos al sufrimiento y a los estados mentales aflictivos que nos permiten controlar el surgimiento del odio, por ejemplo, y eliminarlo antes de que genere una reacción en cadena. El entrenamiento mental cambia de manera gradual el estado inicial; esta es la empresa más fascinante que podamos concebir: el entrenamiento mental está en proceso de transformarnos en mejores seres humanos para nuestro beneficio y el de los demás".

La filosofía budista enseña que la felicidad de una persona es efímera, y que es posible incrementar la capacidad de compasión y de felicidad a través de la meditación, y eliminar emociones tan negativas como los celos, el odio, la rabia, la codicia y la envidia. Como ha escrito el Dalai Lama, existe un "arte de la felicidad". Él les dice a sus amigos que cuando era niño, sentía tanta rabia como cualquier otro, y a veces se comportaba como un "matón". Pero después de meditar durante más de sesenta años, dice que estas emociones han desaparecido. No es que él haya suprimido el odio, pues nunca lo ha sentido. La ciencia de la neuroplasticidad rechaza la noción de que las tendencias mentales que conducen al sufrimiento humano estén determinadas en nuestros cerebros. También promete una explicación fisiológica coherente para la forma como puede darse la experiencia personal del Dalai Lama: las funciones del cerebro encargadas de las emociones negativas desaparecen, y las responsables de la compasión y la felicidad se fortalecen. La plasticidad de los circuitos cerebrales de la emoción son el medio por el cual el entrenamiento mental puede producir cambios físicos perdurables en el cerebro y, por lo tanto, en el estado emocional y mental de las personas.

"Creo que el budismo tiene algo que enseñarnos a los científicos sobre las posibilidades de la transformación humana, y que puede darnos una serie de métodos y un mapa para poder alcanzar esto", dice Davidson. "No podremos tener una idea de la plasticidad que tiene el cerebro humano hasta que veamos lo que puede lograr un entrenamiento mental intenso, y no una sesión de meditación ocasional. En la cultura occidental, consideramos que podemos cambiar nuestro estado mental con una sesión semanal de cuarenta y cinco minutos, pero esto es algo absurdo, pues los deportistas y músicos entrenan muchas horas al día. Como neurocientífico, me inclino a pensar que practicar la meditación sobre la compasión durante una hora diaria puede cambiar el cerebro de formas importantes. Negar esto sin comprobarlo es simplemente una mala práctica científica.

"Creo que la neuroplasticidad reestructurará la psicología en los años venideros", continuó. "Gran parte de la psicología ha aceptado la idea de que el cerebro tiene una programación inflexible que determina la conducta, la personalidad y los estados emocionales. Esa visión ha sido derribada por los descubrimientos de la neuroplasticidad, ciencia que será el contrapeso a la visión determinista (es decir, que los genes predominan sobre la conducta). El mensaje que he recibido a través de mi propio trabajo es que tenemos opciones en nuestra manera de reaccionar, que dependemos de nuestras elecciones y que, por lo tanto, es mi responsabilidad determinar quién sea yo".

Capítulo 10

¿Y ahora qué?

En el primer capítulo, prometí demostrar que los científicos habían aceptado el reto establecido por el gran neuroanatomista español Santiago Ramón y Cajal. Él había descrito que el cerebro humano era "determinado" e "inmutable", pero también escribió: "De ser posible, la ciencia del futuro debe cambiar este decreto severo. Inspirado con ideales nobles, debe trabajar para impedir o moderar el decaimiento gradual de las neuronas, y superar la rigidez casi inevitable de sus conexiones".

Ese futuro ya ha llegado; somos los beneficiarios de una revolución en la comprensión del cerebro y del potencial humano.

Al discutir las diversas circunstancias en las que el cerebro adulto muestra neuroplasticidad, espero no haber dado la impresión de que esta característica es una propiedad ocasional del cerebro que se activa en respuesta a un trauma como un derrame, ceguera o amputación, o a exigencias extraordinarias como las requeridas para dominar un instrumento musical o emprender un riguroso entrenamiento mental. Esas son circunstancias en las que la neuroplasticidad se manifiesta y muestra lo que puede hacer, pero también son las únicas que han observado los neurocientíficos. La búsqueda de otras demandas en el cerebro que exijan el poder de la neuroplasticidad apenas está comenzando. Gracias a lo que han observado hasta ahora, los investigadores están convencidos de que la neuroplasticidad es el estado normal del cerebro desde la infancia hasta la vejez. En respuesta a las señales del mundo exterior transmitidas por los sentidos, y a los pensamientos y movimientos activados por estas, el cerebro "experimenta cambios continuos", concluyeron Álvaro Pascual-Leone y sus colegas en el 2005. "La conducta produce cambios en el cerebro, así como este produce modificaciones en la conducta". O como lo dijo Mark Hallet, su antiguo mentor: "Hemos aprendido que la neuroplasticidad no solo es posible sino que constantemente está en acción. Esta es la forma de adaptarnos a las condiciones cambiantes, de aprender cosas nuevas y desarrollar otras habilidades... por lo tanto, debemos entender la neuroplasticidad y saber cómo controlarla".

Esto es cierto por muchas razones, pero una de las más importantes es que la neuroplasticidad también tiene un lado oscuro.

La neuroplasticidad distorsionada

El hecho de que el cerebro sea tan maleable a los estímulos que recibe y a las experiencias significa que si son inapropiados y las experiencias son nocivas, pueden moldearlo de una forma indeseable. Los ejemplos más inmediatos son el resultado de una alteración sensorial inapropiada, y ya he mencionado una de ellas: en algunos casos de trastorno específico del lenguaje o dislexia, los problemas auditivos pueden hacer que los sonidos lleguen trastocados al cerebro. En consecuencia, el cerebro no puede distinguir entre fonemas como *d* y *b*. Cuando Mike Merzenich y Paula Tallal observaron que en este caso el cerebro es incapaz de procesar y distinguir entre los diferentes fonemas, desarrollaron un producto auditivo conocido como Fast ForWord, el cual recurre al poder de la neuroplasticidad y altera los circuitos auditivos, mejorando así la capacidad de lectura. Sin embargo, es indudable que si el cerebro estuviera programado para los sonidos del lenguaje, en lugar de ser moldeado por los sonidos provenientes de los oídos (bien sean claros o confusos), no se presentaría este problema.

Otra condición que se presenta cuando el cerebro recibe información sensorial deficiente es la distonía focal. Generalmente está exenta de dolor y afecta aproximadamente a 300 000 norteamericanos. Tiende a afectar a pianistas, flautistas y a músicos de cuerdas, y se caracteriza por la incapacidad para controlar los dedos, especialmente el medio, el anular y el meñique. Por ejemplo, cuando una persona que padece esta condición intenta levantar el dedo medio para tocar una nota en el piano, el dedo anular también se levanta. (La distonía focal ha arruinado la carrera de pianistas famosos como Gary Graffman, Leon Fleisher y posiblemente Glenn Gould). Supuestamente, esto obedece a las numerosas horas de práctica a las que se someten todos los días desde una edad temprana. Si el cerebro es bombardeado constantemente con señales casi simultáneas de dos dedos diferentes y estas son rápidas, repetitivas y ocurren en un contexto de aprendizaje —es decir, cuando la persona está muy concentrada en los movimientos, tal como lo hacen los músicos cuando practican—, el cerebro tiene la idea de que las señales llegan del mismo dedo, y decide por lo tanto que solo necesita un grupo de neuronas para ambos, en lugar de destinar zonas separadas para cada dígito. El resultado es que la corteza somatosensorial pierde la capacidad de diferenciar entre los estímulos recibidos de los diferentes dedos.

El equipo de Merzenich mostró que esta fusión de las "zonas de representación" de los dedos adyacentes puede presentarse cuando se estimulan tres dedos de la mano de un mono simultáneamente. Después de centenares de repeticiones, el cerebro del mono recibió el mensaje y, en consecuencia, su cerebro ya no destinó una pequeña parte de la corteza somatosensorial para cada uno de los dedos. Al contrario, su representación se fusionó, y una sola región respondió al tacto de varios dedos. El cerebro procesó la información proveniente de varios dedos como si fueran una unidad, y no pudo controlarlos de manera independiente. Así como en el caso de las señales auditivas deficientes, la neuroplasticidad hizo que el cerebro fuera vulnerable a ciertas discapacidades.

Como las señales sensoriales repetitivas y simultáneas de varios dedos le enseñan al cerebro que diferentes dedos son una sola unidad, causando distonía focal, el tratamiento de esta condición exige enseñarle al cerebro que los dedos actúan individualmente. Los primeros hallazgos sugieren que si los pacientes realizan ejercicios que estimulen por separado a cada uno de los dedos afectados, y los mueven individualmente (al restringir el dedo que se mueve en compañía de otro), pueden dedicar grupos separados de neuronas para cada uno. De hecho, en una variación de la terapia de movimientos inducidos que desarrolló Edward Taub para el tratamiento del derrame, la terapia para la distonía focal impide el movimiento de uno o más dedos que no son distónicos. La persona hace ejercicios de piano con dos o tres dedos durante unas dos horas diarias por espacio de ocho días, y luego hace ejercicios en casa. En resumen, el cerebro es restringido, y aprende por ejemplo que el dedo anular realmente es una entidad separada que merece su propio espacio cortical.

El ruido en los oídos (o Tinnitus) también puede reflejar la distorsión de la neuroplasticidad. Aunque no todos los casos de ruido en los oídos tienen la misma causa, en algunas personas el problema se presenta cuando la representación de un tono particular en el cerebro se ha apoderado del espacio cortical adyacente, de la misma forma en que la representación de los dedos de un violinista se apodera del espacio que anteriormente estuvo destinado a la mano con la que sostiene el arco. El ruido en los oídos es particularmente difícil de tratar, pero si la reorganización cortical es la responsable del problema en algunos casos, es posible entonces alterar las señales auditivas para reducir la cantidad de espacio que la corteza destine a la "frecuencia del ruido", y reducir así los síntomas.

Así como la neuroplasticidad tiene una desventaja, seguramente los investigadores descubrirán que esta también tiene límites, que hay condiciones cerebrales que no se modifican con la intervención, pues no reaccionan siquiera ante el entrenamiento mental más intenso, ya que son completamente inmunes a cualquier factor que pretenda modificarlas. Sin embargo, la ciencia ya ha superado la limitación más obvia; concretamente, el mito de que el cerebro adulto es incapaz de producir neuronas nuevas e incorporarlas a su sistema. Y también hay indicios de que la neuroplasticidad puede ser la clave para contrarrestar el hecho de que la función cognitiva disminuya durante la vejez.

Retrasando el reloj

A lo largo de este libro, me he circunscrito a los resultados científicos que no solo están bien respaldados por estudios con animales, sino que también he abordado la estructura y el funcionamiento del cerebro. Sin embargo, el panorama de la neuroplasticidad estará incompleto si no sabemos hacia dónde se dirige y cuál puede ser su potencial, pues el poder de la neuroplasticidad permite marcar una diferencia en nuestro cerebro y en nuestras vidas, aunque no seamos músicos, no hayamos sufrido un derrame, no seamos disléxicos, ciegos o sordos, o no padezcamos desorden obsesivo-compulsivo ni depresión.

Nadie ha promovido más la causa de la neuroplasticidad que Mike Merzenich. Él considera que condiciones neurológicas que van desde la esquizofrenia y la esclerosis múltiple hasta ligeros trastornos cognitivos, como la disminución "normal" de la memoria relacionada con la edad y otras funciones cognitivas, no solo reflejan cambios en el cerebro producto de su neuroplasticidad. Davidson también cree que esto puede tratarse con el mismo principio que utilizó para entender las causas de la dislexia y su tratamiento: descubrir los estímulos nocivos que produjeron cambios en el cerebro, determinar cuáles son estos cambios, encontrar estímulos correctivos que modifiquen el cerebro y tratar esa condición. Davidson está convencido de que si la neuroplasticidad hace que el cerebro sea vulnerable a discapacidades, entonces también puede ser empleada para curarlas.

En la primera década del nuevo milenio, Davidson comenzó a desarrollar la intervención, basada en la neuroplasticidad, en la disminución cognitiva normal relacionada con la edad. Las raíces fisiológicas de este declive se han entendido mejor en años recientes, e incluyen un estímulo sensorial más débil y menos preciso: los adultos mayores no ven, escuchan, sienten, degustan o huelen con la misma eficacia de los adolescentes. Adicionalmente, el cerebro no se acostumbra ni es tan exigido como antes; las personas dejan de hacer ciertas actividades o realizan solo aquellas en las que son diestras (y que disfrutan), y el resultado es que el cerebro participa en menos actividades de aprendizaje. Finalmente, tanto el metabolismo neuronal como el metabolismo de los sistemas de control neuromodulatorios se hacen más lentos. En el primer caso, el resultado es la producción y función trastornada de los neurotransmisores y receptores con los que una neurona se comunica con otra, que es la base física del pensamiento y de la capacidad de recordar. En el segundo, los sistemas en los cuales los bioquímicos son fundamentales para la atención, para detectar el momento en que nos enfrentamos a algo nuevo (pues la detección de la novedad genera el aprendizaje) y experimentar una sensación de recompensa (sin la cual las personas pierden la capacidad de disfrutar de algo, pues nada les produce placer), se debilitan.

Merzenich cree que es posible tratar estos cambios relacionados con la edad mediante un entrenamiento específico. Mejorar la fidelidad de las señales sensoriales, particularmente las de la escucha, es el campo en el que se han obtenido mayores logros. Con la edad, las células de la cóclea se deterioran y perdemos la capacidad de escuchar sonidos agudos. El problema no es que dejemos de oír el sonido de un silbato, sino que escuchamos los sonidos lingüísticos de una manera apagada y confusa. Las personas parecen murmurar o hablar muy rápido, y no podemos distinguir lo que dicen cuando hay otros ruidos de fondo. La tasa "señal-sonido" disminuye con la edad. "La representación cerebral del habla se hace más ruidosa y precaria, razón por la cual algunos ancianos tienen problemas para escuchar a las personas que hablan con un volumen bajo, o a los niños pequeños", dice Merzenich. "Si tenemos problemas para procesar el habla, es porque la información que llega a la memoria es defectuosa". De hecho, cuando unos adultos jóvenes escucharon cintas de grabación en las que se enumeraba una lista de palabras, pero el sonido era distorsionado de tal manera que las palabras parecían sonar del modo en que las escuchan los ancianos, su memoria verbal cayó al nivel propio de la tercera edad. Como dijo Merzenich, "deficiencias en el procesamiento sensorial como estas pueden causar trastornos profundos en la memoria y en la función cognitiva".

Pero el habla modificada puede retrasar las manecillas del reloj en los cerebros de los ancianos. En un estudio que Merzenich presentó a finales del 2005, él hizo que voluntarios que tenían entre 61 y 94 años se sometieran a un entrenamiento por computador de ocho semanas para mejorar la capacidad cerebral de discernir los sonidos del habla. Al igual que el programa Fast ForWord para el tratamiento de la dislexia, los participantes estuvieron atentos al cambio de un sonido (emitido por una vaca), escucharon y recordaron secuencias de fonemas y distinguieron si eran iguales o no, y otros ejercicios semejantes. Entrenamientos auditivos como este han mostrado mejorías en la corteza auditiva de niños disléxicos. Los cerebros de los ancianos también procesaron mejor el habla y la recordaron mejor. "La mayoría mejoró su condición neurocognitiva en diez o más años", dice Merzenich. "Ancianos de 88 años mostraron una capacidad de memoria propia de personas de 70 años. A través del entrenamiento, esperamos poder reducir en veinticinco años la edad neurocognitiva". Merzenich predice que algún día los descubrimientos de la neuroplasticidad generarán "una nueva cultura del bienestar cerebral" que refleje "la conciencia de que necesitamos ejercitar nuestro cerebro tanto como nuestro cuerpo".

También piensa que es posible estimular la producción de importantes químicos cerebrales como la acetilcolina, la dopamina y la norepinefrina. Tomemos el caso de la dopamina, la cual está asociada con la sensación de placer. Cuando los circuitos de la dopamina se deterioran, pueden presentarse problemas de adicción. Básicamente, los circuitos de la dopamina de un adicto se acostumbran tanto a los placeres del alcohol, las compras y otras adicciones, que cada vez necesita una mayor cantidad para obtener el mismo placer. Es frecuente observar que muchos adultos no sienten tanto placer con la vida como anteriormente. Es natural que varios de ellos tengan buenas razones para no hacerlo, debido a factores como problemas de salud, soledad, la muerte del cónyuge y los pensamientos sobre la muerte. Pero lo cierto es que un sistema de dopamina con problemas también puede contribuir a este malestar.

Por esta razón, Merzenich y sus colegas han incluido pequeñas recompensas y diversiones en los programas de entrenamiento mental que han desarrollado para el declive cognitivo relacionado con la edad. Los participantes obtienen "chispazos de felicidad", un aspecto que Merzenich considera que les activa el sistema de la dopamina. Obtener placer en lo que uno hace es esencial para seguir haciéndolo, bien sea que se trate de ejercicio físico, de bailar, de aprender una segunda lengua, o cualquier otra actividad que demande mucha atención y que contribuya a preservar las facultades mentales.

La acetilcolina es un neurotransmisor encargado de los circuitos de la atención, y al igual que el sistema de la dopamina, se vuelve flácido cuando se ejercita menos. Muchas veces suponemos que la razón por la cual los ancianos tienen problemas para prestar atención o mantener la concentración es su desinterés en el mundo y su sensación de haberlo "visto todo". Al contrario, es probable que sus cerebros no estén recibiendo el ejercicio que necesitan, y muchas veces reciben consejos para estimular su cerebro con actividades como llenar crucigramas y leer. No obstante, las actividades que se hacen repetidamente exigen una menor atención que las nuevas, y el resultado es que la función de la atención cada vez se esfuerza menos, por lo cual el sistema de la acetilcolina puede presentar trastornos debido a su falta de estímulos.

El resultado de la incapacidad para prestar atención —frecuente en muchos ancianos—, se traduce en una dificultad para recordar experiencias e informaciones nuevas. Y debido a la importancia que tiene la atención en la neuroplasticidad, un cerebro que no pueda cumplir esta función no recibirá los beneficios de la neuroplasticidad.

Debido a esto, en términos científicos tiene mucho más sentido asumir nuevos desafíos —como por ejemplo, bailar o viajar a sitios desconocidos—, que realizar actividades en las que somos diestros, si queremos mantener nuestro cerebro en forma. Como lo manifiestan Merzenich y sus colegas, diversos estudios con animales han mostrado que en "condiciones ambientales óptimas, casi todos los aspectos físicos del cerebro pueden recobrarse de pérdidas relacionadas con la edad". Pueden nacer nuevas neuronas, pues la neuroplasticidad lo hace posible.

La ciencia por encima de la línea

La pregunta de si el cerebro puede cambiar, y de si la mente tiene el poder de modificarlo, es una de las más interesantes de nuestra época. Dicho poder supone un cambio rotundo en la biomedicina, la neurociencia y la psicología.

Si medimos la salud mental en una escala que comienza en cero puntos, donde los valores muy negativos están por debajo del cero, (enfermedad mental), y los positivos por encima, la ausencia de enfermedad mental equivale a cero puntos. La ciencia siempre se ha concentrado en el nivel cero y en otros inferiores, es decir, en aquellos casos y condiciones patológicas, perturbadoras, o en el mejor de los casos "normales". En consecuencia, los investigadores han logrado un verdadero récord cuando se trata de estudiar todas las formas en que la mente y el cerebro se pueden perturbar. El *Manual diagnóstico y estadístico de los desórdenes mentales*, verdadera biblia de las enfermedades mentales, cataloga en sus 943 páginas desde el autismo a la esquizofrenia, la depresión, el masoquismo y los "desórdenes alimenticios de los bebés". No es de extrañarse que haya tantos trastornos; en los últimos 30 años, se han publicado cerca de 46 000 artículos científicos sobre la depresión y solo 400 acerca de la felicidad. Cuando el investigador y psicólogo Martin Seligman fue nombrado como presidente de la Asociación Psicológica Americana, advirtió sobre la perspectiva unilateral que tenía esta disciplina, e invitó a los investigadores a realizar investigaciones sobre estados psicológicos positivos (felicidad y satisfacción, curiosidad y deseo, participación y compasión). Seligman se lamentó de que la "ciencia social se encuentra en una oscuridad casi total con respecto a las cualidades que hacen que la vida valga la pena de ser vivida".

Pero también existe un efecto más práctico; casi todas las ciencias biomédicas se concentran en que las personas lleguen solo al nivel cero, y consideran que es suficiente con que no presente enfermedades. Como dice el académico budista Alan Wallace, "los científicos occidentales suponen que lo normal es a lo máximo que podemos llegar, y que lo excepcional es solo para los santos y no puede cultivarse. En Occidente moderno, nos hemos acostumbrado a la suposición de que la mente 'normal', en el sentido de estar libre de una enfermedad mental clínica, es algo saludable. Pero una 'mente normal' está sujeta a muchos tipos de malestar mental, incluyendo la ansiedad, la frustración, la inquietud, el aburrimiento y el resentimiento". Todo esto es considerado normal, y una parte de las vicisitudes de la vida. Decimos que la infelicidad es un aspecto habitual de la vida y que "es normal" sentir frustración cuando las cosas salen mal; que "es normal" sentirnos aburridos cuando la mente se siente vacía y no hay nada que nos llame la atención. Se supone que la mente es saludable mientras que el malestar no sea crónico o discapacitante. "Hay muchas personas que están enfermas, pero se considera que eso es normal", señaló Matthieu Ricard. "En este caso, 'estar enfermas' significa tener una mezcla de emociones positivas y destructivas. Y como es algo tan común, creemos que esto es natural y normal. Lo aceptamos y decimos, 'así es la vida, así son las cosas, siempre hay una mezcla de sombra y luces, de cualidades y defectos. Esa es la normalidad' ".

Recurrir a los poderes de la neuroplasticidad del cerebro ofrece la esperanza de cambiar nuestra comprensión de la salud mental. La creciente evidencia sobre la capacidad del cerebro para cambiar su estructura y funciones en respuesta a ciertos estímulos, combinada con los descubrimientos como los de Davidson sobre el poder del entrenamiento mental para cambiar el cerebro a través de la neuro-plasticidad, sugieren que la humanidad no tiene que conformarse con esta noción distorsionada de la normalidad, ni con el nivel cero de salud mental y emocional. "La terapia conductista cognitiva consiste básicamente en hacer que las personas sean normales, y no en generar estados excepcionales de compasión o virtud", continuó Wallace. "El budismo tiene por objeto curar las aflicciones de la mente. La práctica contemplativa —el entrenamiento mental— tiene como fin generar estados excepcionales de atención, compasión, empatía y paciencia".

Mientras los científicos examinan el poder de la meditación y de otras técnicas para modificar el cerebro y permitir que funcione lo mejor posible, nosotros nos conformamos con la ciencia que está "arriba de la línea", la cual estudia a unos individuos cuyos poderes de atención son muy superiores a los normales, y cuyos niveles de compasión opacan a los de la mayoría de las personas. Estos individuos han establecido sus parámetros de felicidad en un nivel que la mayoría de las personas solo alcanza fugazmente antes de caer a un nivel que está por encima de la depresión pero muy lejos de lo que puede ser posible. Y lo que aprendamos de esos individuos puede darnos la clave para que todas las personas —o por lo menos las que decidan realizar el entrenamiento mental necesario— alcancen ese nivel. La neuroplasticidad nos suministrará la clave para un funcionamiento mental y emocional positivo. Los efectos del entrenamiento mental, tal como se mostró en los cerebros de los monjes budistas que meditaban, sugieren lo que podemos lograr los humanos.

Ética secular

En sus conferencias alrededor del mundo, el Dalai Lama ha sostenido que la humanidad necesita una nueva base para una ética moderna que apele a los miles de millones de seres humanos, y que fomente valores básicos como la responsabilidad personal, el altruismo y la compasión. Sin embargo, una persona versada en asuntos científicos, o que simplemente lea artículos de este tipo en los periódicos, podría reaccionar con escepticismo a ese mensaje, pues la ciencia moderna parece ofrecer una visión radicalmente diferente de la responsabilidad humana.

Los críticos denominan a esta visión como el determinismo neurogenético. Esta escuela —iniciada a comienzos de los años noventa e impulsada por la mística de la genética moderna— le confiere un poder causal inescapable a los genes que heredamos de nuestros padres. Durante esa década, prácticamente cada vez se anunciaba el descubrimiento de otro gen responsable de algún tipo de conducta o enfermedad mental; de asuntos tan diversos como correr riesgos, pérdida del apetito, violencia o neurosis, así como descubrimientos que relacionaban la deficiencia de algún transmisor con la depresión, y a los desequilibrios de otro con ciertas adicciones. Todas las conexiones que los neurocientíficos habían establecido entre un gen y una conducta supusieron otro golpe eficaz a la voluntad. Los descubrimientos hacían parecer que los humanos éramos autómatas esclavos de nuestros genes o neurotransmisores, y que teníamos un libre albedrío tan pobre como el juguete a control remoto que manipula un niño. "Se le atribuyó una responsabilidad total a los genes y a los neurotransmisores. Invocar "la pérdida de la voluntad" para justificar el comer en exceso, alguna adicción, o la ira, empezó aparecer tan obsoleto e inadecuado como aplicarle sanguijuelas a un paciente.

"El neurodeterminismo genético sostiene que hay una relación causal directa entre los genes y la conducta", explica el neurobiólogo Steven Rose de la Universidad Open. "Si una mujer está deprimida, es porque tiene genes 'para' la depresión. Hay violencia en las calles porque las personas tienen genes 'violentos' o 'criminales'; hay borrachos porque tienen genes 'para' el alcoholismo".

La validez de esta visión es más que un argumento esotérico al interior de la academia. Si la fuente de nuestra felicidad y de nuestro desespero, de nuestra compasión y crueldad yacen en los caprichos de nuestro ADN, entonces, "debemos recurrir a la farmacología y a la ingeniería molecular para buscar soluciones", concluye Rose. Y si la voluntad es una ilusión, ¿cuál es la base entonces de la responsabilidad personal? Si realmente somos esclavos de nuestros transmisores y de nuestros circuitos neurales implantados por nuestros genes durante la infancia, entonces el concepto de responsabilidad personal se vuelve difuso.

Espero que este libro haya mostrado que esa suposición realmente carece de fundamentos, pues cada paso en esa cadena causal está muy alejado de ser determinista. Debido a la neuroplasticidad y al poder de la mente y del entrenamiento mental para producir cambios en la estructura y funcionamiento de nuestro cerebro, el libre albedrío y la responsabilidad moral cobran relevancia en un sentido que no había tenido en mucho tiempo en la ciencia occidental. Los genes trasmitidos por los ratones estudiados por Michael Meaney fueron alterados por la conducta de la madre que los crió, y las crías desarrollaron un conjunto de conductas y "personalidades" completamente diferentes. La teoría que decía que los genes supuestamente determinaban rasgos inherentes como la timidez y la introversión quedó desvirtuada. La corteza visual de los niños ciegos estudiados por Helen Neville no ve, pero en cambio escucha; con esto se demostró que los genes no son la base de la estructura y del funcionamiento del cerebro. Algo tan simple como recordar que una persona nos cuidó y nos amó es suficiente para activar un circuito que supuestamente es responsable de la memoria y la emoción, de tal modo que las personas estudiadas por Phillip Shaver no solo sienten compasión, sino que hacen algo para ayudarle a un ser que sufre. La neuroplasticidad y la capacidad del cerebro para cambiar como producto del entrenamiento mental se interponen entre los genes y la conducta como un héroe que detiene a una locomotora. Si el cerebro puede cambiar, entonces los genes responsables de cualquier conducta son mucho menos determinantes. La capacidad de pensamiento y de atención para alterar físicamente el cerebro está en sintonía con una de las hipótesis más destacadas del budismo: que la voluntad es una fuerza física y real que puede modificar al cerebro. Quizá una de las implicaciones más interesantes de la neuroplasticidad y del poder del entrenamiento mental para alterar los circuitos del cerebro es que desvirtúan el determinismo neurogenético.

La comprensión budista de la voluntad es muy diferente a la noción de que los humanos estamos supeditados a los genes o a nuestros circuitos neurales. En la filosofía budista, la voluntad del individuo no está determinada por algo presente en el mundo material y físico, incluyendo el estado de los neurotransmisores o genes (y no es que el budismo tradicional supiera de la existencia de los químicos cerebrales o del ADN). Al contrario, la voluntad nace de cualidades tan inefables como el estado mental y la calidad de la atención de un individuo. La última de las Cuatro Verdades Nobles del budismo también invoca el poder de la mente, sosteniendo que el sufrimiento está presente en la vida, que este se deriva de los deseos y ansiedades, y que existe otro camino para evitar el sufrimiento: por medio de entrenamiento mental y, concretamente, de la práctica constante de la meditación.

El acto consciente de considerar nuestros pensamientos de un modo diferente cambia los mismos circuitos cerebrales responsables de esos pensamientos, tal como lo han mostrado estudios sobre cómo la psicoterapia altera el cerebro de personas con depresión. Estos cambios cerebrales inducidos de manera voluntaria requieren un propósito, un entrenamiento y un esfuerzo, pero un creciente número de estudios que utiliza imágenes cerebrales muestra lo reales que pueden ser esos cambios que se producen en el interior. Si los descubrimientos de la neuroplasticidad aplicada y autodirigida llegan a nuestras clínicas, escuelas y hogares, la capacidad de cambiar voluntariamente el cerebro se convertirá en una parte central de nuestras vidas y de nuestra comprensión de lo que significa ser humanos.

Información sobre el Instituto para la Mente y la Vida

R. Adam Engle

Los Diálogos sobre la Mente y la Vida entre Su Santidad el Dalai Lama y los científicos occidentales fueron posibles gracias a la colaboración entre R. Adam Engle, un hombre de negocios norteamericano, y Francisco J. Varela, un neurocientífico chileno que vivió y trabajó en París. Cuando aún no se conocían, adelantaron la iniciativa individual de crear una serie de encuentros transculturales en los que Su Santidad y los científicos occidentales hablaran durante varios días.

En 1983, Engle, practicante budista desde 1974, supo del marcado y antiguo interés del Dalai Lama en la ciencia y de su deseo de profundizar su conocimiento de la ciencia occidental, así como compartir sus conocimientos sobre la ciencia contemplativa oriental con los científicos occidentales. Varela, quien también era un budista practicante desde 1974, había conocido a Su Santidad en un encuentro internacional de 1983, tras dar una conferencia en el Simposio Alpbach sobre la

Conciencia, donde sintieron una empatía inmediata. Su Santidad estaba muy interesado en la ciencia y recibió con agrado la oportunidad de hablar con un científico que estaba familiarizado con el budismo tibetano.

En otoño de 1984, Engle se reunió en compañía de Michael Sautman con Tendzin Choegyal (Ngari Rinpoche), el hermano menor del Dalai Lama, y le presentó el plan que tenían para crear un encuentro científico transcultural de una semana de duración, siempre y cuando Su Santidad participara activamente en el encuentro. Rinpoche ofreció transmitirle el mensaje al Dalai Lama y, pocos días después, les informó que a Su Santidad le encantaría participar en discusiones con científicos, y autorizó a Engle y a Sautman para organizar el encuentro.

Mientras tanto, Varela había pensado en diferentes posibilidades para continuar su diálogo científico con Su Santidad. En la primavera de 1985, Joan Halifax, un amigo cercano y director de la Fundación Ojai, había escuchado los esfuerzos realizados por Engle y Sautman para organizar un encuentro entre el budismo y la ciencia, y les sugirió que trabajaran con Varela y él. Los cuatro se reunieron en la Fundación Ojai en octubre de 1985 y decidieron trabajar de manera conjunta, y concentrarse en disciplinas científicas que estudiaran la mente y la vida para establecer una relación fructífera entre la ciencia y la tradición budista. Este se convirtió en el nombre del primer encuentro, y eventualmente del Instituto para la Mente y la Vida.

Engle, Sautman, Varela y la oficina de Su Santidad tuvieron que trabajar más de dos años antes de que el primer encuentro se realizara en octubre de 1987 en Dharamsala. En esa ocasión, Engle y Varela trabajaron para darle una estructura ágil al encuentro. Alan asumió labores como coordinador general, con la responsabilidad de conseguir fondos, encargarse de las relaciones con Su Santidad y la oficina de este y de todos los demás aspectos del proyecto, mientras que Francisco Varela actuó como coordinador científico y asumió la responsabilidad por el contenido científico, las invitaciones a los científicos, y la edición de un libro en torno al encuentro.

Esta división de responsabilidades funcionó tan bien que se ha mantenido en los encuentros subsiguientes. Cuando el Instituto para la Mente y la Vida fue establecido de manera formal en 1990, Adam asumió como presidente y ha sido el coordinador general de todos los encuentros, y aunque Francisco no ha sido el coordinador científico de todos, pues falleció en el 2001, ha sido un guía y el socio más cercano de Engle en el Instituto y en las series sobre la Mente y la Vida.

Los puentes que pueden enriquecer mutuamente la ciencia moderna y particularmente a las neurociencias son difíciles de establecer. Francisco lo supo muy bien cuando ayudó a establecer un programa científico en el Instituto Naropa (actualmente la Universidad Naropa), una institución que ofrece Estudios Liberales, creada por Chöyam Trungpa Rinpoche, un maestro de la meditación tibetana. En 1979, Naropa recibió una beca de la Fundación Sloan para organizar lo que probablemente fue la primera conferencia sobre Estrategias Comparativas para la Cognición: la occidental y la budista. Se reunieron unos 25 académicos de prestigiosas instituciones norteamericanas, pertenecientes a varias disciplinas como la filosofía, las ciencias cognitivas (las neurociencias, la psicología experimental, la lingüística, la inteligencia artificial) y, por supuesto, los estudios budistas. El encuentro supuso una difícil elección para Francisco sobre el cuidado y tacto que requiere la organización de diálogos interculturales.

De este modo, en 1987, gracias a la experiencia adquirida en Naropa y con el fin de evitar ciertos obstáculos que encontró en el pasado, Francisco propuso adoptar varios principios operativos que han hecho que la serie de encuentros sobre la Mente y la Vida hayan funcionado extremadamente bien y tenido un éxito extraordinario. Quizá lo más importante fue decidir que los científicos no fueran elegidos solo por su reputación, sino por su competencia en sus respectivos campos y su apertura mental. Era aconsejable que tuvieran algún tipo de familiaridad con el budismo, aunque no era esencial, siempre y cuando hubiera un respeto por la ciencia contemplativa oriental.

A continuación, el currículo fue adaptado, pues las conversaciones con el Dalai Lama permitieron saber el trasfondo científico necesario para que Su Santidad participara activamente en los diálogos, y fueron estructurados con presentaciones realizadas por científicos occidentales en las sesiones matinales para garantizar que los encuentros tuvieran un carácter netamente participativo. De esta forma, Su Santidad podría recibir información básica sobre un campo del conocimiento. La presentación de la mañana estuvo basada en un punto de vista científico que era amplio y tradicional. La sesión de la tarde se destinó exclusivamente a la discusión en torno a la presentación de la mañana. Durante la discusión, el expositor matinal podía enunciar sus preferencias y juicios, si es que diferían de los puntos de vista generalmente aceptados.

El aspecto de las traducciones entre el tibetano y el inglés en un encuentro científico suponían un gran desafío, pues era literalmente imposible encontrar un tibetano que fuera versado en inglés y en las ciencias. Este desafío fue superado al elegir a dos maravillosos intérpretes, uno tibetano y otro occidental, que tenían conocimientos científicos. Esto permitió una aclaración rápida de los términos, lo cual es una parte absolutamente esencial para superar los malentendidos que pueden presentarse entre dos tradiciones completamente diferentes. Thupten Jinpa, un monje tibetano que estudiaba para obtener su grado de *geshe* en el monasterio Ganden Shartse, y que actualmente tiene un Ph.D. en filosofía de la Universidad de Cambridge, y Alan Wallace, un antiguo monje tibetano con una licenciatura en física de la Universidad de Amherst y un Ph.D. en estudios religiosos de la Universidad de Stanford, han servido como intérpretes desde el primer encuentro. El doctor Wallace no pudo asistir al quinto encuentro y fue reemplazado por el doctor José Cabezón.

Otro principio que ha garantizado el éxito de esta serie de encuentros es que fueron exclusivamente privados hasta el 2003; no asistían medios, y se permitían muy pocos invitados. El Instituto para la Mente y la Vida graba los encuentros en video y audio para propósitos de archivo y de transcripción, pero las sesiones tienen un carácter muy privado.

El currículo para el primer diálogo incluía varios temas pertenecientes a la ciencia cognitiva, el método científico, la neurobiología, la psicología cognitiva, la inteligencia artificial, el desarrollo del cerebro, y la evolución. Asistieron Jeremy Haywrd (física y filosofía de la ciencia), Robert Livingston (neurociencia y medicina), Eleanor Rosch (ciencia cognitiva), Newcomb Greenleaf (ciencias computacionales) y Francisco Varela (neurociencia y biología).

El evento fue un éxito sumamente gratificante porque tanto Su Santidad como los participantes sintieron que hubo un verdadero encuentro de personalidades que avanzaron sustancialmente en disminuir la brecha. Durante la conclusión del encuentro, el Dalai Lama nos invitó a continuar con los diálogos cada dos años, petición que cumplimos complacidos. El primer encuentro fue transcrito, editado y publicado como: *Un puente para dos miradas: Conversaciones con el Dalai Lama sobre las ciencias de la mente*, editado por J. Hayward y F. J. Varela (Boston: Shambhala Publications, 1992). Este libro ha sido traducido al francés, español, alemán, japonés y chino.

El segundo encuentro tuvo lugar en octubre de 1989 en Newport, California, con Robert Livingston como coordinador científico y con un énfasis en la ciencia del cerebro. Fue un evento que duró dos días y se concentró específicamente en la neurociencia. Los invitados fueron Patricia S. Churchland (filosofía de la ciencia), J. Allan Hobson (sueño y sueños), Larry Squire (memoria), Antonio Damasio (neurociencia) y Lewis Judd (salud mental). El evento fue particularmente memorable, pues Su Santidad recibió el Premio Nobel de Paz el primer día del encuentro.

El tercer encuentro se realizó en Dharamsala en 1990. Adam Engle y Tenzin Geyche Tethong, quienes habían organizado y asistido a los dos encuentros iniciales, coincidieron en que el evento arrojaría mejores resultados si se realizaba en India. Dan Goleman (psicología) fue el coordinador científico de este encuentro cuyo tema principal fue la relación entre las emociones y la salud. Entre los participantes estaban Daniel Brown (psicología experimental), J. Kabat-Zinn (medicina), Clifford Saron (neurociencia), Lee Yearly (filosofía) y Francisco Varela (inmunología y neurociencia). El libro que compendia este encuentro se titula *Emociones curativas: Conversaciones con el Dalai Lama sobre la conciencia, las emociones y la salud*, editado por Daniel Goleman (Boston, Shambhala Publications, 1997).

Durante este encuentro, surgió una nueva vena exploratoria que fue un complemento natural a los diálogos, aunque iba más allá del formato de las conferencias. Clifford Saron, Richard Davidson, Francisco Varela y Gregory Simpson iniciaron un proyecto de investigación sobre los efectos de la meditación en personas que habían realizado esta práctica durante muchos años. La idea era beneficiarse de la popularidad y la confianza que se había establecido con la comunidad tibetana en Dharamsala, y la voluntad de Su Santidad para este tipo de investigación. El Instituto para la Mente y la Vida se fundó gracias a la contribución económica de la Fundación Familiar Hershey, y ha sido presidido por Engle desde su creación. El Instituto Fetzer financió los estadios iniciales del proyecto de investigación y, en 1994, se le entregó un informe sobre el avance del proyecto.

El cuarto encuentro tuvo lugar en octubre de 1992 y Francisco Varela fue de nuevo el coordinador científico. El tema y título del diálogo fue *Dormir, soñar y morir*. Los participantes invitados fueron Charles Taylor (filosofía), Jerome Engel (medicina), Joan Halifax (antropología; muerte y agonía), Jayne Gackenbach (la psicología de los sueños lúcidos) y Joyce McDougal (psicoanálisis). El recuento de esta conferencia fue publicado como: *Dormir, soñar y morir: Una exploración de la conciencia con el Dalai Lama*, editado por Francisco J. Varela (Boston, Wisdom Publications, 1997).

El quinto encuentro se realizó de nuevo en Dharamsala, en abril de 1995. El tópico y título fue *Altruismo, ética y compasión*, y el coordinador científico fue Richard Davidson. Además de este, otros participantes fueron Nancy Eisenberg (desarrollo infantil), Elliot Sober (filosofía) y Ervin Staub (psicología y conducta del grupo). El volumen que recopiló este encuentro se titula: *Visiones de compasión: Los científicos occidentales y los budistas tibetanos examinan la naturaleza humana*, editado por Richard J. Davidson y Anne Harrington (Nueva York: Oxford University Press, 2002).

El sexto encuentro abrió un nuevo campo de exploración que trascendió el interés anterior en las ciencias de la vida. Tuvo lugar en octubre de 1997, con Arthur Zajonc (física) como coordinador científico. Además del doctor Zajonc y del Dalai Lama, los participantes fueron: David Finkelstein (física), George Greenstein (astronomía), Piet Hut (astrofísica), Tu Weiming (filosofía) y Anton Zeilinger (física cuántica). El volumen que resumió este encuentro lleva por título: *La nueva física y cosmología: Diálogos con el Dalai Lama*, editado por Arthur Zajonc (Nueva York: Oxford University Press, 2003).

El séptimo encuentro tuvo como tema central la física cuántica y se realizó en el laboratorio de Anton Zeilinger, del Instituto para la Física Experimental en Innsbruck, Austria, en junio de 1998. Asistieron Su Santidad, los doctores Zeilinger y Zajonc, y los doctores Jinpa y Wallace como intérpretes. La revista alemana *Geo* dedicó su artículo de portada a este encuentro en su edición de enero de 1999.

El octavo encuentro se celebró en Dharamsala, en marzo del 2000, con Daniel Goleman como coordinador científico. El tema y título fue *Emociones destructivas*. Los participantes fueron: Matthieu Ricard (budismo), Richard Davidson (neurociencia y psicología), Francisco Varela (neurociencia), Paul Ekman (psicología), Mark Greenberg (psicología), Jeanne Tsai (psicología), Bhikku Kusalacitto (budismo) y Owen Flanagan (filosofía).

El noveno encuentro se realizó en mayo del 2001 en la Universidad de Wisconsin-Madison, con la cooperación del Instituto de Investigaciones para las Emociones de la Salud y el Centro de Investigación sobre las Interacciones Mente-Cuerpo. Los participantes fueron: Su Santidad, Richard Davidson, Antoine Lutz, quien reemplazó a Francisco Varela, que estaba enfermo, Matthieu Ricard, Paul Ekman y Michael

Merzenich (neurociencia). En este encuentro de dos días, se realizó por primera vez la colaboración investigativa entre los neurocientíficos y los monjes budistas, quienes se concentraron en el uso efectivo de tecnologías como la fMRI y los electroencefalogramas en la investigación sobre la meditación, percepción, emoción y en la relaciones entre la plasticidad neural humana y las prácticas de meditación.

El décimo encuentro tuvo lugar en Dharamsala en octubre del 2002. El tema y título fue: *¿Qué es la materia? ¿Qué es la vida?* El coordinador científico y moderador fue Arthur Zajonc, y los participantes fueron Su Santidad, Steven Chu (física), Arthur Zajonc (complejidad), Luigi Luisi (química y biología celular), Ursula Goodenough (biología evolutiva), Eric Lander (investigación genómica), Michel Bitbol (filosofía) y Matthieu Ricard (filosofía budista).

En septiembre del 2003, el Instituto para la Mente y la Vida lanzó una nueva serie de encuentros. El decimoprimer encuentro fue el primero de carácter público sobre la Mente y la Vida. Fue patrocinado en parte por el Instituto McGovern del MIT (Massachusetts Institute of Technology) y se realizó en el auditorio Kresge, en el campus de esa prestigiosa universidad. Asistieron 1200 personas, y el tema principal fue: *Investigar la mente: Intercambios entre el budismo y las ciencias bioconductistas para el análisis del funcionamiento de la mente.* Veintidós científicos de renombre mundial se unieron al Dalai Lama para ver la mejor manera de instaurar una colaboración investigativa entre el budismo y la ciencia moderna en los campos de la atención, del control cognitivo, la emoción y la imaginería mental. Para mayor información sobre este encuentro, por favor, visite la página web www.Investigating TheMind.org.

En junio del 2004, el Instituto para la Mente y la Vida creó el Instituto Mente y Vida de Verano para la Investigación. Este instituto realiza un evento anual muy popular que reúne a profesionales, estudiantes de postdoctorados, e investigadores en los campos de la neurociencia, la psicología y la medicina; académicos de la contemplación y practicantes, y filósofos de la mente, durante un retiro de una semana en el que se realizan presentaciones, diálogos, prácticas de meditación y visitas a las instalaciones, todo esto concentrado en la investigación científica sobre los efectos de la meditación y el entrenamiento mental del cerebro y la conducta.

El decimosegundo encuentro se realizó en octubre del 2004 en Dharamsala, y el tema fue la neuroplasticidad. El coordinador científico fue Richard Davidson, y los participantes fueron Su Santidad, Fred H. Gage, Michael Meaney, Helen Neville, Phillip Shaver, Matthieu Ricard y Evan Thompson.

El decimotercer encuentro fue de carácter público y se realizó en el salón Constitución DAR, en Washington, D.C., en noviembre del 2005. El encuentro fue patrocinado en parte por el Centro Médico Georgetown y por la Facultad de Medicina de la Universidad John Hopkins; el título fue *La ciencia y las aplicaciones clínicas de la meditación*. Durante dos días y medio, el Dalai Lama y otras personas dedicadas a la contemplación se reunieron con científicos y profesionales de la salud ante una audiencia de 2500 personas, y exploraron los mecanismos neurales de la meditación, y cómo esta práctica ha sido utilizada en la prevención y el tratamiento de la enfermedad.

Para más información sobre el Instituto para la Mente y la Vida, por favor contacte:

Mind and Life Institute
589 West Street
Louisville, CO 80027
www.mindandlife.org
www.InvestigatingTheMind.org
info@mindandlife.org

Agradecimientos

Los científicos y especialistas en budismo que hicieron posible este libro probablemente sabían en qué se estaban adentrando cuando aceptaron hablarme de su trabajo. Por su paciencia ante mis interminables preguntas, y por el entusiasmo contagioso que espero haber trasmitido al menos parcialmente, agradezco en particular a Richard Davidson, Fred Gage, Phillip Shaver, Helen Neville, Michael Meaney, Álvaro Pascual-Leone y a Mark Hallett. También a Thupten Jinpa, Alan Wallace y Matthieu Ricard, quienes nunca claudicaron en sus esfuerzos para ayudarme a entender la conciliación entre la filosofía de la mente que tiene el budismo y los descubrimientos de la neurociencia moderna. Les agradezco a Adam Engle y a Daniel Goleman por confiar en que yo podía transmitirles a los lectores las emocionantes colaboraciones que se están forjando entre los científicos que estudian el cerebro y los budistas a través del Instituto para la Mente y la Vida. Si no hubiera contado con la ayuda de Nancy Meyer para acompañarme a Dharamsala y velar por mi salud mientras estuve allí, no habría podido cubrir el histórico encuentro entre los científicos y el Dalai Lama que tuvo lugar en el 2004. Este libro tampoco habría sido posible sin el apoyo de mi agente Linda Loewenthal, y de mi editora Caroline Sutton, quienes decidieron publicarlo apenas vieron su contenido.